OEUVRES
DE
M. BALLANCHE.

TOME DEUXIÈME.

IMPRIMERIE DE JULES DIDOT L'AÎNÉ,
Rue du Pont-de-Lodi, n° 6.

ŒUVRES
DE
M. BALLANCHE
DE L'ACADÉMIE DE LYON

TOME II.

ESSAI SUR LES INSTITUTIONS SOCIALES — LE
VIEILLARD ET LE JEUNE HOMME.

PARIS
LIBRAIRIE DE J. BARBEZAT
RUE DES BEAUX-ARTS, N° 6

GENÈVE
MÊME MAISON, RUE DU RHONE, N° 117

1830

PRÉFACE.

Je réimprime l'*Essai sur les Institutions sociales*, tel qu'il a été publié en 1818 : seulement je prie le lecteur de vouloir bien se souvenir de la date. Bien des choses ont changé, et moi-même j'ai dû changer en présence des événements. J'aurais pu marquer, par des notes au bas des pages, ces changements divers et mutuels, pour expliquer les modifications survenues dans la pensée générale de tous les partis, et sur-tout pour en faire remarquer le progrès. J'ai préféré m'en rapporter à mes lecteurs. Au reste, même à mesure que j'imprimais la première édition, je sentais déja cette rapidité du mouvement qui entraîne les hommes et les choses.

Néanmoins, il n'est pas inutile de le remarquer, toutes les grandes convictions sur lesquelles repose le livre sont demeurées intactes, et les problèmes fondamentaux obtiennent toujours, à mes yeux, les mêmes solutions. Sous ce rapport, l'Essai sur les Institutions sociales est encore aujourd'hui comme un Discours préliminaire de la Palingénésie.

Je réimprime, aussi sans y rien changer, le *Vieil-*

lard et le jeune Homme, ouvrage qui parut un an après le premier. On dirait que celui-ci a été presque entièrement écrit sous l'inspiration du moment actuel, parceque la discussion, par un inconcevable malentendu, vient d'être ramenée sur le terrain de la restauration.

Ainsi les deux ouvrages qui composent ce volume sont loin d'avoir vieilli, malgré la multitude d'enseignements nouveaux que nous avons reçus depuis douze ans.

Deux articles, insérés, l'un dans le *Journal des Débats*, l'autre dans le *Journal du Commerce*, à la fin de 1818, marquent très bien, à mon avis, la situation des esprits, relativement à l'Essai sur les Institutions, lorsque le livre parut. M. Nodier, auteur du premier, s'était placé, sans hésitation, dans le point de vue où je m'étais placé moi-même. M. Lémontey, auteur du second, luttait avec une sorte de réserve contre des doctrines dont la source lui inspirait une vive antipathie, et dont il ne pouvait cependant ne pas admettre les directions, ou, comme on dit, les tendances. M. Nodier était, aussi bien que moi, un enfant de nos troubles; M. Lémontey, un fils du dix-huitième siècle.

M. Nodier disait:

« Pour juger une grande époque de destruction et de renouvellement, comme celle où nous vivons, il faudrait pouvoir se séparer tout-à-fait du passé et de l'avenir, ne conserver de l'un que des souvenirs sans passion, ne fonder sur l'autre que des espérances sans regrets... On sent par-tout, dans ce livre, l'inspiration qui a produit *Antigone*; et je ne sais par quel mystère qui étonne et qui effraie, il rappelle le langage des fondateurs de la civilisation, comme si la nôtre était déjà détruite : il résulte de ce mélange d'éléments quelque chose qui accable la pensée, mais qui a un caractère monumental très instructif pour le siècle, si les livres remarquables sont les témoins de l'état de la société. Je ne connais rien du moins qui fasse mieux concevoir la succession inévitable de deux ordres de choses très divers qu'un ouvrage de la nature de celui-ci. C'est un chant d'Orphée dans l'école de Hobbes et de Montesquieu. »

M. Nodier disait plus loin :

« Il est évident qu'un genre de considérations si élevé ne sera jamais la théorie d'un parti, parcequ'il est trop supérieur pour cela aux idées ordinaires, aux passions communes des hommes. Ce n'est que dans les commencements des sociétés que l'enthousiasme a une puissance fondatrice, et qu'une ame inspirée entraîne le monde... »

M. Nodier, comme on vient de le voir, portait dans l'examen du livre un esprit troublé encore par les graves circonstances où nous nous trouvions, après en avoir épuisé de si terribles. On sent qu'il eût voulu adopter pleinement mes pensées d'avenir, mais qu'il n'osait pas trop se confier à l'espérance.

M. Lémontey, au contraire, né dans les temps qui ont immédiatement précédé la révolution, avait vu l'inquiétude et le malaise général des années qui se sont écoulées depuis 1783 jusqu'en 1789; de plus, comme il était fort jeune à cette époque, il s'était accoutumé à penser que le dix-huitième siècle avait fondé des doctrines, établi des principes. Par conséquent il ne pouvait comprendre qu'il y eût autre chose à faire qu'à s'assurer dans la pleine jouissance de l'œuvre du dix-huitième siècle.

A la fin de son article, il me définissait le libéral à son insu, et le classique malgré lui.

Maintenant qu'il me soit permis de jeter un coup d'œil sur quelques détails contenus dans les deux ouvrages, afin de donner une idée des notes qui auraient pu être faites, et dont j'ai cru devoir m'abstenir.

Page 87. Notre littérature doit subir le même sort que nos institutions. Ceci est resté vrai. M. Lémontey était effarouché de l'expression archéologie, appliquée (page 100) à notre littérature du siècle de Louis XIV. J'avouerai sans peine que j'ai été entraîné par le mouvement de la pensée, et que j'ai dépassé la vérité.

Page 95. L'émancipation de la Grèce est prévue, mais sans les horribles catastrophes qui ont éveillé toutes les généreuses sympathies des peuples avant d'éveiller celles des gouverne-

PRÉFACE.

ments. Il y aurait trop de choses à dire sur ce triste et glorieux sujet. Qu'il me suffise de constater que dans le temps tous les éléments de la résurrection de la Grèce existaient à fleur de terre. Et l'on voulut y voir plus tard une insurrection fomentée par les esprits inquiets de l'Europe!

Lorsque j'écrivais la page 108, M. de Maistre n'avait point encore accompli sa carrière. Dans les Prolégomènes de la Palingénésie, je reviens sur les écrits de cet illustre théosophe si peu apprécié par M. Lémontey.

Le portrait de Bossuet, qui termine le chapitre IV, faisait dire au même M. Lémontey: « Aux dimensions du tombeau « qu'il lui élève, on voit bien qu'il a la pensée d'y coucher un « géant. » M. de Maistre et M. de La Mennais n'ont pas cru que le géant fût couché dans son tombeau, eux qui ont employé toute leur puissance à combattre la Déclaration de 1682.

Que de progrès ont été faits depuis que la page 117 a été écrite! J'ai prévenu que je n'avais fait aucun changement.

J'ai donc laissé subsister les pages 127 et 128, si mal consonnantes avec l'ensemble même du livre. Il est évident qu'il manque ici une idée intermédiaire, une idée qui fait le fond de l'ouvrage suivant, à savoir l'égalité par le christianisme, c'est-à-dire le christianisme achevant son évolution dans la sphère civile. Ce que les anciens appelèrent l'isonomie, et la conquête successive du droit commun seront expliqués, surtout dans la Formule générale, objet du cinquième volume de la présente publication. Mais on comprend que ces choses ne peuvent être complètes que sous la loi chrétienne. Le passage de l'Évangile (page 128) est induement cité, parcequ'il est isolé de toute une doctrine, celle qui sera manifestée plus tard dans les diverses parties de la Palingénésie sociale.

J'avais eu soin (page 131) de disculper l'ancien ordre de

choses : il ne faudrait pas pour cela vouloir le ressusciter. Ce vouloir impuissant n'a déjà que trop produit d'inquiétudes. Les entretiens du Vieillard et du jeune Homme sont plus explicites sur ce sujet.

Page 140. La légitimité est mieux expliquée dans les mêmes entretiens. Au reste, personne n'ignore à présent les avantages de la légitimité opposée à l'usurpation. Pour plusieurs, elle repose sur l'utilité; pour moi, son sanctuaire est placé bien plus haut.

Page 185. La liberté nécessaire au gouvernement est exprimée, je l'avoue, d'une manière trop absolue, et M. Lémontey avait bien quelque raison de s'en alarmer. Toutefois, pour ceci encore, je renvoie le lecteur aux entretiens suivants. Cette liberté, au reste, n'est que le libre arbitre dans une sphère plus élevée. A la fin du volume précédent on a pu voir que j'aspire à son triomphe sur l'ancienne fatalité. La pleine solution du problème n'est fournie que par le fait du gouvernement représentatif. Je suis obligé de renvoyer de nouveau à l'ouvrage qui complète celui-ci, de même que pour la grande question sur les dynasties, qui se présente également, sous toutes les formes, dans l'Orphée, dans l'Homme sans nom, et à la fin du volume précédent.

Page 247. Vico, que je ne connaissais point alors, n'a pas été arrêté par cet obstacle. J'aurai occasion de revenir sur cet état d'abrutissement de l'espèce humaine, posé par le philosophe napolitain, bien avant les rêveries du philosophe de Genève.

Page 291. La véritable épopée se fait elle-même; c'est la limite idéale de l'horizon historique.

Page 320. La grande figure de l'exilé de Sainte-Hélène alors effrayait trop les imaginations, pour qu'elles ne cher-

PRÉFACE.

chassent à se rassurer. Le temps de l'histoire est venu, et celui qui fut le dominateur du monde n'est plus ni un soldat heureux, ni un aventurier. Toutefois il est bon qu'il reste quelques expressions de toutes ces terreurs contemporaines.

Page 353. Cette première idée sur l'abolition de la peine de mort a reçu, depuis, bien d'autres développements.

Il en est de même de ce que j'avance sur la nécessité d'introduire l'étude des langues de l'Orient dans l'enseignement public; je me borne à remarquer que je voulais restreindre, et non supprimer l'étude des langues nommées classiques.

Ce qui est dit quelque part des hôpitaux est plus explicite dans le Vieillard et le Jeune homme.

Le troisième entretien me rappelle, sur le repos du peuple, repos qui tient à sa confiance dans l'ordre fondé par la Charte, me rappelle, dis-je, la fin du premier volume.

Le quatrième entretien roule sur les élections. La théorie que je m'y permets prouve qu'alors il y avait place à la théorie dans l'examen d'une institution si jeune encore, et si peu éprouvée, qui d'ailleurs a reçu, depuis, bien des modifications.

Quoi qu'il en soit, ce dernier ouvrage fut attaqué à-la-fois par les deux opinions opposées : cela devait être. Aujourd'hui ces deux opinions, je le crois, ont fait des pas immenses l'une vers l'autre.

Encore un mot. Le contradicteur indiqué dans l'addition au chapitre X de l'Essai me contestait aussi le parallélisme et l'antagonisme des mœurs et des opinions. M. Lémontey me les contestait également, quoique sous d'autres rapports. Je me garderai bien de rentrer dans une telle discussion.

Douze années de l'observation des choses ne me portent qu'à affirmer, je ne dis pas tous les détails, mais l'ensemble même de mes idées à cet égard.

Le même philosophe me contestait aussi la magistrature que la France est appelée à exercer sur l'Europe dans ces temps de rénovation. Voyez donc combien l'Italie aurait besoin que cette magistrature exerçât une pacifique influence! Voyez comme l'Espagne aurait été mieux garantie du malheur par le principe de la Charte française que par la loi salique si rapidement et si facilement abolie! Voyez le Portugal et les Pays-Bas!

Enfin il s'associait à toutes mes prévisions sur la poésie et sur la littérature : le mouvement actuel les confirme encore mieux que son suffrage, si important d'ailleurs.

ESSAI
SUR
LES INSTITUTIONS SOCIALES
DANS LEUR RAPPORT
AVEC LES IDÉES NOUVELLES.

> Nihil est enim illi principi Deo, qui omnem hunc mundum regit, quod quidem in terris fiat, acceptius, quam concilia cœtusque hominum, jure sociati, quæ civitates appellantur: harum rectores et conservatores hinc profecti, huc revertuntur.
>
> Cic., *Somn. Scip.*

AVERTISSEMENT

DE LA PREMIÈRE ÉDITION IMPRIMÉE EN 1818.

L'Essai que l'on présente au public était destiné à paraître sur la fin de l'année dernière, avant l'ouverture des Chambres. La cause qui a retardé la publication de cet écrit importe fort peu, et même serait assez difficile à expliquer : il suffira donc de prévenir que l'ouvrage ne vient pas d'être composé, et qu'il aurait dû être imprimé beaucoup plus tôt. Sans doute il n'eût pas été difficile de l'adapter tout-à-fait au moment actuel, soit en y faisant un petit nombre de changements, soit en y introduisant quelques notes ; mais ce qu'il aurait pu gagner ainsi par plus d'à-propos relativement aux circonstances, il l'aurait certainement perdu en unité de dessin, en ensemble de physionomie et de caractère. La pensée générale aurait couru le risque d'être brisée par un travail qui eût été fastidieux pour l'auteur, parceque rien ne fatigue plus que de revenir sur ses propres idées, et qui eût été en même temps sans aucune utilité, parceque le lecteur saura bien faire lui-même l'appréciation des circonstances et des conjonctures nouvelles.

Qu'est-il besoin, en effet, de faire remarquer ce que tous les hommes qui pensent aperçoivent si bien, sans qu'il soit nécessaire de le leur montrer, la rapidité avec laquelle la société se précipite vers l'accomplissement de ses destinées, quelles qu'elles soient? D'ailleurs, si nous voulons savoir toutes les choses à mesure qu'elles passent sous nos yeux, nous instruire des doctrines avant qu'elles aient vieilli; savoir, pendant qu'ils l'occupent encore, les noms des acteurs qui se succèdent sur la scène politique, n'avons-nous pas les journaux de tous les jours, les livres de chaque semaine, les pamphlets du soir et du matin?

Au reste, ce qui aurait dû être changé ou modifié dans cet écrit, pour qu'il se trouvât au niveau du moment où il paraît, n'en est ni le fond, ni même une partie essentielle. Le retard qu'il a éprouvé ne peut donc lui avoir été nuisible sous ce rapport; peut-être est-il vrai de dire plutôt qu'il lui a été favorable, car plusieurs des choses qu'il contient nous paraissent avoir reçu quelque lumière et quelque force de toutes les discussions qui viennent d'avoir lieu sur les théories sociales.

# ESSAI
SUR
LES INSTITUTIONS SOCIALES
DANS LEUR RAPPORT
AVEC LES IDÉES NOUVELLES.

CHAPITRE PREMIER.

Considérations préliminaires.

Je ne prétends m'ériger ni en censeur des gouvernements, ni en précepteur des peuples; ma tâche est, en quelque sorte, celle d'un historien sans affection et sans haine, comme s'exprime Tacite : je laisse aux habiles un soin qui est au-dessus de mes forces, celui de tirer les conséquences et de déduire les préceptes pratiques.

Sans doute il faut être à la tête des affaires pour juger les événements, pour voir à-la-fois mille petits détails séparés dont les rapports entre eux méritent plus ou moins d'être appréciés, enfin pour pouvoir embrasser d'un seul coup d'œil l'ensemble même des choses.

Mais si l'observateur qui est au sommet de la montagne est bien placé pour étendre au loin ses regards sur toute une contrée, dans un horizon d'autant plus vaste que la montagne est plus élevée, ne peut-il pas arriver aussi qu'un rideau de nuages lui dérobe quelquefois plusieurs objets importants? et, lorsqu'il descendra des hauteurs où il a établi son séjour, ne fera-t-il pas sagement de consulter l'habitant solitaire de la vallée?

Je suis cet habitant solitaire de la vallée, et j'écris mon journal pour être prêt à répondre si jamais je suis interrogé. Je ne veux pas être pris au dépourvu.

Simple particulier, perdu dans la foule où je me suis fait une véritable solitude, je ne puis, pour justifier mes raisonnements et mes assertions, m'entourer du cortége imposant des faits et des témoignages. Étranger à toutes les carrières et à toutes les coteries; privé même, pour le moment, de la ressource de mes livres, je suis réduit à ne consulter que mes propres impressions, à ne prendre mon érudition que dans mes souvenirs. Ainsi ma manière de voir et de sentir n'aura d'autorité que la candeur et la simplicité avec lesquelles je tâcherai de m'exprimer. Je me permettrai quelquefois d'évoquer l'esprit des traditions anciennes; mais je suis loin, en cela comme en tout le reste, d'exiger une confiance aveugle; car je n'ai point laborieusement étudié ces traditions : elles me sont apparues bien plus que je ne les ai cherchées; je pourrais presque dire qu'elles se sont trouvées en moi.

Ne semble-t-il pas alors que jamais écrivain ne fut placé dans une position plus heureuse, sous le rapport de l'indépendance, puisque je ne tiens mes opinions ni des hommes, ni des choses, ni de ma position dans le monde, ni d'un sentiment personnel et intéressé qui me fasse aimer ou craindre les circonstances actuelles, chérir ou redouter les souvenirs anciens?

Cependant, et il n'est pas inutile de le remarquer, des pensées, à quel point qu'elles puissent être le résultat de méditations isolées, sont toujours un ordre de faits qui mérite aussi quelque attention. Quant aux faits positifs et matériels, il est facile de démontrer combien la certitude peut en être affaiblie par l'examen même qui devrait servir à les constater. Nécessairement celui qui les présente a dû les choisir; et jamais il ne peut s'établir une confiance assez grande entre l'auteur le plus vrai, le plus exempt de préjugés, et le lecteur le plus indulgent ou le plus docile, pour que le choix des faits ne soit pas sujet au moins à être discuté. Ce n'est pas tout : la presse, qui multiplie les récits contemporains, et qui est tour-à-tour esclave ou complice des partis ou des opinions, est un grand obstacle à la connaissance de la vérité, par la raison même qu'elle est un grand moyen pour y parvenir. Ainsi donc le dénuement des faits et des témoignages ne sera point, en l'examinant bien, le motif d'une objection aussi sérieuse qu'on pourrait le croire.

Chaque siècle a sa physionomie particulière, son caractère distinctif, son génie propre. Le solitaire de la vallée aura-t-il été doué d'intelligence pour saisir les traits principaux du siècle où nous vivons? Aura-t-il, du fond de sa retraite, su connaître et apprécier la pensée intime qui travaille les hommes dans ce moment? Aura-t-il pu saisir ce bruit vague et sourd qui se compose de tant de voix confuses, et qui est cependant, pour les esprits attentifs, la parole même de la génération présente?

Encore cela ne suffirait point : il faut savoir non seulement d'où l'on vient et où l'on est, mais aussi où l'on va. Dans de telles circonstances on est donc, jusqu'à un certain point, en droit d'exiger d'un écrivain le tact même de l'avenir; car nous ne sommes plus au temps des théories consacrées par l'expérience, et des doctrines revêtues de l'autorité imposante des traditions : toutes nos destinées se sont en quelque sorte réfugiées dans le nuage de l'avenir.

L'auteur de cet écrit a sans doute, comme la plupart de ses lecteurs, ses opinions d'affection et ses opinions de raisonnement : il est, sous ce rapport, le représentant des opinions anciennes et des opinions nouvelles. Les lecteurs superficiels verront en lui, à cause de cela, une sorte de contradiction. Les lecteurs méditatifs le comprendront mieux, et ne l'en jugeront que plus propre à opérer la réconciliation entre les partis. D'ailleurs c'est une chose assez naturelle que, sur la limite de deux ères, l'une qui commence et l'autre qui finit, il se trouve des hommes pourvus, comme le Janus de la fable, de deux faces, l'une pour regarder ce qui a été, et en tirer les derniers enseignemens, l'autre pour considérer ce qui s'avance, et en prévoir les résultats.

C'est un grand malheur sans doute que des esprits inquiets, des génies turbulents, aient introduit la discussion dans de certaines matières; mais le mal est fait. Pythagore lui-même, s'il existait à présent, serait obligé de se livrer à ces périlleux examens. Le siècle se refuse à une doctrine imposée : les croyances sociales non seulement sont toutes ébranlées, mais ont péri; il ne reste plus d'autre tradition que celle des mœurs, antique héritage de nos premiers aïeux.

Comment parviendra-t-on cependant à expliquer ce qui est inexplicable en soi? Le siècle sourit dédaigneusement à ce mot *mystère*, à cette locution *quelque chose de mystérieux*. En France, le mot *sentiment*, appliqué aux instincts de la société, est bien près d'être décrédité. Un autre mot est venu au secours de la métaphysique politique : il n'est pas encore consacré; il ne peut tarder à l'être, puisqu'il est devenu nécessaire: ce mot est assez mystérieux aussi; mais, à mesure qu'on l'adoptera, il sera convenu qu'il ne l'est point, et qu'il présente un sens très clair: ce mot, ou plutôt cette locution, est *une certaine raison publique*. Faute de préjugés on admet des fictions convenues: il ne s'agit pas de savoir si cette méthode est bonne, il suffit qu'elle soit inévitable; on n'a pas de choix. Les doctrines sociales ne peuvent jamais être mises entièrement à nu. La statue d'Isis était couverte d'un triple voile: le premier était soulevé par les néophytes, le second par les prêtres du sanctuaire; mais le troisième était sacré pour tous.

Pour bien apprécier l'époque actuelle, il s'agirait sur-tout d'évaluer la distance qu'il y a entre l'être moral et l'être intelligent. Sans doute ces deux êtres ne sont pas séparés dans l'homme; mais il est évident que les facultés qui appartiennent à l'être intelligent ont pris l'ascendant, pour la direction générale de la société, sur les facultés qui sont le partage exclusif de l'être moral.

Nous aurons donc à signaler par la suite l'espèce de désharmonie qu'à présent il est impossible de ne pas remarquer dans le peuple français, entre des mœurs stationnaires et des opinions progressives; nous aurons, de plus, à examiner la cause de cette désharmonie. Peut-être serons-nous conduits à croire que, contre le cours ordinaire des choses, il faut laisser l'opinion suivre sa pente naturelle, indépendamment des mœurs. D'un autre côté, par la même raison, serons-nous obligés d'admettre que les mœurs doivent aussi rester indépendantes de l'opinion. Cet état si nouveau dans la société sera soumis à un examen attentif; et si nous ne pouvons l'expliquer, il aura toujours été utile de le faire remarquer, pour que désormais il entre comme élément de calcul dans toutes les théories politiques.

La grande question qui s'agite roule sur le fait et sur le droit, sur le juste et sur l'utile; elle roule enfin sur l'origine du pouvoir. Il n'y a pas, en apparence, moyen de réconcilier les opinions diverses qui se partagent le monde, parceque la différence essentielle et fondamentale commence, ainsi que nous essaierons de l'établir, à la source même de la pensée. Tâchons donc de remonter jusque-là, et peut-être serons-nous plus disposés à nous entendre.

Nous ne parviendrons point à soulever le dernier voile qui couvre la statue d'Isis; mais du moins il nous sera permis d'admirer le tissu merveilleux dont il est formé.

M. Ferrand (Théorie des Révolutions) trouve que les institutions de la Chine sont bonnes, en ce qu'elles sont permanentes. Alors une révolution se réduit à changer les individus. Les dynasties sont renversées, des générations entières sont noyées dans le sang; mais les institutions restent. Sans doute c'est un avantage; car, si les institutions ne survivaient pas, des générations entières seraient encore sacrifiées à l'affermissement des institutions nouvelles. Mais ne raisonnons point d'après ce qui se passe en Asie; les passions humaines existent partout: là elles s'épuisent sur des individus, ailleurs c'est sur les choses; toujours les hommes périssent. La stabilité a des inconvénients, comme la mobilité a d'utiles prérogatives. Une idée acquise est une vraie conquête; et, une fois entrée dans le monde, cette idée ne peut plus y périr. Ce qui sert à développer l'intelligence humaine n'est point à dédaigner. Le repos ne peut pas être notre but.

Entre les peuples mobiles de la mobile Europe, c'est le peuple français qui fut toujours, et à toutes les époques, le plus susceptible de contracter souvent de nouvelles habitudes, de se faire de nouvelles mœurs. Mais, au milieu de tant de changements, il demeurait toujours fidèle à l'honneur, qui est, pour lui, comme une religion civile. Semblable à ces nobles caractères dont les erreurs mêmes sont généreuses, il n'a pu jamais être dégradé ni par ses fautes, ni par les infidélités de la fortune.

Il est vrai de dire aussi que nos rois ont, dans tous les temps, marché en avant de la civilisation européenne, parcequ'ils furent, dans tous les temps, guidés par cet admirable sentiment de la magistrature éminente attribuée à la nation française sur tous les peuples de l'Europe, magistrature qu'il est impossible de nier, puisqu'elle est prouvée par les excès mêmes où elle est souvent tombée, puisqu'elle est revêtue d'un signe extérieur, l'universalité de la langue. Chaque peuple, comme nous le dirons bientôt, a une mission à remplir dans les vues de la Providence, et toujours elle lui est révélée, d'une manière intime, par des moyens inconnus. Les chefs des peuples ne sont autre chose que les chefs de cette mission mystérieuse et sacrée.

Aussi avons-nous vu de nos jours l'infortuné Louis XVI, digne héritier d'un instinct si élevé, se mettre le premier à la tête de son siècle, pour le diriger. Le règne précédent, il faut l'avouer, avait rendu cette tâche difficile. Ce long règne, en effet, avait été pour notre nation ce qu'on a dit que furent les délices de Capoue pour l'armée d'Annibal. La corruption est sans contredit le plus grand obstacle à la marche des destinées humaines.

L'appel de Louis XVI à cette nation qui venait d'être amollie par ses prospérités, causa tout-à-coup un ébranlement général. Des hommes impatients, qui craignaient de ne pas arriver assez tôt à la pleine jouissance de ce nouvel avenir qui leur était offert, crurent qu'ils ne pouvaient obtenir de garantie à cet égard que par un changement de dynastie. Ce n'était pas ce que demandait le peuple français; mais il ne sera pas maître de vouloir.

Maintenant que des siècles nous séparent, en quelque sorte, de ces circonstances malheureuses, comparez Louis XVI à Bonaparte, et vous verrez que ce fut Louis XVI qui eut les véritables insignes du législateur. Bonaparte s'était mis à la tête de la révolution, mais seulement de la révolution, et non point à la tête des idées du siècle, ce qui est bien différent; ou, en d'autres termes, à la tête de la révolution faite par les hommes, et non à la tête de la révolution faite par le progrès du temps. L'usurpation, devenue ainsi nécessaire pour lui, rendit nécessaire aussi la guerre avec tous les souverains. Jeté au milieu du monde civilisé, dans un moment de trouble, il voulut se créer un monde barbare, pour régner plus à son aise. Il plaça la patrie dans les camps. Cet homme n'avait pas assez de cette révolution, immense héritage de force et de puissance qui lui fut cédé si gratuitement. Il sentait avec inquiétude que la sanction du temps et de l'opinion lui manquait toujours. Pour y suppléer, il voulut entasser les événements; il croyait vieillir ses institutions en pressant les dates. Tant de maux étaient inévitables : ils sortaient de la force même de la situation. Ce que les hommes appellent le destin est trop souvent fait par eux.

Cette dernière leçon n'était-elle point due à ceux qui croient que l'on peut changer de dynastie avec la même facilité que l'on ferait un nouveau bail? Une dynastie cependant ne croît pas sur la surface du sol; il lui faut des racines profondes qui descendent jusqu'au tuf même de la terre sociale.

Dans nos gouvernements modernes, les hommes et les choses sont étroitement unis. Il est facile de découvrir en cela une vue profonde de la Providence, qui a voulu sans doute mettre un obstacle de plus à notre mobilité. Les dynasties chrétiennes ne font qu'un avec les peuples chrétiens, et n'ont qu'une vie avec eux : ceci tient au perfectionnement introduit par le christianisme dans les sociétés humaines comme dans tous les ordres d'idées et de sentiments. Jamais Hugues Capet ne serait monté sur le trône de France; jamais Guillaume d'Orange ne serait monté sur celui d'Angleterre, si ces deux princes n'eussent pas eu déja de fortes et vigoureuses racines enfoncées dans le sol. La succession à la couronne n'est point non plus une élection continuée, car alors il y aurait une première élection. N'en doutons point: il faut remonter plus haut pour trouver les titres primitifs des chefs de races royales; et la légitimité repose au fond d'un sanctuaire où il est difficile de pénétrer. Nous l'essaierons cependant par la suite, mais avec une respectueuse circonspection; car cet écrit, qui ne peut renfermer toutes les vérités sur lesquelles repose la société, est destiné du moins à en faire naître le sentiment, sentiment qui a quelque chose de religieux, et qu'on est trop parvenu à éteindre parmi les peuples.

Quelques uns de nos publicistes nouveaux voudraient nous ramener aux systèmes asiatiques, où les individus ne sont rien. Ceux-là changent la royauté en un simple mandat. Le roi est un homme sorti du milieu de la multitude, par le jeu incertain des circonstances, pour maintenir un ordre voulu par tous, pour faire exécuter des lois auxquelles tous ont participé. La patrie et le roi sont deux choses distinctes: on peut défendre l'une sans défendre l'autre. Nos pères avaient, à mon avis, plus de respect pour les nations : tout-à-fait dans les temps anciens les rois étaient de race divine; dans les temps modernes on a cru, d'après l'autorité de l'Écriture sainte, que Dieu lui-même se mêlait de choisir les princes des peuples: il y avait alors une religion sociale; un roi n'était pas traîné à l'échafaud par ses propres sujets; il ne tombait pas du trône à la présence d'un chef de bande : la royauté avait ses martyrs, et la patrie ne périssait jamais: le roi était la patrie devenue sensible; la royauté était une des libertés de la nation, et la plus importante de toutes.

Je n'ignore point tout ce que les idées nouvelles présentent d'opposition au sentiment que je viens d'exprimer; mais je sais aussi que nulle base de la société ne peut être enlevée sans danger: je sais que lorsqu'une de ces bases vient à manquer, la Providence se hâte toujours de la remplacer; je sais enfin que ce qui a été, même lorsqu'il n'est plus, est encore la raison de l'existence pour ce qui est. Toutes ces choses seront expliquées à mesure que mes idées pourront se développer.

Au reste, l'impossibilité où est l'usurpation de pouvoir se consolider, et il n'est question ici que de cela, prouve en faveur des doctrines anciennes contre les doctrines nouvelles; car l'utilité toute seule ne pourrait pas opérer les prodiges que l'on attend, et qui sont, en effet, nécessaires pour la stabilité des états.

Comparons à présent Louis XVIII à Bonaparte: l'un efface toutes les traditions, crée un peuple dans un peuple, profane les tombeaux, et c'est profaner les tombeaux que dédaigner l'esprit des ancêtres; l'autre unit les temps anciens aux temps qui vont éclore, professe sans idolâtrie le culte des ancêtres, admet les choses nouvelles, sans toutefois repousser dans l'opprobre les choses anciennes.

Ce n'est pas sans dessein que j'éloigne des points de la comparaison la différence qu'il y a entre le caractère paternel de la royauté et le caractère tyrannique de l'usurpation : il ne s'agit ici que du législateur.

Louis XVIII s'est donc mis réellement à la tête de son siècle; seulement il a dû, et il a voulu, sauver le principe éternel des sociétés humaines, en concédant une Charte au lieu de la recevoir, en faisant remonter la date de son règne à la mort de l'enfant douloureux qui devait être roi. S'il n'eût pas agi ainsi, il aurait fait une faute immense; car il se serait porté héritier de la révolution faite par les hommes, au lieu d'adopter la révolution faite par le temps. Ainsi il a vraiment succédé au trône, aux intentions de Louis XVI, à l'instinct conservateur de sa noble race. Un tel bienfait ne fut point apprécié; il parut à des esprits chagrins un retour vers le passé, pendant que c'était une heureuse transition vers l'avenir.

Le monarque, père des Français, voulait leur persuader que tous les liens n'avaient pas été brisés entre eux et lui; il voulait les réconcilier en même temps avec les autres peuples, qui venaient de reconquérir le sentiment de leur existence nationale. Cette pensée magnanime fut mal interprétée par les uns, ne fut pas comprise par les autres; et nous eûmes le 20 mars, terrible rechute qui faillit coûter la vie au corps social. Mais, comme il est utile d'avouer les fautes de tous, ne craignons pas de le dire: l'erreur que nous signalons eut peut-être quelques justes fondements dans les étroites prétentions d'hommes peu habiles à interpréter les sentiments d'un peuple. Ainsi encore, il a été fait des fautes dans l'enceinte des murs de Troie, et hors de cette enceinte.

Lorsque Numa Pompilius monta sur le trône pour commencer ce long règne pacifique où furent fondées toutes les institutions romaines, il eut à opérer la fusion de deux peuples en un seul. L'un avait d'antiques traditions qu'il était accoutumé à respecter; l'autre avait l'ascendant qui ne manque jamais aux dépositaires de destinées nouvelles; car, avant tout, il faut que la société marche. Des mariages opérés par la force, le partage des emplois et des dignités entre les hommes les plus considérables des deux peuples, la division même d'une partie des propriétés, rien n'avait pu encore effacer la distinction de Romains et de Sabins : mais ce que n'avaient pu faire des circonstances si propres à confondre les intérêts divers et les prétentions opposées, la haute sagesse de Numa le fit. Puisse notre monarque, qui est venu régner aussi sur le peuple des souvenirs et sur le peuple des destinées nouvelles, consolider son ouvrage, en consommant parmi nous celui de Numa!

Maintenant, éclairés par des expériences de plus d'un genre, et rendus à notre véritable existence sociale, convenons qu'il n'y a qu'un moyen de réunir tous les partis; c'est de sentir les raisons de tous, de condescendre à toutes les opinions, de ne point s'attaquer mutuellement avec les armes toujours inconvenantes de l'ironie ou du sarcasme, de se mettre à la place de tous les intérêts. Sachons que l'on trouve dans tous les partis, non seulement des honnêtes gens, ce qui est incontestable; mais des hommes éclairés et généreux, dont les opinions et la conduite, dictées par les lois les plus rigoureuses d'une conscience austère, sont indépendantes des positions diverses où ils peuvent être placés. N'oublions pas sur-tout qu'il y a chez la plupart des hommes, ainsi que nous l'avons déjà remarqué, deux sortes d'opinions bien distinctes, bien spontanées, également vraies et intimes, et au-delà de tout calcul ou de tout retour personnel. Sans doute les opinions fondées sur le sentiment peuvent seules être contagieuses; mais il ne dépend pas de chacun de nous de les avoir à notre choix. Ceux dont les opinions de sentiment ne sont pas en harmonie avec l'état actuel de la société, et qui les immolent avec une résignation loyale et courageuse sur l'autel de la réconciliation, font un sacrifice dont on doit leur tenir compte. Les peuples refusent de s'associer à ceux-là, parceque leurs opinions adoptives ne sont plus que des opinions de raisonnement; mais les hommes sages doivent les accueillir avec quelque respect, sur-tout lorsque la bonne foi se laisse apercevoir; et elle est toujours sentie dès qu'elle existe. N'exigeons pas l'impossible. D'anciens souvenirs ne s'effacent pas de suite; des traditions antiques laissent des traces; des préjugés subsistent encore long-temps après qu'ils sont déracinés. Vous souffrez volontiers que certains hommes conservent un culte de vénération pour vingt-cinq ans de notre histoire, parcequ'eux ont été plus ou moins mêlés aux événements de cette époque récente, parcequ'ils en ont plus ou moins adopté les résultats; et vous vous irritez de ce que certains autres hommes, plus religieux dépositaires des mœurs anciennes, des vieilles habitudes, des illustrations consacrées par les siècles, se retirent quelquefois dans le silence de leurs foyers pour brûler un grain d'encens aux pieds de leurs premiers dieux domestiques, qui, après tout, furent assez long-temps les dieux de la patrie.

Je ne veux pas, à mon tour, m'attirer le reproche d'être injuste envers cette partie récente de notre histoire dont nous venons de parler. Pendant les horribles saturnales qui coûtèrent tant de larmes à la patrie, les traditions de l'honneur et de la gloire continuaient de se perpétuer parmi nous. Les plus beaux dévouements qui puissent honorer la nature humaine venaient consoler l'ame; les pensées nobles et généreuses trouvaient un asile dans de grands caractères; la religion et les croyances sociales recevaient d'illustres témoignages jusque sur les échafauds de la terreur; de magnanimes protestations éclataient même dans les tribunes élevées par les crimes et les factions. Plus d'une fois le silence et la stupeur offrirent le spectacle imposant d'un grand peuple qui refuse la triste solidarité dont on eût voulu lui infliger le poids. Nos armées, sur les frontières, étendaient un rideau de gloire sur tant de calamités, sur des forfaits qu'elles ne protégèrent jamais de leurs armes victorieuses : elles ressemblèrent aux deux enfants de Noé jetant un voile sur l'ivresse de leur père.

Dans tous les lieux où nous avons jadis obtenu des triomphes, nous avons eu des triomphes nouveaux; par-tout où nous avions jadis fléchi devant la force même des choses, nous avons pu venger d'antiques injures. Nos champs de bataille ont illustré des lieux déja illustrés par nos ancêtres, ou des lieux jusqu'alors sans nom. Le Bédouin a fui devant nos phalanges; les palmes de l'Idumée ont cru voir une seconde fois les soldats du Christ revendiquer des royaumes acquis au prix du sang; les habitants de la Seine, du Rhône et de la Loire, sont allés chercher de glorieux tombeaux sur les bords du Rhin, sur les rives du Pô, parmi les campagnes du Guadalquivir. Nos généraux ne ressemblaient point à ce farouche Romain qui dépouilla Corinthe de ses monuments: les arts furent traités par nous comme de nobles captifs, ou comme ces dieux que le peuple-roi ramenait de chez les nations vaincues, pour les placer au Capitole. Honneur au peuple qui a fait tant de choses en si peu d'années! Malheur à l'homme qui a pu abuser d'une telle nation!

Comment Bonaparte l'a-t-il séduite, si ce n'est en s'entourant lui-même des grandes illusions de la gloire militaire, et en l'abreuvant du vertige des conquêtes? Encore cela n'aurait pas suffi, s'il n'eût pas commencé par jouer avec soin le rôle d'un restaurateur des doctrines sociales. Ne l'avons-nous pas vu, en effet, au moment où il saisit les rênes du gouvernement, relever les autels de la religion, et élargir les routes qui ramenaient de la terre de l'exil? Ne l'avons-nous pas vu fouiller dans les fastes de la monarchie, et ordonner des cérémonies expiatoires pour les cendres violées de Saint-Denis?

Il est temps de confondre dans nos affections la France ancienne et la France nouvelle; mais ne soyons point étonnés de ce qu'un certain nombre d'hommes est resté fidèle au culte des ancêtres, de ce que les Sabins ne sont pas encore tout-à-fait devenus des soldats de Romulus.

Si le mouvement des opinions peut être rapide, celui des mœurs est toujours mesuré par la longueur du temps.

D'ailleurs, la modération sied bien aux vainqueurs: à Rome on permettait de dire même des injures à ceux qui recevaient les honneurs du triomphe; et la vertu farouche de Caton fut plus d'une fois louée au sein de la cour d'Auguste.

Les Tartares ont souvent conquis la Chine, mais toujours ils sont graduellement devenus le peuple que leur avait donné la victoire. Il en a été de même des Francs, lorsqu'ils ont envahi les Gaules.

Il faut que les grandes masses absorbent les petites; il faut aussi que les vainqueurs pardonnent, en quelque sorte, leurs propres triomphes. On a trop prêché l'oubli aux vaincus: sans doute il faut qu'ils oublient ce qu'ils furent; mais il ne faut pas que les vainqueurs continuent de les traiter comme le lendemain de la bataille; car l'outrage peut rendre la victoire incertaine, en produisant un courage de désespoir. Pourquoi, d'ailleurs, ne dater que d'hier? Pourquoi abjurer les souvenirs antérieurs à la révolution, ou ne les rappeler que pour les flétrir? Pourquoi renouveler sans cesse le grand sacrifice de Louis XVI, et recommencer continuellement à disperser les royales poussières qui sont rentrées dans leur repos? Ah! réunissons-nous du moins dans la noble et touchante confraternité du malheur; car elles nous ont été aussi enlevées à leur tour, ces dépouilles opimes du monde, ces brillants trophées de la gloire que nous avions achetés par tant de travaux, par tant de sang et tant de larmes. Ne disons cependant point comme ce preux chevalier qui mérita si bien d'être roi du beau pays de France, ne disons point, *Tout est perdu, fors l'honneur*; n'avons-nous pas sauvé plus que l'honneur, puisque nous avons sauvé, non point celles de nos institutions qui avaient vieilli, et qui étaient destinées à périr, mais celles d'où devaient naître nos institutions futures; puisque nous avons sauvé ce qui toujours flatta le plus les nations, une existence qui se perd dans la nuit des temps; une existence qui, pour nous, est antérieure à toutes les sociétés actuelles; une existence de quatorze siècles; puisque nous avons sauvé enfin notre magistrature sur l'Europe? Nous avons retrouvé les protecteurs-nés de nos antiques libertés, ceux qui pouvaient seuls consacrer et rendre durables nos libertés nouvelles. Le père de famille est revenu au milieu des siens; il est revenu, envoyé par la Providence, pour consacrer nos droits, pour nous remettre en pleine possession de tant de belles prérogatives que nous étions menacés de perdre, à cause du mauvais usage que nous en avions fait; dès-lors nous avons pu jouir sans trouble d'une émancipation de fait, qui est devenue, par cette haute investiture, une émancipation légale.

En effet, lorsque la Providence veut punir les hommes, elle semble leur enlever pour un temps la liberté dont ils abusèrent, et les placer en quelque sorte sous l'empire de la nécessité: alors paraît au milieu des peuples, ou *le fléau de Dieu*, ou *l'homme du Destin;* mais aussitôt que cette mission redoutable est accomplie, le fléau de Dieu est brisé, l'homme du Destin reste sans pouvoir, les nations sont rendues à la liberté.

Louis XVIII, en rentrant parmi nous, ne nous promettait point d'éclatantes conquêtes, la gloire de vastes et funèbres triomphes, le silence des rois et des peuples devant un sceptre formidable; il ne se présentait que comme le ministre de la paix et de la réconciliation, le gage de l'indépendance et de la liberté. Fermons un instant les yeux sur le funeste vertige des cent jours, et transportons-nous par la pensée à l'époque où nous revîmes enfin, après tant d'années, le père de la patrie. N'y eut-il pas quelque chose de miraculeux dans ce retour inespéré? Le bruit en avait couru d'avance parmi les tribus désolées: c'était comme un vague pressentiment auquel on osait à peine se confier, et qui néanmoins suffisait déja pour alléger le poids d'immenses calamités. Cette fois, l'ardeur de l'espérance fit que l'espérance se réalisa, peut-être même contre toute probabilité. Il est donc des desirs que le ciel récompense en les accomplissant! Ainsi, lorsque la nation française vint à tourner les yeux du côté de la terre de l'exil, elle sembla proclamer la pensée généreuse de revenir au culte si moral des aïeux, de renoncer à l'idolâtrie.

C'est toujours à cette mémorable époque du premier retour du roi qu'il faut remonter lorsque l'on veut étudier les destinées qui nous sont promises, parceque c'est là seulement que commence notre avenir. Tout ce qui a pu contrarier la marche des choses, dans cet intervalle de temps, ne doit être évalué que comme obstacle.

Le 20 mars a été une concentration de toutes les forces antisociales. Les cent jours ont été la révolution même, ramenée en quelque sorte à l'unité dramatique. Il faut donc éviter soigneusement de faire entrer ce fatal interrègne dans notre chronologie morale et politique : malgré l'importance dont il a été par ses suites et ses résultats, un si triste événement ne doit être considéré que comme récapitulation de faits antérieurs, et non point comme étant lui-même un fait nouveau. La Charte et les éléments de notre système social actuel n'ont point changé. Ceci n'est pas en contradiction avec ce qui a été dit plus haut; car une telle suspension de la puissance conservatrice, de l'énergie vitale, pouvait en effet entraîner la destruction et la mort; c'est même ce qui explique et excuse, au jugement des hommes qui se sont fait un devoir de l'impartialité, les opinions de ceux qui ont admis le 20 mars comme fait nouveau, et qui en ont déduit la nécessité de modifier nos institutions futures. Cette erreur était trop naturelle pour qu'on n'y tombât pas : elle ne peut donc point être reprochée avec quelque justice à ceux qui l'ont partagée.

CHAPITRE II.

Marche progressive de l'esprit humain.

L'esprit humain marche dans une route obscure et mystérieuse, où il ne lui est jamais permis de rétrograder; il ne lui est pas même permis d'être stationnaire. Les nations dégénèrent; l'esprit humain marche toujours: il a en lui une vie incessamment progressive, qu'il n'aperçoit point, qu'il ne peut ni ne doit apercevoir, dont il a néanmoins le sentiment, et qui ne se manifeste qu'à de certaines époques; comme, dans l'homme, il y a des changements qui se font à son insu, des phénomènes de développement, de croissance, de maturité, qui s'opèrent indépendamment de ses calculs et de sa volonté. Enfin l'esprit humain a, ainsi que l'homme, ses âges et ses temps critiques. La vie des sociétés humaines, à son tour, ressemble tout-à-fait à celle des individus. Les sociétés humaines naissent et meurent; mais leur berceau et leur tombeau sont des objets sacrés, également secrets et inconnus. On sait seulement qu'elles se succèdent dans le temps, et qu'elles héritent les unes des autres. Rien, dans les sociétés, n'a un commencement certain, et rien n'a une fin précise et positive. Il n'y a point d'effets sans causes, et les effets, à leur tour, deviennent causes; mais, le plus souvent, il est impossible de distinguer les effets et les causes.

L'intelligence, dans l'homme, continue de se perfectionner lorsque son être physique commence à perdre de ses forces et de ses facultés : il en est de même du genre humain. C'est dans le premier âge que l'homme acquiert tous les matériaux qu'il doit mettre en œuvre par la suite; il est incontestable que, dans ce premier âge, ses progrès sont incomparablement plus rapides que dans les âges suivants : il en est de même aussi des premiers âges de l'esprit humain.

Nous avons donc toujours des enseignements à puiser dans les sources primitives. Ainsi les premiers pas de l'intelligence humaine, ainsi l'organisation des premières sociétés, méritent toute notre attention. La trace de ces premiers pas est souvent effacée, l'organisation de ces premières sociétés a entièrement disparu; mais ce qui n'a point péri, c'est l'influence encore subsistante de toutes les origines, de toutes les raisons d'être. On n'a cru jamais qu'on ne dût étudier l'homme que dans le vieillard. Vous voyez une voûte hardie se soutenir d'elle-même; si vous voulez savoir comment cette voûte a pu être construite, il faut que vous rétablissiez, par la pensée, l'échafaudage dont la charpente a disparu, et sans lequel la voûte n'existerait point à présent.

Pour achever notre première comparaison, l'homme enfin parvient à la vieillesse, à la décrépitude, à la mort. Les sociétés humaines se régénèrent et renaissent pour commencer une nouvelle vie, après avoir passé par des périodes assez peu en rapport avec celles qui amènent la mort de l'homme, et sur-tout sa renaissance; car ici finit toute espèce d'analogie : la perpétuité des sociétés humaines et l'immortalité de l'être spirituel n'ont aucune ressemblance, l'une étant placée dans le temps et dans la sphère du monde sensible, l'autre s'élançant hors des limites du temps et dans la sphère infinie d'un monde où ne règnent que les lois de l'intelligence.

Au milieu de tant de vicissitudes, l'esprit humain marche toujours; car il faut qu'il marche même pour franchir des déserts, même pour sortir des lieux et des temps que l'ignorance ou la tyrannie changent en vastes solitudes. Je n'irai pas chercher bien loin la preuve de cette assertion. L'esprit humain ne vient-il pas de traverser, sans en éprouver aucun retardement, tout le despotisme de Bonaparte, c'est-à-dire le despotisme le mieux conçu et le plus savant qui ait jamais existé, puisqu'il était décoré de la gloire militaire, toujours si séduisante pour les hommes, et qu'il avait forgé ses chaînes avec le secours de tous les arts et de toutes les industries d'une civilisation avancée?

L'esprit humain survit aussi aux catastrophes qui viennent quelquefois changer la face du globe. Une arche mystérieuse, chargée des destinées nouvelles, vogue toujours au-dessus des grandes eaux.

Au reste, je n'ai pas besoin d'expliquer qu'il ne s'agit point ici du système de la perfectibilité, tel qu'il a été entendu dans ces derniers temps; car alors j'aurais à assigner les limites naturelles de cette perfectibilité, qui ne sont autres que les limites mêmes de la liberté de l'homme. Or c'est un sujet d'examen qui ne peut manquer de se présenter ailleurs. J'ai donc seulement voulu dire que les générations humaines sont toutes héritières les unes des autres; que le genre humain, dans son ensemble, ne forme en quelque sorte qu'un seul tout, ce qui nous mettrait sur la voie de fournir quelques preuves de plus à la doctrine de la solidarité. Mais cette haute doctrine, qui fait la base de toutes les religions, qui a été si admirablement perfectionnée dans le christianisme, qui a toujours subsisté comme sentiment primitif parmi les hommes, qui est si morale, puisqu'elle explique à-la-fois le sacrifice, le dévouement et le malheur, cette haute doctrine ne doit pas, en ce moment, attirer notre attention.

Ne sortons point de ce qui fait la matière de ce chapitre; et, après les considérations générales auxquelles nous venons de nous livrer, entrons dans quelques développements et quelques remarques de détail : ne mettons pas trop de soin à faire des applications particulières; elles se montreront d'elles-mêmes par la suite.

L'esprit humain marche toujours, avons-nous dit, car il est doué d'un pouvoir immense, celui de la continuité d'action; mais sa marche est progressive, avons-nous dit encore, car rien ne surgit soudainement dans le monde. Comme l'enfant naît, croît et s'élève en présence de ses parents, ainsi les idées nouvelles qui s'introduisent dans la société naissent, croissent et s'élèvent en présence des idées anciennes qui leur ont donné le jour. Quelques hommes marchent en avant : les opinions de ces hommes de choix s'étendent peu à peu, et finissent par être l'opinion de l'âge suivant, qui, à son tour, voit naître d'autres idées, destinées aussi à être d'abord celles du petit nombre, puis les idées dominantes, et enfin les idées de tous. Une génération ne commence pas et ne finit pas dans un désert : aucun fait n'est isolé; rien, en un mot, n'existe de soi et sans raison de son existence. Sous un certain point de vue on pourrait affirmer que toutes les générations, qui sont contemporaines aux yeux de Dieu, le sont aussi aux yeux du sage.

Quelquefois les erreurs mêmes mènent à la vérité, ou s'y mêlent jusqu'à ce que l'alliage en ait été séparé. Ce qu'il y a de plus étonnant encore, c'est que la vérité repose souvent au fond de l'erreur comme le germe d'un fruit délicat est protégé par la dure enveloppe du noyau. Ainsi Descartes osa fonder la certitude sur le doute universel : ainsi Newton dut passer par les tourbillons de Descartes pour parvenir à la grande et unique loi de la gravitation. Que faut-il sur-tout à l'intelligence? le mouvement, comme à la matière; et le mouvement ne manque jamais ni à l'une ni à l'autre. Les fausses religions elles-mêmes révèlent et prouvent les principes de la vraie religion : toutes les fois, par exemple, que, dans le polythéisme, un homme a rencontré le sentiment de l'amour, il a rencontré le christianisme, et il a été ce que Tertullien appelait une ame naturellement chrétienne.

Les opinions humaines ne ressemblent donc point à la pièce de toile que le tisserand commence et achève: toutes se croisent, et se feutrent, pour ainsi dire. La trame est de tous les jours, la chaîne est éternelle, et Dieu seul la connaît. Le genre humain peut être considéré comme un seul tout, ainsi que nous l'avons déja remarqué; et c'est dans cette considération élevée que l'on rencontre une des bornes assignées par la Providence à notre liberté. L'homme a non seulement à porter le joug de son être matériel; il a aussi à suivre les mouvements qui lui sont imprimés par le tout dont il fait partie. L'individualité n'est point, pour lui, dans ce monde. Nos destinées futures ont donc cela de *fatal*, qu'elles sont, en quelque sorte, la conséquence nécessaire de nos destinées passées.

Les hommes de choix, qui marchent en avant, ne sont point cependant créateurs, car l'homme n'a pas reçu la puissance de créer; mais ils ont, au-dessus des autres, une haute faculté de lire dans le fond des choses: ils ne sont que précurseurs. Dans le chapitre où sera développée la théorie de la parole, nous trouverons peut-être une explication, du moins plausible, de ce phénomène. Mais ce que nous disons ici ne doit point être oublié lorsque nous en serons venus à cette partie de notre examen.

M. de Bougainville dit fort bien que la Grèce est en petit l'univers, et que l'histoire grecque est un excellent précis de l'histoire universelle. On trouve, en effet, dans ce coin de terre, l'exemple de toutes les formes de gouvernement. Ne dirait-on pas que toutes les combinaisons sociales y ont été épuisées pour l'instruction des hommes? L'existence si diverse et si variée de ces peuples est une poésie tout entière, depuis leurs temps héroïques et fabuleux jusqu'à leur décadence et à leur mort. Leurs législateurs furent des poëtes et des musiciens. Leurs prêtres et leurs sages furent des poëtes encore. Les poëtes conduisaient aux combats, et chantaient la gloire des héros après la victoire. Les palmes des jeux olympiques étaient égales aux trophées de la gloire. La liberté n'était autre chose que la jouissance des arts. Les villes s'honoraient d'un athlète célèbre aussi bien qu'elles se disputaient la naissance d'un poëte illustre. Les vainqueurs aux combats du ceste avaient des statues dans les places publiques et dans les temples, comme le guerrier qui avait versé son sang pour la patrie. Jamais la beauté n'eut un culte plus solennel. C'était donc à la Grèce qu'il appartenait de donner le code des lois qui régissent encore l'empire de l'imagination. Les peuples, les institutions, les monuments, tout a péri; et ce code immortel subsiste toujours. Une voix mélodieuse semble sortir continuellement de tous ces débris, et donner le prestige d'une existence nouvelle à tant de créations du génie. Ainsi le phénix se compose un bûcher symbolique de mille plantes odorantes, expire au milieu des flammes et des parfums, et renaît de ses poétiques cendres pour recommencer sa vie merveilleuse. Ainsi encore ces mêmes peuples de la Grèce, souvent dispersés par des malheurs qui sont devenus l'héritage exclusif des muses, jettent à toutes les époques et sur tous les rivages de fabuleuses ou d'héroïques colonies destinées à perpétuer les souvenirs brillants de la gloire ou les rêves aimables de l'imagination.

Ne disons point, au reste, qu'une telle peinture soit un jeu de l'esprit: les traditions de la poésie ne sont-elles pas aussi une réalité? La remarque de M. de Bougainville s'appliquait seulement aux temps historiques de la Grèce; j'ai voulu l'étendre à tous les temps qui ont illustré cette péninsule si célèbre dans les fastes de l'esprit humain: c'était pour la rendre plus générale, et par conséquent plus vraie. J'espère, d'ailleurs, qu'elle pourra nous conduire à des résultats de quelque importance.

Il y a, n'en doutons pas, des peuples qui sont types, et qui renferment dans leur histoire celle des autres peuples. La haine pour les traditions juives a, dans ces derniers temps, jeté les hommes hors de bien des vérités, et, entre autres, hors de celle que nous venons d'énoncer. Les livres de l'Ancien Testament sont à-la-fois historiques et symboliques: ce double attribut a épouvanté la raison de nos sages.

Je n'aurais pas osé le présenter de suite, si je n'avais eu auparavant un exemple analogue dans l'histoire d'un peuple profane. Mais celle des Juifs offre des considérations d'un tout autre ordre. Les destinées des enfants de la promesse ne sont point l'image seulement des destinées particulières de tel ou tel peuple; elles sont l'image et l'histoire même du genre humain. Ici, il faut abaisser sa pensée, et admirer en silence le magnifique tableau tracé par Bossuet. Il ne nous a pas été donné des ailes de feu pour nous élever à une telle hauteur, et pour planer ainsi sur les générations et sur les siècles.

Cependant, s'il m'est permis de m'arrêter un instant sur les parties moins élevées du sujet qui nous occupe, nous n'aurons pas besoin du vaste regard de l'aigle de Meaux. Notre courte vue ne doit point nous empêcher d'apercevoir un soin paternel de la Providence à choisir certains peuples pour diriger et mûrir les idées des autres. Et, comme rien ne peut être abandonné à des chances contingentes, nous serons bien obligés d'admettre une direction constante et immédiate, au moins pour les peuples dont nous parlons. Qui prolongea, par exemple, le séjour des rois pasteurs dans les plaines de Sennaar, si ce n'est la Providence de Dieu, qui voulait que le plus bel ouvrage de la création fût soumis à de longues et paisibles observations, pour qu'elles servissent ensuite à inspirer les Galilée et les Newton ? Qui put déterminer les premiers habitants de l'Égypte à choisir pour leur séjour cette immense et limoneuse vallée du Nil ? N'est-ce point parcequ'il fallait un berceau pour les sciences humaines; et que ce berceau ne pouvait être qu'une terre rendue habitable à force de travaux ?

Oui, j'en suis convaincu, et ma conviction repose sur l'autorité des siècles; oui, chaque peuple a sa mission. Les uns lèguent au monde les arts de l'imagination, les autres lui donnent les sciences exactes, d'autres sont établis gardiens des traditions, dépositaires des doctrines primitives. Les peuples, dès leur origine, ont le pressentiment de leurs destinées futures. C'est que Dieu, lorsqu'il donne une mission à un peuple, lui donne le pressentiment de cette mission. « Souviens-toi, ô Romain ! disait Virgile, qu'à toi seul appartient de donner des lois à l'univers : tels seront les seuls arts dignes de toi. » Ce que Virgile disait, du temps d'Auguste, était l'expression de la pensée même de ce peuple, qui, à toutes les époques, fondait toujours pour l'éternité, et affectait l'empire du monde. Mais le poëte n'avait pu connaître la véritable mission du peuple-roi. Les Romains, en portant par-tout la guerre, et en rassemblant toutes les nations sous le même joug, *comme les œufs d'une seule couvée*, préparaient l'univers à la prédication universelle de l'Évangile. Le roi d'une petite contrée aride sort un jour de l'enceinte des montagnes stériles où est assis l'étroit domaine que déja son père voulut agrandir. Il s'élance de là comme l'aigle s'élance de son aire. Ce royal et magnanime aventurier réussira-t-il dans ses projets gigantesques? Oui, il réussira, mais à accomplir ce que Dieu veut de lui. Les conquêtes d'Alexandre furent un torrent qui ne fit que passer; toutefois elles répandirent au loin la connaissance de la langue grecque, destinée à servir d'organe aux premiers apôtres de la vérité, aux premiers martyrs de la foi chrétienne, comme elle avait servi auparavant à préparer, par la culture des lettres, et par des doctrines morales, un grand nombre de nations barbares à recevoir la semence de la parole.

Non seulement la Providence avait pris soin de rassembler les peuples sous une même domination, et de les réunir dans les liens d'une même langue, elle avait pris bien d'autres précautions pour que la *Bonne nouvelle* fût plus universellement accueillie. Ainsi les traditions de la déchéance de l'homme circulaient dans le monde; et celles d'un Réparateur de la nature humaine, d'un Médiateur entre Dieu et l'homme, circulaient en même temps. Ainsi les oracles des sibylles annonçaient un siècle nouveau;

et cette grande prophétie, née du besoin des peuples, inspirait à Virgile de beaux vers dont lui-même ignorait le sens profond. Ainsi l'apôtre des nations, saint Paul, en arrivant pour la première fois à Athènes, cette ancienne métropole des lumières, des sciences et des arts, y trouva l'autel du *Dieu inconnu.*

On peut suivre les progrès des idées morales chez les païens, en comparant la nécromancie d'Homère dans l'Odyssée, le Tartare et l'Élysée de Virgile, le Songe de Scipion, et enfin l'Enfer de Plutarque, dans son traité des Délais de la Justice divine. Pour le remarquer en passant, Plutarque a épuisé, dans ce beau traité, toutes les raisons qui peuvent porter la Divinité à retarder la punition des coupables; il n'en a omis qu'une, et la meilleure de toutes, le respect que Dieu s'est imposé pour la liberté de l'homme.

Le platonisme fut, sous quelques rapports, une heureuse préparation à la religion de Jésus-Christ. Le platonisme a donc été utile avant et après le christianisme: avant, pour y préparer les hommes; après, pour les confirmer dans leur croyance.

Une idée sublime reposait inconnue dans les traditions du vieil Orient, où, sans doute, et nous le savons à présent, elle se rattachait à des traditions primitives. Cette idée, qui consistait à faire de Dieu même le type de l'homme et de ses facultés, fut étendue, dans les doctrines platoniciennes, de l'intelligence aux sentiments. Dans de si sublimes théories, Dieu même, source et modéle de toutes les perfections, devint aussi la source merveilleuse, le modéle incompréhensible du dévouement. Cette pensée, trop grande pour germer toute seule dans l'imagination de l'homme, ne put qu'être inspirée d'en haut.

Il en est ainsi de toutes les idées qui auraient le plus choqué la raison humaine dans le christianisme. Dieu avait pris soin de les jeter d'avance au sein de la société, pour qu'elles parussent moins étranges, pour qu'ensuite elles pussent être défendues contre les attaques des esprits forts.

Le peuple juif n'était donc pas seul exclusivement chargé du dépôt de la vérité. Qu'on y réfléchisse, et l'on verra que ce qui conserve les religions fausses, ou les propage, avant comme après la venue de Jésus-Christ, c'est ce qu'elles renferment de chrétien.

Croyez-vous aussi que l'islamisme eût fait tant et de si rapides progrès, sans la parole de vie qui fut prononcée sur Ismaël? Mais, ne craignons pas d'en faire la remarque, puisque l'occasion s'en présente, Voltaire a bien méconnu l'esprit des traditions lorsqu'il a composé sa tragédie de Mahomet. Entraîné par sa haine pour les institutions religieuses, il a voulu faire une satire allégorique, pensée indigne de toute poésie; et c'est ce qui l'a égaré: il commit déjà la même faute lorsqu'il fit prononcer à Jocaste des sentences générales d'une impiété sans vraisemblance. Ces tristes allusions, auxquelles un esprit si élevé daigna trop souvent descendre, font gémir sur lui et sur le siècle qui l'encouragea par ses applaudissements. Nous ne nous plairions point aujourd'hui à voir pour la première fois de tels égarements d'une imagination vive et railleuse, qui se joue en même temps et des préjugés et des affections des peuples; nous avons pénétré trop avant dans le sérieux de la pensée. Nous savons que quelque chose de mystérieux, d'irrésistible, repose dans toutes les croyances, et que toutes sont revêtues d'une puissance terrible. Les religions fausses n'existent, sans doute, que par une force de tradition qui les lie aux révélations vraies; et elles sont, en quelque sorte, une émanation même de ces révélations. La vérité seule peut toujours subsister.

Le développement de cette idée n'est point de mon sujet: mais si jamais elle est traitée avec quelque profondeur, la sagesse humaine sera obligée de reculer devant une telle lumière; et la science philosophique sera tout étonnée de n'avoir pas du moins entrevu les voies de la Providence.

S'il est vrai que chaque peuple ait une mission à remplir, un ministère à exercer à l'égard des autres peuples, qui pourrait nier l'antique mission du peuple français, et son ministère auguste en Europe? Son roi appartient à la plus ancienne race royale qui existe, une race dont l'origine se confond avec le berceau même de la religion de l'Europe, qui est en même temps le berceau de notre monarchie. Ce n'est donc point par hasard que ce roi reçut le nom de *fils aîné de l'Église*, c'est-à-dire fils aîné de la société européenne. N'allez pas dire qu'un tel titre lui a été conféré un jour, à une date que précise l'histoire, et à cause de ses condescendances à l'égard du Siége pontifical. L'une et l'autre assertion seraient démenties. Lorsque l'on trouve pour la première fois cette expression, elle est déjà consacrée par la tradition; et l'on sait que nos rois n'ont jamais été moins jaloux que les autres de leur indépendance dans leurs rapports avec la cour de Rome. Convenons plutôt que ce titre est le signe de ce qui est, la manifestation d'un fait non contesté. Le Tasse, qui parmi les poëtes modernes a fait la seule épopée dont la conception se rapproche de l'épopée ancienne; le Tasse vient ici nous offrir l'appui de son témoignage. Il n'était point Français, et il a pris ses héros parmi nos ancêtres; il ne pouvait faire autrement, puisqu'il avait à créer une épopée européenne. Le roi de France gouverne donc un peuple qui fut et qui sera toujours le chef des peuples modernes. Et c'est encore la Providence de Dieu qui nous a donné cette langue dont tous les caractères affectent l'universalité.

Le dépôt des idées conservatrices de la société fut un instant confié à l'Angleterre; mais elles étaient là comme en séquestre, et dépouillées de toute force extérieure. La mission de l'Angleterre fut alors celle d'un gardien qui ne peut pas user de la chose confiée; c'était une sorte de fidéicommis. Cette mission temporaire ne devait durer qu'autant que se prolongeraient en France l'anarchie et l'usurpation. L'Angleterre avait accueilli avec respect nos nobles exilés : elle croyait, en cela, n'avoir fait qu'accomplir les saints devoirs de l'hospitalité à l'égard du malheur. Elle ignorait alors que, seulement dépositaire des idées conservatrices de la société, elle devait aussi religieusement garder les augustes représentants des traditions sociales. Ainsi elle croyait n'obéir qu'à un sentiment d'humanité, et elle suivait un conseil de la Providence. L'Angleterre, au reste, ne pouvait s'arroger les prérogatives de la France, car le signe de la domination ne lui avait pas été accordé; je veux dire notre langue, qui est la langue européenne.

Cependant les idées qui doivent diriger la société

générale n'étaient point restées tout-à-fait stationnaires. Un peuple, séparé du reste de l'Europe par ses mœurs beaucoup plus que par les montagnes qui forment ses limites naturelles, se saisit du mouvement progressif. Il manquait aussi à l'Espagne la magistrature de la langue. Maintenant, cette Espagne généreuse, qui a laissé déjà échapper une fois l'empire du monde, a repris ses fonctions naturelles dans la société. Il paraît qu'elle est destinée à conserver encore quelque temps, à l'extrémité de l'Europe, le dépôt des vieilles traditions de l'ordre de choses qui vient de finir; il est peut-être, en effet, utile qu'il reste des témoins de plusieurs âges de civilisation.

Nous pourrions à présent jeter un coup d'œil sur les autres peuples de l'Europe; sur cette Italie qui a régné successivement par la puissance des armes et par les conquêtes pacifiques des arts de l'imagination, et qui, divisée en une foule de petits états, est réunie par un même esprit public; sur cette Allemagne, dont la langue, encore dans le travail de son perfectionnement, est si favorable à la fermentation de toutes les idées: mais on ne peut pas tout épuiser dans un chapitre.

Dans ce soin de la Providence à choisir des peuples-types, on trouverait encore une des solutions du grand problème de l'accord de la liberté de l'homme avec le gouvernement de Dieu, car toutes les vérités sont sur la même route.

Mais si chaque peuple a une mission, ne peut-on pas dire que chaque homme a la sienne à l'égard de la société où il est né, quelquefois même à l'égard du genre humain tout entier? *Omnia propter electos.* Il serait peut-être permis d'affirmer, dans un autre sens, que tout est fait dans le monde pour un certain nombre d'hommes. A chaque âge il y a des rois qui gouvernent, des généraux qui gagnent de grandes batailles, des poëtes et des philosophes qui laissent un nom, des savants qui étendent le domaine des sciences; et, autour des rois, des générations obscures qui s'éteignent au pied du trône; et, autour des grands capitaines, des soldats sans renommée qui ont acheté de leur vie la gloire de leur général; et, autour des poëtes, des philosophes, des savants, une multitude vaine et tumultueuse qui a honoré de ses suffrages le fruit de tant de veilles, sans laisser elle-même aucune trace dans la mémoire des hommes. C'est que Dieu a ses organes au sein de la civilisation, soit pour l'éclairer, soit pour la défendre, soit pour l'embellir. Dieu, dans l'Écriture, nomme Cyrus son Christ. Il nous a donné la liberté, afin que nous puissions mériter ou démériter; mais, en même temps, il a placé au milieu de nous des maîtres de doctrines. L'esprit humain forme comme un vaste firmament éclairé de toutes parts d'étoiles de différentes grandeurs.

Ne dirait-on pas encore qu'il y a des dynasties dans le monde intellectuel et dans celui de l'imagination, aussi bien que dans le gouvernement des sociétés humaines ? Voyez, en effet, cette nombreuse postérité qui doit en quelque sorte le jour à Homère, et qui a régné trois mille ans sur notre poésie : dites-moi comment tous ces nombreux descendants d'Aristote ont conservé l'empire de la philosophie pendant tant de siècles. Ne pourrait-on pas faire un arbre généalogique de toutes les races poétiques ou intellectuelles qui ont mené le genre humain ? Expliquez, si vous le pouvez, l'inspiration par laquelle ces chefs de dynasties ont saisi le sceptre des imaginations et des esprits. Représentez-vous le vieillard de Chio, pauvre, aveugle, délaissé, errant parmi les solitudes, ou mendiant son pain parmi les peuples des villes : est-ce là ce roi de l'épopée, promettant au monde et Virgile, et le Tasse, et Milton ? Non, non, il ne faut point s'abuser : il y a je ne sais quoi d'extraordinaire et de divin dans les créations du plus beau génie qui fut jamais. Une voix inconnue se fit jadis entendre à un homme qui s'est appelé Homère ; et cette voix ensuite a retenti, pleine de mille doux charmes, parmi les générations humaines.

N'y aurait-il pas quelque chose de semblable dans l'élection des chefs de dynasties royales? Virgile, que l'on peut considérer comme le dernier des poëtes antiques, donne à Énée le nom de père. Une telle épithète renferme un vaste sens : elle signifie non seulement chef d'un peuple, mais encore père du siècle futur, fondateur d'une société humaine, souche d'une race destinée à régner. Je cite plus volontiers les poëtes que les politiques, parceque je regarde les poëtes comme les véritables annalistes du genre humain, et que les politiques ou les philosophes sont trop souvent des hommes séduits par des théories sans fondement et sans fécondité. Ils parlent en leur propre nom, au lieu d'invoquer les muses, c'est-à-dire le génie des traditions.

Qu'il me soit permis de citer ici la théocratie des Juifs, parceque chez ce peuple, qui à cause de cela fut appelé le peuple de Dieu, la Providence a rendu visibles ses voies. Elle a jugé à propos, pour l'instruction des hommes, de faire connaître une seule fois les moyens qu'elle emploie toujours. La théocratie des Juifs nous montre donc comment se fait l'élection des races royales. Dieu, qui s'est réservé le haut domaine sur les peuples, n'a pu leur abandonner le choix de ceux par qui il veut diriger leurs destinées.

Lorsque Bonaparte se saisit du gouvernement

consulaire, tous les écrivains travaillèrent à la restauration de l'édifice social avec une ardeur au-dessus de tout éloge, avec une sorte d'unanimité qui donnait les plus justes espérances. On propageait dans les journaux et dans les écrits les bonnes doctrines littéraires, qui tiennent de si près aux bonnes doctrines de la société. Le siècle de Louis XIV fut goûté de nouveau; et, pour le remarquer en passant, on sentait, sur-tout dans les feuilles quotidiennes, un instinct monarchique dont il était bien facile de tirer parti, mais que l'on sut tourner habilement au seul profit du despotisme. On n'a pas vu assez combien Bonaparte a été favorisé par les circonstances; on n'a pas vu assez combien il lui eût été possible de relever l'autel des croyances sociales, dont les débris n'étaient pas encore enfoncés dans la poussière des décombres; et combien on allait au-devant de lui pour l'accomplissement de l'œuvre de la régénération. Il est certain que s'il eût été un homme marqué pour sauver, au lieu d'être un homme marqué pour détruire, il eût été le législateur actuel de l'esprit humain. Dieu, en retirant à Bonaparte un pouvoir qui fut essentiellement, et par sa nature, temporaire et conditionnel, ne s'est point repenti, selon la belle expression de l'Écriture; car Bonaparte ne fut qu'un auxiliaire du temps, pour hâter la destruction,

Louis XVIII a eu une tâche bien plus difficile à remplir que celle qui se présentait à l'époque où finit le règne absurde du Directoire. Louis XVIII, resté le père du peuple, avait à cicatriser la double plaie de la révolution et de l'usurpation. Lorsqu'il est remonté sur le trône de ses ancêtres, les traditions monarchiques s'étaient effacées; il était obligé d'enseigner de nouveau la liberté à ses peuples, et le temps lui manquait pour consolider la royauté, comme le temps avait manqué à Bonaparte pour consolider le despotisme. L'époque actuelle a cela de remarquable, que le temps manque toujours, ou est toujours sur le point de manquer aux institutions; tant est violente la force d'expansion des idées nouvelles. Les peuples, par une sorte d'instinct qui ne les trompe jamais, sentaient que le retour de leurs anciens rois était pour eux-mêmes le retour de leurs anciennes prérogatives et de leurs espérances nouvelles; mais ils étaient trop impatients d'en jouir. Nous avons déjà signalé ce qu'une telle situation des esprits a eu de malheureux; et nous ne devons point revenir sur cette affligeante peinture.

Je n'ai fait qu'indiquer dans ce chapitre la marche progressive de l'esprit humain : ce serait la matière d'un beau livre, qui est au-dessus de mes forces. J'abandonne à la méditation des sages le simple essai que je viens de présenter.

Dans la suite de cet écrit les voies de la Providence nous seront souvent montrées ; souvent aussi nous rencontrerons les limites de la liberté de l'homme. Ainsi les aperçus qui font le sujet de ce chapitre trouveront, dispersés çà et là, leurs compléments nécessaires ; et peut-être en résultera-t-il un ensemble de doctrines, mais seulement par inductions, et non point dogmatiquement. Quoique le plus souvent plusieurs idées soient conçues en même temps, et dussent marcher de front, cependant l'imperfection de nos organes et des moyens qui nous ont été donnés pour exprimer ces idées nous oblige à ne les produire que successivement. C'est ce qui me fait desirer que le lecteur arrive jusqu'à la fin de cet ouvrage avant de le juger.

Le génie éminemment allégorique de l'antiquité n'a point échappé à la vaste intelligence de Bacon, mais il n'en a développé qu'une partie. Celle qu'il n'a point aperçue, ou qu'il a négligée, donnerait ici lieu à d'importantes observations : je m'en abstiendrai aussi, parceque je ne veux point être accusé d'être guidé par un esprit de système ; mais qu'il me soit permis de puiser, dans le peu que nous connaissons de ce génie allégorique, une hypothèse qui pourra servir à faire mieux sentir, par la suite, plusieurs choses qu'il me serait assez difficile d'expliquer. Je supposerai donc, sans m'arrêter même à justifier cette supposition, quelque vraisemblable qu'elle soit, je supposerai que, chez les anciens, les initiations ne fussent, à proprement parler, qu'une imitation de la vie actuelle : l'initié passait par une suite d'épreuves qui servaient à développer ce qui était déjà en lui; on ne lui révélait point la vérité, mais on la faisait naître de l'ébranlement de ses propres facultés; on ne la lui disait point; on la lui faisait trouver, en écartant les obstacles qui s'opposaient à ce qu'elle se montrât. Maintenant, si nous retournons la supposition, ne pouvons-nous pas admettre que la vie est une sorte d'initiation qui sert à manifester, dans l'homme, l'être intellectuel et l'être moral? De chaque chose, de chaque état de choses, il sort une révélation. Le spectacle de la nature est une immense machine pour les pensées de l'homme. Les propriétés des êtres, les instincts des animaux, le spectacle de l'univers, tout est voile à soulever, tout est symbole à deviner, tout contient des vérités à entrevoir, car la claire vue n'est pas de ce monde. Ce grand luxe de la création, cet appareil de corps célestes semés dans l'espace comme une éclatante poussière, tout cela n'est pas trop pour l'homme, parceque l'homme est un être libre et intelligent, parceque l'homme est un être immortel. « Dieu, comme dit Moïse, a fait le soleil, la lune, les astres, *pour le service* de toutes les nations qui vivent sous le ciel. »

Mais n'oublions pas que si chaque chose produit une révélation, les sociétés humaines sont les dépositaires naturelles et impérissables de ces révélations successives et continues. Nous interrogerons donc, à son tour, l'organe universel de toutes ces révélations, cette voix du genre humain donnée par Dieu même, la parole.

CHAPITRE III.

Besoin d'institutions nouvelles.

Nous sommes arrivés à un âge critique de l'esprit humain, à une époque de fin et de renouvellement. La société ne repose plus sur les mêmes bases, et les peuples ont besoin d'institutions qui soient en rapport avec leurs destinées futures. Nous sommes semblables aux Israélites dans le désert. A peine échappés, comme eux, à la maison de servitude, nous vivons sous la tente comme eux, et, comme eux encore, nous sommes nourris en quelque sorte de la manne du ciel; car le temps n'est pas venu d'avoir des moissons nouvelles. Nos murmures ont éclaté aussi : nous avons redemandé un instant les dieux de l'Égypte, le pain des esclaves; nous avons été punis aussitôt, en voyant briser sous nos yeux les tables de la loi qui venait de nous être donnée au milieu des foudres et des éclairs. Mais la seconde réconciliation s'est opérée, et nous continuons notre marche vers la nouvelle terre sociale.

Il peut paraître hardi de nous présenter dans un

tel état de dénuement sous le rapport des institutions : mais cela est exactement vrai; car il ne faut point oublier que le peuple français est le représentant et le législateur de la grande société européenne.

Ce qui doit être nos institutions, sans doute existe en puissance, mais n'existe point encore en réalité. Notre constitution n'est point faite; elle se fait. La pensée est sortie de son repos, l'esprit vivifiant étend ses ailes fécondes sur la surface du grand abyme. Attendons dans un respectueux silence.

La Charte donnée par le roi n'est, à proprement parler, qu'une formule pour dégager l'*inconnue*, c'est-à-dire une méthode pour résoudre le grand problème de nos institutions nouvelles; ce qui le prouve, ce sont les articles transitoires, les stipulations de circonstance dont cet acte est surchargé; ce qui le prouve encore, c'est qu'on n'invoque point la Charte, mais l'esprit de la Charte. Au reste, ces articles transitoires, ces stipulations de circonstance, n'ôtent rien à l'importance de l'acte en lui-même; il est ce qu'il doit être, l'expression de la force même des choses, et il deviendra bientôt le point de départ de toutes les institutions dans lesquelles l'Europe va chercher le repos.

Jamais une loi ne se fait; elle se promulgue. Une

constitution ne s'improvise point, elle ne se calcule point *à priori*, d'après une théorie plus ou moins savante; elle est. Que de questions indécises, même sur les premiers éléments de notre nouveau pacte social, sur la Chambre des Pairs, sur celle des Communes, sur les limites respectives des pouvoirs de la société! Combien de fois, depuis trois ans, n'avons-nous pas déjà changé de règle pour les élections! et cependant qu'y a-t-il de plus fondamental qu'une semblable règle? N'y a-t-il pas aussi des gens qui, étonnés, dans leur haute simplicité, de l'abandon où est la noblesse, demandent qu'elle soit organisée, comme si une noblesse s'organisait, comme si les hiérarchies sociales étaient à la disposition des hommes, comme s'il y avait à présent des familles publiques, c'est-à-dire des familles pour qui le service de l'état fût une obligation exclusive? Jusqu'à présent nous n'avons trouvé pour base de l'édifice que la propriété. Est-il bien certain que nos droits politiques ne se régleront désormais que par le registre des impositions? Encore une fois, attendons.

J'oserais dire plus: s'il était possible, ce qui heureusement n'est pas, d'achever une constitution comme on achève un temple ou un palais, il faudrait s'en abstenir; car que feraient nos neveux, et que deviendrait leur indépendance? Comment voudrions-nous imposer à nos enfants un joug que nous n'aurions pas voulu recevoir de nos pères? Celui qui préside aux destinées humaines en sait plus que nous. Il connaît seul les secrets de cette admirable alliance de la liberté de l'homme, fondement de toute morale, et de cette nécessité providentielle, résultat des lois mystérieuses de l'harmonie générale qui régissent le monde. Nous devons ignorer ce qui, dans les affaires humaines, est laissé aux combinaisons contingentes et systématiques de notre intelligence, au déploiement de nos facultés; mais ce que nous savons fort bien, c'est qu'il y a des lois nécessaires, éternelles, immuables, des bornes immobiles que nulle puissance ne peut déplacer.

Les institutions des peuples sont filles du temps; et le temps, qui fonde et qui détruit, le temps, ce grand et irrévocable interprète de la Divinité, le temps achève à peine, au milieu de nous, l'ouvrage de la destruction: voilà qu'il va commencer à fonder. Laissons déblayer le sol tout encombré encore de débris. Cependant l'arche d'alliance marche toujours devant le peuple: c'est le sentiment religieux, immortel comme nous; c'est la certitude que Dieu ne cesse de veiller sur les destinées du genre humain. Au sein du désert que nous traversons péniblement, nous perdons quelquefois de vue le côté lumineux de cette nuée miraculeuse qui est notre guide; mais enfin nous voyons toujours la nuée, et de temps en temps des rayons de lumière en sortent pour nous éclairer.

Je ne puis m'abstenir, avant d'aller plus loin, de signaler une erreur à laquelle les doctrines nouvelles ont donné lieu; c'est d'avoir prodigué le nom de loi. Je crois que cette erreur est très fatale, en ce qu'elle a décrédité la majesté primitive de la loi. Le dogme de la souveraineté du peuple, enté sur le système représentatif, système ancien dans nos habitudes nationales, mais rétabli dans un autre ensemble d'idées; le dogme de la souveraineté du peuple, disons-nous, a fait croire que le corps institué comme organe de l'opinion et des besoins actuels du peuple, était investi du droit de concourir à la formation de la loi. C'est ainsi qu'on s'est accoutumé à honorer du nom de loi tous les actes consentis par le corps représentatif. Cependant le véritable caractère d'une loi est d'être immuable, et non pas d'être transitoire; d'être d'une application générale, et non point de ne recevoir que des applications particulières, locales et catégoriques. La loi est la règle fixe et universelle; son niveau pèse sur les choses et sur les êtres en général, et non sur les individus en particulier. Un budget, un règlement d'administration, ne peuvent être des lois. Les actes qui exigent le concours du roi et des deux Chambres ne peuvent être que les conséquences de la loi. Les délibérations des Chambres, considérées, ainsi que nous venons de le faire, comme organes immédiats de l'opinion, la jurisprudence des tribunaux de la justice, forment un ensemble de traditions, qui devient la loi, et que le prince promulgue avec des formes établies : c'est là seulement qu'il faut puiser la raison de l'initiative royale. La Charte, ainsi perfectionnée, sera notre loi existante, comme elle est actuellement notre loi en puissance d'être.

Quoique l'Évangile soit une loi indépendante de toute institution politique, une loi qui admette toute espèce de gouvernement, néanmoins on peut dire que nous n'avons point eu de législateur depuis Jésus-Christ, et que les empires chrétiens ne peuvent point en avoir d'autre. Cela est vrai en bien des sens; mais cela est vrai sur-tout en ce sens que toute loi qui ne sera pas puisée dans l'esprit du christianisme n'est et ne peut être qu'une loi antisociale, ce qui implique contradiction.

Mais qu'on ne s'y trompe point; et le christianisme, qui favorisa toujours l'avancement de la société, qui même le détermina, ne sera jamais un obstacle à ses progrès futurs; qu'on ne s'y trompe point, disons-nous, les institutions nouvelles, réclamées si impérieusement par le besoin des peuples, ne peuvent, en aucune manière, tenir aux institutions anciennes. L'ignorance et l'incertitude où l'on s'est trouvé à cet égard ont produit plusieurs fautes plus ou moins graves; et ceux qui ont de suite aperçu cette vérité ont aperçu en même temps l'embarras de la situation, embarras qu'il est inutile d'expliquer ici, mais qui fut tel que toute erreur de calcul doit être pardonnée. Par l'imprudence des hommes qui ont agi depuis un demi-siècle, tout a disparu de l'ancien édifice social: *les ruines mêmes ont péri*. C'est la première fois que l'on aura vu un ordre de choses nouveau ne pas résulter de l'ordre de choses qui a précédé. Mais cela est devenu nécessaire, parceque le marteau des hommes s'est uni au marteau du temps. Voudriez-vous soutenir de tristes pans de muraille lorsque le reste de l'édifice, consumé par un incendie dévorant, est déjà presque tout entier caché sous l'herbe? C'est un malheur, sans doute, mais il est irréparable. On a fait, en quelque sorte, solution de continuité; et, s'il faut le dire d'une manière sévère, les déplorables évènements de 1792 et 1793 ont prononcé un divorce éternel, divorce qu'une usurpation courte par la durée du temps, mais longue par l'intensité du despotisme et par la multiplicité des évènements, avait été sur le point de revêtir du manteau légal de la prescription; divorce enfin qui fut un instant consacré par ce qu'il y a de plus éclatant parmi les hommes, la gloire militaire. Ah! nous ne pouvons rien contre cette terrible charrue qui a creusé de si formidables sillons.

La France étant à la tête de la civilisation, il ne faut jamais oublier que ce que je dis porte, dans son sens le plus générale, sur toute l'Europe. Et ici je vais donner un signe sensible; car, en même temps que la parole intérieure s'exprime par la parole extérieure, l'état de la société se montre toujours par des monuments. Or les monuments de cette époque sont des ruines.

J'ai vu naguère la ville éternelle, la ville antique des souvenirs, la ville qu'un pauvre voyageur, venu de la Judée, seul, mais accompagné de la force de Dieu, rendit la ville des destinées nouvelles, la capitale du monde chrétien, comme elle avait été la ville des destinées anciennes, la capitale du monde païen. Ce n'était point sans un profond sentiment de tristesse que je parcourais cette Rome déserte, et comme exilée du monde où elle régna si longtemps. Elle était alors veuve du chef auguste de la religion, ainsi qu'elle avait été veuve du peuple-roi, qui lui-même avait succédé aux peuples agrestes du vieux Latium. Comme de savants géologues trouvent dans les productions fossiles, et dans les différentes couches de la terre, plusieurs âges de la nature, je trouvais plusieurs âges de civilisation dans les ruines de Rome. Je ne pouvais m'empêcher de remarquer ces temples chrétiens élevés sur les débris de temples païens, et atteints, à leur tour, par l'infatigable faux du temps. Je considérais cette majestueuse basilique de Saint-Pierre, commençant déja à s'enfoncer, en quelque sorte, dans la solitude où elle doit se perdre un jour. Elle fut à peine achevée; et l'on sent avec douleur que le peu qui reste à faire ne se fera jamais. Ainsi Virgile laissa son Énéide avec des vers qui attendent encore le dernier regard du maître. Ainsi les artistes anciens mettaient sur tous leurs ouvrages, à la suite de leurs noms, le verbe *faisait*, pour exprimer, ou que l'homme ne sait point finir, ou qu'il est toujours surpris par la mort.

Cette vue de Rome jetait ma pensée dans la contemplation de quelques unes des vérités qui font le sujet du chapitre précédent. Je voyais les révolutions successives des empires; les âges de l'esprit humain m'apparaissaient; j'assistais, en quelque sorte, à ces grandes crises qui viennent, de loin en loin, saisir toutes les nations à-la-fois. Je me reportais sur-tout à cette époque mémorable qui vit tomber le polythéisme au milieu de l'effrayante corruption du peuple romain. Mais ne cherchons point ici l'analogie que d'autres ont cru trouver : les rapports qui peuvent exister entre les temps où s'établit le christianisme, et les temps où nous vivons, ne sont que des rapports d'apparences grossières : nous aurons plus d'une fois occasion de remarquer les différences réelles et intimes. Sans nous arrêter à un parallèle qui nous forcerait à une trop longue digression, et qui se fera de lui-même par la suite, continuons donc de peindre l'âge actuel, celui des ruines.

Voyons ce qui se passe en France, sous nos yeux. Nos châteaux et nos monastères s'écroulent de toutes parts. Le peu qui en a échappé aux ravages de la révolution, et qui pourrait se soutenir par sa propre masse, n'échappera point au belier que les hommes amènent à l'envi au pied de ces hautes murailles. Dans de certaines contrées de l'Asie ou de l'Afrique, des colonnes tronquées s'élèvent au milieu de vastes déserts qui furent jadis des villes florissantes, et attestent encore aujourd'hui la puissance des vastes empires qui, depuis tant de siècles, ont cessé de régner : nous ne souffrirons point que de pareils débris continuent de peser sur la terre de la patrie, pour nous retracer une civilisation qui n'est plus, pour nous rappeler des souvenirs qui semblent nous importuner. Ces noires tours couronnées de créneaux doivent tomber. Ces longs cloîtres silencieux doivent être transformés en prisons ou en vastes ateliers pour les manufactures. Nos châteaux représentaient les temps de la chevalerie et de la féodalité; il faut qu'ils disparaissent; et les anciens propriétaires eux-mêmes, au défaut de la bande noire, s'empresseraient de détruire des demeures fastueuses qui ne sont plus en rapport avec nos besoins et nos existences. Nos monastères subissent une autre loi de la nécessité. Les ordres religieux, pour ne parler ici que des bienfaits incontestables dans toutes les opinions, avaient défriché les forêts des Gaules, et avaient défriché aussi les champs de l'érudition. A présent toute terre est cultivée; et la science, sortie du sein des cloîtres, du fond des sanctuaires, s'est répandue parmi les peuples. Les ordres religieux ne nous imposaient donc plus que le poids de la reconnaissance, à nous qui avons sur-tout horreur des services anciens. Les costumes et les règles de ces ordres rappelaient les différents âges de la religion, et, par conséquent, de la société. La religion, qui est éminemment conservatrice, qui ne détruit rien de ce qu'elle a fondé, a pris en vain sous sa protection sacrée ces médailles des temps qui nous ont précédés : nous n'en avons plus voulu; et la proscription a enveloppé même les ordres militaires qui furent si long-temps, et qui auraient pu être encore, le boulevart des peuples chrétiens; la proscription a enveloppé aussi ces ordres si dévoués qui allaient racheter les captifs dans les bagnes odieux de Tunis et d'Alger, et ceux qui allaient porter chez les nations barbares les lumières de la foi en même temps que les bienfaits de la civilisation.

Ne pourrait-on pas dire que l'état physique de Rome raconte la révolution faite en Europe par le temps, et que l'état de la France raconte la même révolution aidée par les hommes? Ce cri sinistre de *guerre aux châteaux*, suivi d'un incendie général et spontané, fut-il chez nous une clameur vaine et sans conséquence? L'expression du besoin, chez le peuple, a toujours une énergie sauvage et funeste. C'est toujours en menaçant qu'il demande tantôt du pain et des spectacles, tantôt l'abolition des dettes et le partage des terres, tantôt, ainsi que l'on vient de le voir en Angleterre, l'anéantissement de ces machines muettes qui multiplient les produits de l'industrie sans le secours de la main de l'homme. Agis mourut pour avoir voulu rendre un instant la vie aux lois antiques de Lycurgue, lois qui firent la gloire et la force de Sparte, mais qui étaient tombées en désuétude. Y aurait-il donc, dans les sociétés qui changent de forme, une sorte d'agonie sanglante, ou bien une sorte d'enfantement douloureux? Et les rois, victimes augustes, seraient-ils alors comme un signe personnifié d'une telle situation, car c'est sur eux, en effet, qu'elle pèse avec le plus d'angoisse, puisqu'ils sont établis gardiens des lois, dépositaires des traditions? faudrait-il enfin qu'un roi, lorsqu'il vient à ne plus représenter qu'une société expirante, dût mourir avec elle, et comme elle mourir d'une mort violente et injuste? Les envahissements de nouvelles formes sociales auraient-ils, en toutes choses, une si cruelle analogie avec les fureurs de la conquête? Mais je sens tout ce que de pareilles idées peuvent réveiller de souvenirs déchirants, et je m'arrête.

Sortons à présent de ces emblèmes et de ces allégories que j'ai employés pour rendre ma pensée plus sensible, et entrons dans la sphère de la réalité.

La société, avons-nous dit, est nouvelle, dans la plus rigoureuse acception du mot. Le berceau de cette société nouvelle n'a point été, en apparence, entouré de mystères et de merveilles; mais c'est aussi un mystère, et un mystère terrible, que cette foule d'hécatombes humaines; mais c'est aussi une merveille, et la plus grande de toutes, que cette suite innombrable de démentis donnés chaque jour, pendant trente années, à la raison humaine, qui, chaque jour, croyait être sûre de son fait. Enfin, l'intervention de la Providence divine a été plus visible que jamais, parceque la raison humaine a marché dans des voies plus visibles que jamais; et c'est, en dernier résultat, le seul prodige réel qui préside toujours à la naissance des sociétés.

Burke, à l'origine de la révolution française, qui devait être une révolution européenne, prouvait, avec une grande puissance de raisonnement, que les libertés de l'Angleterre étaient un héritage aussi ancien que la monarchie, et non point une conquête récente de l'ordre de choses qui porta Guillaume d'Orange au trône; ni même une conquête de l'ordre de choses, de beaucoup antérieur, qui produisit la grande Charte du roi Jean. Ce que Burke jugeait vrai pour l'Angleterre était incontestablement beaucoup plus vrai pour nous. On ne pouvait s'y tromper par ignorance, car toutes les piéces de ce grand procès avaient été publiées, depuis peu, dans les affaires des parlements; et plus récemment encore dans les cahiers des États-Généraux. Les publicistes de France, à cette époque, repoussant dédaigneusement l'héritage de nos pères, voulurent cependant établir que les fastes de notre monarchie n'étaient que les fastes de notre longue servitude. Ils nièrent, contre l'attestation de tous nos monuments historiques, que notre nation, si grande et si noble depuis tant de siècles, eût des libertés avant 1789. Un tel fait est beaucoup trop démenti pour qu'il soit possible de l'admettre : con-

SUR LES INSTITUTIONS SOCIALES.

sentons toutefois à le recevoir sans examen, et, pour parler le langage de la jurisprudence, en force de chose jugée. Mais y aurait-il quelque inconvénient à garder dans le fond de sa pensée la certitude intime où nous devons être, que sans les libertés qui ont précédé 1789, jamais la France n'aurait pu parvenir à l'émancipation, car le propre de l'esclavage est de ne donner que des sentiments d'esclaves?

Qu'il me soit donc permis d'exprimer, à l'égard de ce qui a amené notre situation actuelle, un regret dont rien ne peut tempérer l'amertume. Je sais que des esprits chagrins et jaloux à l'excès supportent peu cette expression de regret, parcequ'ils redoutent encore, par-dessus tout, la superstition des souvenirs anciens. Ils devraient cependant être bien rassurés à présent; car il ne peut plus être question de rétablir notre vieille religion sociale, mais d'affaiblir la haine qu'on lui porte, et d'établir que ses dogmes nous furent utiles. Au reste, pour ne pas heurter l'ombrageuse susceptibilité de certains esprits, je vais expliquer la raison de mon regret. Il porte uniquement sur ce qu'on a voulu faire une révolution, et que la révolution était faite; il ne s'agissait que de la constater. Il était, sans doute, convenable et nécessaire que les sages intervinssent dans l'examen des questions nouvelles; mais il eût

été desirable qu'eux seuls y fussent intervenus. On
a mis mal-à-propos dans la confidence ceux qui devaient ignorer à jamais que le corps social était arrivé à un âge de crise. Je le dis une fois pour toutes,
ce n'est que comme remarque, et non point comme
blâme, que j'exprime une telle idée. Je n'entends
accuser les intentions d'aucun des hommes dont le
nom est resté honorable. J'avouerai même qu'il
peut y avoir, et qu'il y a en effet de nobles et généreuses erreurs; le passé ne nous appartient plus,
je le sais, sinon comme leçon pour le présent, et
comme conseil pour l'avenir.

Maintenant, car les explications mènent loin,
on pourra ne pas sentir la nécessité de revenir ainsi
avec douleur sur ce qui est irrévocable. Cette nécessité peut ne pas être sentie; elle le sera par la suite,
si je parviens à me faire assez bien comprendre,
un des buts de cet écrit étant de démontrer que la
marche progressive de l'esprit humain est indépendante de l'homme même. Ainsi donc, et c'est ce
que j'espère faire sentir plutôt que prouver; ainsi
donc, lorsque l'homme veut hâter, par la violence, cette marche naturellement lente, aussi bien
que lorsqu'il veut y apporter des délais et des obstacles, il met toujours la société en péril : il ne faut
pas cesser de répéter cette vérité, sous toutes les
formes; il faut, s'il est permis de parler ainsi, en

lasser les peuples et les gouvernements jusqu'à ce que la crise actuelle soit passée. Nous devons apporter toute notre attention à éviter de nouveaux regrets pour l'avenir; il faut au moins tirer ce fruit de la funeste expérience que nous avons faite.

Des esprits superficiels, qui se sont arrêtés à la surface des choses, ou trop ardents et trop passionnés pour ne pas vouloir devancer le temps, ont cru que la révolution française n'avait acquis de la violence qu'en raison même de la résistance qui lui avait été opposée. Ils l'ont comparée à un torrent que l'on veut contenir par des digues trop étroites, et qui fait naturellement effort pour briser ces digues. La faute, selon moi, tient, au contraire, à ce qu'on a enlevé des digues qui doivent subsister en tout temps; car, en tout temps, il faut que les peuples soient gouvernés. Lorsque ensuite on a voulu construire de nouvelles digues, rien n'était préparé, et rien ne pouvait l'être, parceque des institutions ne peuvent pas s'improviser: les événements alors sont venus rouler sur les événements comme des vagues furieuses. Oui, j'en suis persuadé; la résistance à la révolution n'a commencé que lorsqu'on a voulu aller au-delà de ce qui était dans les mœurs, dans l'état des lumières, dans nos besoins réels. Enfin, comme nous l'avons déjà dit, on a voulu faire une révolution, au lieu de constater celle qui était faite. Il en est résulté que nos mœurs sont restées en arrière de nos opinions, malheur profond qui pèsera sur nous tant que l'harmonie entre ces deux grandes facultés sociales ne sera pas rétablie, ou, du moins, tant qu'il ne sera pas reconnu qu'elles doivent désormais marcher sur deux lignes distinctes et séparées. En même temps que nos opinions étaient entraînées vers la démocratie, nos mœurs s'attachaient avec plus de force aux bienséances de l'aristocratie et à tous les goûts monarchiques : cette désharmonie, que bientôt nous aurons occasion d'examiner avec quelque détail, et qui subsiste toujours, nous fournira peut-être d'utiles aperçus.

Ainsi, pour rentrer dans ce qui fait l'objet de ce chapitre, la société est nouvelle, c'est-à-dire qu'elle est sans préjugés et sans maximes ; elle est donc encore sans institutions. Notre antipathie pour le passé nous force à nous réfugier dans l'avenir ; mais nous sera-t-il permis de soulever le voile encore si imposant qui nous cache nos destinées futures ?

Les souverains de l'Europe doivent savoir à présent une chose qu'ils ont trop ignorée ; ils doivent savoir qu'il ne s'agit plus ni de la force des armes, ni des limites de territoires, ni de la balance politique entre les différents états. Les deux grandes puissances qu'il faut concilier avant tout, ou isoler entièrement l'une de l'autre, ce sont les mœurs et les opinions. La société doit être mise de nouveau sous la protection des sentiments religieux, qui heureusement ont survécu, et qui doivent servir à rallier tous les sentiments sociaux.

CHAPITRE IV.

Des changements survenus dans notre manière d'apprécier et de juger notre littérature nationale.

Parmi les phénomènes que présente l'état actuel des choses, il en est qui frappent plus que d'autres, selon la disposition différente des esprits différents. Celui sur lequel je desire arrêter en ce moment l'attention, parceque je le crois de la plus grande importance, c'est le discrédit de la parole et la confusion du langage. Je préviens, au reste, qu'ici, comme dans toute la suite de cet écrit, je prends la parole dans le sens le plus général et le plus étendu. Cette observation doit toujours être présente à l'esprit du lecteur : sans cela je pourrais courir le risque de passer pour un homme que la trop grande préoccupation de certaines idées jette dans le paradoxe et dans l'exagération.

Les mots, il faut le dire, ne représentent plus les mêmes idées pour tous; il en est même, s'il est permis de parler ainsi, qui sont devenus de simples sons, vides de sens, auxquels on n'ajoute plus aucune idée, le signe d'aucun sentiment. Notre littérature a vieilli comme nos souvenirs : on n'ose pas encore l'avouer ; et certainement je serai soumis à d'amères censures, parceque j'aurai donné de la réalité à un fait que l'on voudrait refuser de constater, dont on voudrait même pouvoir douter. Mais je ne conçois point ce choix arbitraire et raisonné dans nos anciennes illusions : les unes sont impitoyablement condamnées, et l'on voudrait continuer d'accueillir encore les autres, pendant que toutes se tiennent, que toutes sont en harmonie entre elles, que toutes doivent tomber ou subsister ensemble. L'état factice que nous voudrions créer ne peut donc durer : notre littérature doit subir le même sort que nos institutions. Consentons à être vrais et conséquents ; nos dénégations d'ailleurs ne peuvent changer rien à l'état des choses.

Les conceptions littéraires, pour produire le même effet qu'elles auraient produit autrefois, pour jouir de la même estime, pour exercer une influence semblable, doivent être essentiellement différentes ; et si nos chefs-d'œuvre n'étaient pas consacrés par une admiration traditionnelle, par une renommée continue, je pense que nous les apprécierions fort peu. N'entendez-vous pas déjà répéter de tous les côtés, et jusque dans nos chaires publiques, que nos grands écrivains du siècle de Louis XIV ne furent pas à leur aise dans les institutions de leur temps, que leur génie a manqué d'indépendance et de liberté, qu'ils ont imposé à la langue et à la littérature nationale des entraves dont elles gémissent, qu'ils nous ont mis à l'étroit dans leurs pensées trop circonscrites? De telles accusations et l'expression de tels regrets, sans prétendre ici les discuter ou les apprécier, ne sont-elles pas le signe d'un grand changement dans plusieurs de nos admirations, changement dont il n'est plus permis de douter, parcequ'il est de toute évidence? Voilà pourquoi nous sommes si disposés à accueillir les jugements dépréciateurs que les étrangers portent de la plupart de nos grands écrivains; et ces détracteurs ont parmi nous plus de complices qu'on ne pense.

Notre bienveillance enveloppe encore, par amour-propre et par vanité, notre littérature tout entière; mais notre goût réel est pour la partie de cette littérature qui est entrée plus ou moins dans les idées nouvelles. La morale elle-même a besoin d'emprunter un autre langage pour être entendue. Cependant, il est bon de le remarquer, ce que je dis est moins une opinion que l'expression d'un sentiment de malaise assez général pour que je doive m'y associer en quelque sorte, puisque je me rends l'historien de cette époque, et que je me suis imposé la tâche d'en saisir tous les caractères. Sans doute j'ai été moins atteint que beaucoup d'autres par ce discrédit de notre littérature, et je suis persuadé que plusieurs de mes lecteurs en auront été moins atteints encore : ceux-là seront disposés à me trouver étrange ; mais je ne puis raisonner sur des exceptions.

Qu'il me soit permis, avant d'aller plus loin, de faire observer combien est fausse l'accusation qu'on nous a faite si souvent de ne point avoir de littérature nationale. Notre littérature, nous devons en être convaincus à présent, fut tellement nationale, qu'elle commence à nous échapper depuis que nous commençons à cesser d'être la même nation. Si trop de développements n'étaient pas nécessaires, je pourrais expliquer ce qu'il y avait d'éminemment national dans notre littérature du siècle de Louis XIV; et cette digression ne serait peut-être pas sans quelque utilité et sans quelque intérêt; mais elle me mènerait trop loin, et elle séparerait par un trop grand intervalle des idées dont le rapprochement fait toute la clarté. Je me bornerai donc à établir quelques faits, encore sera-ce d'une manière affirmative, puisque je ne puis ni les développer, ni les justifier par des exemples.

Le caractère particulier de notre littérature était d'être classique, parceque le caractère particulier de notre langue était d'être soumise aux lois rigoureuses de l'analogie : c'est là, sans autre commentaire, ce qui a rendu notre langue universelle, et ce qui a fait de notre littérature la littérature de l'Europe. Notre versification était une langue ornée, une langue de choix, et non point une langue différente de la prose : voilà encore, sans autre commentaire aussi, pourquoi notre poésie n'était pas toute contenue dans notre langue versifiée. Soyons de bonne foi : uniquement parcequ'il y a des hommes, d'ailleurs de talent, qui n'ont pas senti notre poésie versifiée, cela prouve qu'elle n'est pas notre seule poésie, car le propre de la poésie est d'être sentie par tous. Notre poésie versifiée n'a reçu sa perfection que dans un siècle de politesse extrême : il en a été de même chez les Romains. Lorsque la poésie française a voulu s'exprimer en prose, elle a dû affecter l'imitation de la langue grecque; lorsqu'elle a voulu s'exprimer en vers, elle a dû affecter l'imitation de la langue latine. Ainsi Horace, Virgile, Boileau, et Racine, sont, en quelque sorte, contemporains, et parlent presque la même langue. Les rapports ne sont pas aussi frappants pour la poésie dans la prose française; mais ils n'en existent pas moins, et il me serait facile de citer des exemples qui ne laisseraient aucun doute à cet égard. C'est depuis moins de temps, au reste, que le nombre des formules de la prose s'est accru, par la raison toute simple que la prose est toujours la dernière à se perfectionner. Chez les Grecs, la poésie s'est souvent réfugiée dans la prose; chez les Romains, elle a dédaigné cet asile. Nous, sans faire attention que nous nous sommes portés héritiers à-la-fois des Grecs et des Romains, nous voudrions encore conserver des limites artificielles, mais c'est en vain, puisque ces limites ne sont pas dans la nature même des choses. Notre persévérance à vouloir les maintenir telles qu'elles ont été posées par les premiers législateurs de notre langue, prouve que nous ne nous rendons pas compte de la distance où nous sommes du point de départ, et que nous ne nous faisons pas encore une idée juste de l'essence même de la poésie. Le seul écueil que nous ayons à éviter, lorsque nous voulons introduire la poésie dans la prose française, c'est, à mon avis, l'imitation de la poésie latine.

Je serais maintenant conduit à parler de cette littérature de mouvement, qu'on a appelée romantique, littérature absolument nouvelle, qui ne remonte pas plus haut que J. J. Rousseau, et dont madame de Staël fut le dernier comme le plus brillant produit. Il faudrait également que je caractérisasse à-la-fois et Delille que nous venons de perdre, et M. de Châteaubriand qui est encore dans la force du talent, doués, l'un d'une immense richesse de détails poétiques, l'autre d'une imagination vaste et féconde, placés tous les deux sur les derniers confins de notre ancien empire littéraire, et venant terminer d'une manière admirable toutes les traditions de notre double langue classique dont le règne va finir: ce qu'il y a de plus remarquable dans l'association que je fais ici de ces deux noms, c'est que leurs ouvrages, honneur éternel de cette époque, sont à-la-fois des monuments littéraires et des monuments de nos anciennes affections sociales. Mais je ne puis envisager que l'ensemble de mon sujet, et je dois me borner à des aperçus.

Néanmoins, quel que soit mon desir d'abréger, je ne puis m'abstenir de redresser quelques idées qui ont été émises dans ces derniers temps. Nous ne connaissions point jusqu'à présent de genre classique; nous appelions auteurs classiques ceux qui ont fixé la langue, et qui font autorité sous ce rapport; ensuite, par extension, nous donnions encore le nom de classiques aux auteurs qui sont restés fidèles au génie de la langue et à toutes les convenances de notre littérature nationale. La même acception se trouve chez les Italiens. Maintenant, le sens le plus général de ce mot a pris une bien autre extension. Nous appelons littérature classique celle qui est fondée sur l'étude et les traditions des langues anciennes, celle qui a puisé ses règles dans l'analyse des chefs-d'œuvre de ces mêmes langues, celle enfin qui s'astreint à l'imitation de ces chefs-d'œuvre, et qui prend ses sujets à la même source. Par opposition à la littérature classique, on a nommé littérature romantique celle où l'on professe une plus grande indépendance des règles; où l'on se permet de nouvelles alliances de mots, et sur-tout de nouvelles inventions de style; où l'on secoue les lois de l'analogie, où l'imitation étend son domaine, où la pensée fait effort contre la parole fixée, la parole écrite; où les sujets sont tirés des traditions modernes. Nous luttons, en ce moment-ci, de toutes nos forces, contre l'invasion de la littérature romantique; mais les efforts mêmes que nous faisons prouvent toute la puissance de cette littérature. Bientôt peut-être, en France comme en Italie, car les états d'au-delà des Alpes participent au même mouvement; bientôt la littérature classique ne sera plus que de l'archéologie.

Sans porter un jugement sur les deux littératures qui se disputent aujourd'hui l'empire du monde, et sur lesquelles nous aurons, au reste, occasion de revenir, qu'il nous soit permis de remarquer d'abord que la littérature romantique a pris naissance au sein d'une langue qui est encore, pour ainsi dire, dans le travail de l'évolution; c'est la langue allemande que je veux désigner. Remarquons, de plus, que les envahissements de cette littérature ont commencé chez nous à une époque où la langue était fixée, et, qu'il me soit libre de le dire, au moment où nos traditions nationales perdaient déjà de leur autorité et de leur vénération parmi les peuples. Nous nous sommes donc trouvés de suite dans un double esprit d'opposition. Qui ne sait tout ce que Voltaire montra de mauvaise humeur contre le projet d'une traduction complète de Shakspeare? Voltaire cependant venait de flétrir de sa plume cynique et impie l'un de nos plus beaux souvenirs historiques; et il recueillait des applaudissements égaux pour toutes ses injustices, comme si on eût voulu verser le discrédit à-la-fois sur notre passé et sur notre avenir.

Quoi qu'il en soit, et il faut bien l'avouer, nous nous étions créé une littérature trop exclusive. Un petit nombre d'écrivains dominés par l'ascendant de la pensée se sont réellement trouvés à l'étroit dans une langue où les limites de l'expression ne sont point assez incertaines; ils ont voulu franchir cette borne immobile: il en est résulté quelques succès et bien des revers. Un phénomène si nouveau dans l'histoire des langues sera expliqué plus tard. Mais, ce qu'il est permis d'affirmer dès à présent, c'est que si l'on peut gagner des avantages dans des combats partiels contre la force des choses, jamais on ne remportera de victoire décisive. Toutefois, nous ne pouvons nous passer d'une littérature classique et nationale: si celle de Louis XIV cesse de faire loi, nous en aurons une autre qui sera en harmonie avec nos institutions. On a vu, une seule fois, deux siècles littéraires sur le même sol : ainsi l'Italie a son Virgile et son Tasse; mais c'est dans deux langues différentes. Il est possible que nous soyons destinés à présenter un spectacle tout nouveau, celui de deux siècles littéraires sur le même sol et dans la même langue. Alors aussi, et par suite du mouvement général de l'Europe, cette Italie, si une d'esprit et de mœurs, produira un troisième siècle littéraire dont il n'est pas facile d'apercevoir encore les éléments épars.

Je dis que la même langue n'a jamais eu deux siècles littéraires; car, sans vouloir déprécier les services qu'a rendus l'école d'Alexandrie, on peut remarquer qu'elle a produit seulement une imitation servile de la littérature des anciens âges de la Grèce, lorsqu'elle ne s'est pas bornée à les expliquer et à les commenter. Mais nous ne savons pas ce que va faire naître l'établissement d'une académie à Athènes, d'un collège grec dans l'ancienne Tauride, du mouvement imprimé aux îles Ioniennes, et de tant de circonstances nouvelles dont nous ne pouvons prévoir tous les résultats. Enfin, je n'ignore point que souvent les royaumes de l'Orient ont présenté le spectacle de deux siècles littéraires sur le même sol et dans la même langue; mais il serait facile de démontrer combien doivent différer tous les éléments de calcul dans les considérations qui s'appliquent à l'Orient. C'est un autre monde relativement à nous; hâtons-nous donc de rentrer dans celui que nous habitons : tout ce que nous pouvons y apercevoir, quant à présent, c'est qu'il se forme quelque chose de nouveau, pour succéder à ce qui est menacé d'une mort si prochaine.

Voyez, en effet, comme nous avons besoin déja de nous transporter au temps où notre littérature classique et nationale a paru tout-à-coup avec tant d'éclat, si nous voulons l'apprécier et la sentir, du moins en partie. Nos habitudes, nos mœurs, notre goût, notre existence, tout est changé. Certaines idées qui furent vulgaires et triviales ne sont plus comprises. Je ne parle point ici de ces idées fugitives et délicates qui tiennent seulement aux usages du monde, à une élégance convenue : ces idées, tout en nuances, sont, par leur nature même, mobiles et passagères. Je parle de ces idées fondamentales qui sont comme le pivot sur lequel toutes les autres roulent, de ces idées centrales vers lesquelles toutes les autres gravitent, enfin de ces idées fécondes qui engendrent toutes les autres. Pour me servir d'une métaphore déjà employée plus haut, c'est une dynastie qui a fini de régner. Je ne parle même pas de ces heureux préjugés qui subsistaient encore naguère, sans raison de leur existence, débris vénérables des temps anciens, qui viennent de disparaître du milieu de nous, sans autre raison aussi de leur fin.

Est-il besoin de l'apprendre encore aux hommes? Il est des choses qui tombent et s'évanouissent, uniquement parcequ'on veut les soumettre à l'examen. Ces choses ne peuvent, il est vrai, supporter l'analyse et la discussion: elles disparaissent comme le diamant dans le creuset de Lavoisier; mais cela ne prouve ni contre ces idées, ni contre le diamant. Rien ne peut faire que le diamant ne contînt de la lumière avant d'entrer dans le creuset mortel; rien ne peut faire non plus que les idées qui ont cessé d'être à notre usage n'aient long-temps éclairé le monde. Il ne faut pas cesser de le répéter, parcequ'il ne faut pas cesser d'entourer de respect ce qui a été: venir en son propre nom, pour employer une expression heureuse de Bacon, suppose une haute vanité, une présomption condamnable, un orgueil qui doit être réprimé. Professons un culte religieux pour la cendre de nos ancêtres, si nous voulons que notre poussière, lorsque nous aurons cessé de vivre, ne soit pas, à son tour, jetée aux vents. Je demanderai donc aux partisans des idées nouvelles si, parceque ces idées, qui leur paraissent être la raison même, eussent été méconnues et même honnies à de certaines époques, le mépris dont on les aurait couvertes aurait pu prouver contre elles. Ne soyons pas aussi exclusifs, et consentons à croire qu'avant nous il y avait de la sagesse et de la raison sur la terre. Mais la sagesse et la raison eurent jadis d'autres formes. Lorsque l'homme doué de génie prenait cette lyre d'or que lui avait donnée le ciel, il en tirait des sons qui lui étaient inconnus à lui-même; et il n'y avait alors que ces sons divins qui eussent reçu le pouvoir d'adoucir les mœurs, d'élever les sentiments, d'agrandir les facultés. Les miracles d'Orphée et d'Amphion ne sont point de vaines fables. Sans cette lyre d'or les peuples de la Thrace seraient restés sauvages, et les murs de Thèbes ne se seraient jamais élevés. Essayez, si vous le pouvez, de faire pénétrer, par le moyen de vos codes arides, les bienfaits de la civilisation parmi les hordes barbares qui n'ont point encore vécu sous le joug et sous la protection des lois !

Maintenant, je le sais, la poésie semble être exilée de la société : tôt ou tard elle rentrera dans son domaine, tôt ou tard nous redeviendrons attentifs aux sons échappés de la lyre des poëtes. Nous voulons une doctrine positive qui puisse nous être démontrée à l'égal d'un problème de mathématiques. Comment faire? Dieu et ses attributs, l'homme et ses facultés resteront toujours des objets mystérieux; les bases de toute société échapperont également au flambeau indiscret de la raison humaine. Qu'on examine avec un chagrin superbe l'origine du pouvoir; cette témérité ne fera jamais que porter atteinte à la religion sociale, sans rien affirmer, sans améliorer le sort des hommes.

En général, on sait bien qu'il s'est opéré un changement considérable dans les opinions; mais on ne sait pas assez combien ce changement est intime et profond. C'est à-peu-près comme si nous voulions juger, par exemple, le théâtre grec d'après notre spectacle actuel. Pour avoir sur cet objet des idées justes et vraies, ne faudrait-il pas rétablir, par la pensée, les idées qui dominaient à l'époque où Eschyle, Euripide et Sophocle régnaient sur la scène tragique? Ne faudrait-il pas créer de nouveau la puissance de ces traditions mythologiques, la pompe de ces solennités religieuses et nationales qui donnent la vie à ces admirables compositions? Ne faudrait-il pas même connaître la forme matérielle des théâtres anciens, les fonctions du chœur, enfin tout cet ensemble qui fut imaginé pour produire l'effet qu'il devait produire? Lisez Pindare, même dans la langue harmonieuse qui lui inspira ses beaux vers; vous n'aurez rien fait encore, si vous n'êtes pas entré dans le génie de cette inspiration. Ne souriez pas à ces généalogies de héros et de coursiers, car votre pitié accuserait votre ignorance. Laissez-vous entraîner aux digressions du poëte, pour témoigner que vous vous êtes identifié avec les imaginations vives et mobiles des peuples de la Grèce. Apprenez à secouer le joug des transitions, puisqu'il s'agit des mouvements impétueux de l'ame, et non point d'un discours mesuré de la raison. Ne vous plaignez pas de ce que votre oreille entend d'autres récits que ceux auxquels vous aviez peut-être quelque droit de vous attendre. Vous n'êtes point trompé: on vous avait promis de l'or, et c'est de l'or que l'on vous donne. Ayez vécu au milieu de ces mœurs si différentes des nôtres, et assisté à ces festins de rois, d'écuyers et d'athlètes, soyez-vous enfin rendu familière l'histoire domestique de ces temps: alors toutes les allusions seront vivantes, et vous saurez que Pindare n'est pas seulement le chantre de la gloire, mais le chantre de l'ivresse même de la gloire.

Notre littérature du siècle de Louis XIV a cessé d'être l'expression de la société; elle commence donc à être déja pour nous, en quelque sorte, comme nous l'avons dit, une littérature ancienne, de l'archéologie. Voyons-nous à présent beaucoup de femmes lire avec charme et Nicole et Bourdaloue, et préférer Corneille à Racine? Mais, entre tous les faits que je pourrais citer pour prouver la thèse où je me suis engagé, je vais en choisir un qui frappera peut-être d'autant plus que, sans doute, on l'attend moins.

À quoi serviraient, en effet, de timides ménagements? Pour introduire de suite le lecteur dans le sens intime d'une pareille discussion, je vais le mettre aux prises avec le plus grand nom des lettres françaises, avec Bossuet : encore ne prendrons-nous pas Bossuet tout entier. Nous n'arrêterons nos regards que sur les Oraisons funèbres et sur l'Histoire universelle. Cette économie des desseins de la Providence, dévoilée avec la prévision d'un prophète; cette pensée divine gouvernant les hommes depuis le commencement jusqu'à la fin; toutes les annales des peuples, renfermées dans le cadre magnifique d'une imposante unité; ces royaumes de la terre, qui relèvent de Dieu; ces trônes des rois, qui ne sont que de la poussière; et ensuite ces grandes vicissitudes dans les rangs les plus élevés de la société; ces leçons terribles données aux nations, et aux chefs des nations; ces royales douleurs; ces gémissements dans les palais des maîtres du monde; ces derniers soupirs de héros, plus grands sur le lit de mort du chrétien, qu'au milieu des triomphes du champ de bataille; enfin l'illustre orateur, interprète de tant d'éclatantes misères, osant parler de ses propres amertumes, osant montrer ses cheveux blancs, signe vénérable d'une longue carrière honorée par de si nobles travaux, et laissant tomber du haut de la chaire de vérité des larmes plus éloquentes encore que ses discours : tel est le Bossuet de nos habitudes classiques, de notre admiration traditionnelle. Mais je demande si déjà nous n'avons pas besoin de nous rappeler la personne même de Bossuet, et l'assemblée imposante devant laquelle il parlait, et l'autorité de sa parole, fortifiée par le caractère auguste dont il était revêtu, et l'empire irrésistible de doctrines non contestées, et toutes les gloires et toutes les renommées de cette époque si brillante, et tous les souvenirs de la vieille monarchie, pour sentir les éminentes beautés de l'Oraison funèbre du grand Condé. Mais je demande si le Discours sur l'Histoire universelle est maintenant autre chose, pour un grand nombre, qu'une magnifique conception littéraire, une sorte d'épopée qui embrasse tous les temps et tous les lieux, et dont la *fable*, prise dans de vastes croyances, est une des plus belles données de l'esprit humain.

Que serait-ce donc si j'embrassais tous les ouvrages de Bossuet; si je descendais avec lui dans l'arène de cette haute polémique où il consuma une partie de ses forces; si j'interrogeais avec lui les oracles des anciens jours, afin de m'initier moi-même et d'initier mon lecteur aux secrets de cette Politique sacrée que l'on croirait appartenir à un autre âge, tant pour les princes que pour les peuples; si je m'élevais sur ses ailes à la contemplation des mystères du christianisme; si je creusais avec son analyse lumineuse et pénétrante les profondeurs d'un mysticisme exalté où s'égarèrent quelques ames tendres? Sans doute, dans tous les ouvrages de Bossuet, l'esprit resterait étonné par un style vif, énergique et pittoresque; par la grandeur des images et la hardiesse des figures; par ce quelque chose de rude et de heurté d'un fier génie pour qui la faible langue des hommes est une condescendance de la pensée, car le feu de sa pensée, à lui, s'allume dans une sphère plus élevée. Mais, je le demande encore, désaccoutumés que nous sommes de la forte nourriture des livres saints, pourrions-nous remarquer dans ce dernier Père de l'Église, sa merveilleuse facilité à s'approprier les textes sacrés, et à les fondre tout-à-fait dans son discours qui n'en éprouve aucune espèce de trouble, tant il paraît dominé par la même inspiration?

Plus d'un lecteur hésitera sans doute à admettre la rigoureuse vérité; et moi-même qui viens éclairer sur de tels résultats, moi-même je recule devant l'incroyable entraînement de mes propres méditations. Oui, continuant de m'associer aux idées du temps, aux pensées des hommes qui vivent en ce moment, aux nouveaux errements de la société; oui, je trouve dans Bossuet je ne sais quoi de plus vieux que l'antiquité, je ne sais quoi de trop imposant pour nos imaginations qui ne veulent plus de joug. Il est devenu comme le contemporain de ces textes sacrés qui se mêlent à ses paroles d'une manière à-la-fois si audacieuse et si naturelle. Ne dirait-on pas que notre langue, remuée par lui avec tant de puissance, est ensuite demeurée immobile ainsi qu'un géant endormi? Ne sent-on pas qu'elle ne reprendra plus ces attitudes si naïvement majestueuses qui lui furent données par le prophète des temps modernes? Oui, encore une fois, il me semble voir Bossuet s'enfoncer avec Isaïe et Jérémie dans la nuit des traditions antiques; et le voile de l'inusité commencer à tomber sur sa grande stature.

Comment se fait-il donc que nous ayons déjà besoin d'un tel effort de l'imagination pour contempler Bossuet, bien que nous n'ayons pas cessé de le pratiquer, bien que la première admiration ait un retentissement qui a toujours duré? C'est, il faut l'avouer, que nous n'habitons plus la même sphère d'idées et de sentiments; et, s'il en est encore parmi nous qui soient restés citoyens de la vieille patrie, ceux-là n'ont plus que des sentiments solitaires, qui ne peuvent ni se communiquer ni se propager. Cette génération mourra sans postérité.

CHAPITRE V.

PREMIÈRE PARTIE.

Les idées anciennes devenues inintelligibles.

Avançons dans la route difficile que nous nous sommes tracée : je l'ai déja dit, ma fonction est de venir expliquer des ruines.

Les idées qui ne peuvent pas devenir populaires sont frappées de mort en naissant, et alors elles ne causent aucun trouble. Cependant, plus tard peut-être, comme un germe qui a besoin d'être long-temps couvé, elles reparaîtront pour bouleverser le monde qu'elles avaient d'abord laissé tranquille. Les idées qui cessent d'être populaires, ou parcequ'elles ont été usées par le temps, ou parcequ'elles ont reçu tout le développement dont elles étaient susceptibles, ou enfin parceque le bien qu'elles devaient produire est consommé, ces idées meurent aussi, mais dans une longue et terrible agonie, car tout est souffrance pour le genre humain. Celles qui ont été préparées d'avance, qui se trouvent d'accord avec les instincts d'un peuple, avec les progrès naturels de la civilisation, finissent toujours par s'identifier dans les esprits, par se manifester dans toutes les formes de la société; cependant celles-là mêmes ne peuvent parvenir à gouverner les hommes qu'après avoir fait éprouver de grandes douleurs.

Parmi ces différentes sortes d'idées il est bien facile de reconnaître celles qui cherchent à s'introduire de force dans le monde, sans y être attendues, et celles qui ont fini de régner, mais dont on voudrait prolonger l'empire parmi les peuples. Les hommes mêmes qui veulent établir les unes, lorsqu'elles n'ont pas en elles la raison de leur existence, ou qui veulent propager encore les autres lorsqu'elles ont perdu ce principe de vie qui est dans l'assentiment général, témoignent, par l'expression indécise de leurs discours, qu'ils ne les comprennent point. Elles se montrent alors les unes et les autres, sans parure, sans charme, sans cortége, avec mille contradictions: ce sont des dieux étrangers ou des rois détrônés.

Dans les temps où la société est ainsi agitée par la lutte des idées anciennes qui voudraient ressaisir le sceptre du pouvoir, et des idées nouvelles qui ne veulent pas souffrir de partage, souvent c'est un malaise vague et intérieur dont il est difficile de marquer les périodes et de signaler tous les symptômes. Cette difficulté est bien moins grande à présent : les dernières sessions des Chambres peuvent être considérées comme une arène où nous avons été appelés à juger du combat, sans effort pour nous, car toutes les opinions se sont trouvées naturellement en présence et à découvert. Il est devenu sensible pour tous que les idées anciennes non seulement étaient décréditées, mais encore qu'elles étaient frappées d'une sorte d'obscurité qui les rendait inintelligibles au plus grand nombre ; comme les paroles de cette fille de Priam, qui étaient empreintes du sentiment de l'avenir, mais à qui le don d'imposer la croyance avait été refusé. Au milieu de ce violent tumulte, qui fut le plus souvent une discussion très solennelle, les idées anciennes étaient défendues, tantôt avec une réserve que l'on prenait pour de la faiblesse, tantôt avec un courage que l'on prenait pour de l'exagération ; quelquefois on eût dit le chant du cygne qui va mourir : mais ce chant du cygne n'était point entendu, et n'avait point la force d'émouvoir ; il n'y avait rien de contagieux dans ces derniers accents d'idées expirantes, ou dont l'empire n'était plus que dans le passé : encore, il faut l'avouer, souvent aussi ce n'était point même le chant du cygne ; c'était quelque chose de vague et d'incertain, comme un éblouissement des oreilles; c'était, en un mot, une cause mal comprise et mal défendue. On plaide toujours avec gêne devant des juges prévenus, sur-tout lorsque l'on diffère de langage avec eux; on voudrait vaincre des répugnances, faire des concessions pour être écouté avec moins de défaveur, s'accommoder aux temps et aux lieux; couvrir, s'il est permis de parler ainsi, par le néologisme du langage, l'archaïsme des idées et des sentiments. Tous ces artifices de la parole, toutes ces ruses des affections et des souvenirs, ne produisaient aucune illusion, aucun entraînement. L'éloquence, comme on sait, n'est pas seulement dans l'orateur qui parle; elle est aussi dans ceux qui écoutent. S'il fait autre chose que leur montrer ce qui est déja en eux, il n'aura réussi qu'à être trouvé étrange, qu'à être considéré comme un homme d'imagination : il faut de la sympathie et des points convenus entre tous; et l'émotion qui s'arrête sur le bord de la tribune, sans aller au-delà, finit par s'y éteindre. L'orateur enfin ne peut être animé, ne peut être entraîné hors de lui-même, et ramener ainsi son auditoire à un centre commun, que par la conscience de l'impression qu'il produit, de l'ascendant qu'il exerce. Le cavalier doit sentir frémir dans sa main la bouche délicate du cheval, sous peine d'être renversé avec dédain par lui. L'éloquence prodiguée en pure perte se glace sur les lèvres, et retombe avec amertume sur le cœur.

Remarquez bien qu'il ne s'agit plus ici d'une simple composition littéraire où le lecteur, placé dans une sphère convenue d'idées et de sentiments, se prête à toutes les illusions qui lui sont prescrites, et s'émeut vivement d'une création dont il a adopté d'avance toutes les données. C'est ainsi que la scène tragique nous fait compatir tous les jours aux malheurs de personnages entièrement placés en dehors de toutes nos affections. Mais ici nous ne pouvons pas sortir du monde positif, de la sphère de la réalité; l'imagination doit rester attachée à ce qui est dans le moment actuel.

Dans l'assemblée dont nous parlions tout-à-l'heure on voyait deux choses à-la-fois : certains dogmes de la société ancienne, à moitié admis, à moitié rejetés par ceux qui les professaient encore, ou qui voulaient encore les professer; certains dogmes de la société nouvelle, qu'on avait le dessein d'admettre sans conviction, et par la seule nécessité des circonstances. En cela il ne faut accuser personne d'incertitude et de mauvaise foi. Il est des esprits timides qui s'effraient, il est des esprits vigoureux qui croient pouvoir dominer les temps. Ainsi chez les uns l'opposition venait de la force de leur caractère; chez les autres, d'une sorte de timidité qui est une marque certaine de droiture. Des opinions ne peuvent avoir l'impulsion irrésistible des sentimens, et cependant on défendait des opinions comme on eût défendu des sentimens. Aussi arrivait-il encore qu'on voulait tourner les opinions en sentimens, et cela dans tous les partis: alors c'était tout ce qu'il pouvait y avoir de plus discordant. Voilà pourquoi vous avez vu, durant l'année qui vient de s'écouler, des prodiges inouïs de contre-sens et de désharmonie. Vous avez vu, en effet, soutenir le droit par les mêmes arguments que le fait, le juste par les mêmes arguments que l'utile; d'un autre côté, le fait et l'utile avaient des champions qui puisaient leurs moyens de défense dans les doctrines sur lesquelles reposent le droit et le juste; la légitimité était confondue avec l'hérédité, avec l'hypothèse de l'élection continue ou du pacte primitif: il en résultait une grande confusion de langage; mais tout, dans ce combat inégal, tournait au profit des idées nouvelles, parceque ce sont elles seulement qui sont douées de la force expansive. La Chambre de 1815, qui a été l'objet de tant d'éloges et de tant de critiques, eut cela de remarquable, qu'elle représentait très bien le mouvement des opinions françaises, qu'elle représentait très bien aussi cet état d'anxiété, de trouble, d'incertitude, résultat nécessaire de la lutte des mœurs et des opinions.

Dans une telle révolution, qui atteint jusqu'aux éléments mêmes de la société, il a été bien permis, sans doute, et il n'est peut-être encore que trop permis à un grand nombre d'hommes de désespérer de notre existence sociale; et ce malaise si naturel, qui continue toujours de se faire sentir, pourra bien ne se prolonger que trop long-temps. Néanmoins, que les timides se rassurent, la société ne peut périr; et la France est restée à la tête de la civilisation de l'Europe, malgré toutes les vicissitudes de la fortune. Il faut donc que la France soit sauvée, sous peine d'entraîner tous les autres états de la vieille Europe dans une vaste ruine.

Plus d'une fois la France a vu son sol couvert d'ennemis; mais il y a en elle une telle énergie vitale qu'elle n'a pu jamais succomber, ni plier son front au joug de la conquête. Encore de telles invasions n'auraient point eu lieu, si les Français n'eussent pas été divisés entre eux; et leur division n'existait que parcequ'il y avait des questions indécises, car la fidélité se trouvait également dans les deux partis. Le Français peut avoir beaucoup d'erreurs; mais la félonie n'est point dans son caractère. Ainsi la plupart des défections du 20 mars, défections déplorables dont la patrie gémira si long-temps, ne furent chez nos soldats que l'instinct égaré de la gloire. Laissons-en tout l'opprobre aux factieux et aux intrigants, toujours si habiles à se saisir des circonstances.

La France ne doit donc jamais désespérer de son salut. La Providence, qui lui a donné la magistrature des civilisations modernes, tantôt suscite Charles Martel pour écraser d'un seul coup les formidables armées des Sarrasins au milieu même de leurs immenses triomphes; tantôt met dans les mains d'une jeune vierge l'étendard des lis, pour faire sacrer à Reims le fils de nos rois; tantôt convoque à Paris tous les souverains de l'Europe, pour assister à la restauration de la monarchie conservatrice de leurs propres droits.

Noble terre de la gloire et des beaux-arts, terre des héros, non, tu ne périras point; j'en jure et tes trophées et tes revers : j'en jure et les plaines de la Massoure, et les sables de l'Afrique, et les jardins de la Touraine, et les murs de Pavie, et les bocages de la Vendée, et deux fois les champs de Fleurus. Noble terre de ma patrie, la Providence a trop fait pour toi; elle n'abandonnera point son ouvrage, et tu resteras le beau pays de France.

CHAPITRE V.

SECONDE PARTIE.

Des mœurs et des opinions.

Je crois devoir maintenant appeler plus spécialement l'attention sur un des grands phénomènes qui marquent les temps où nous vivons, et qui les rendent si remarquables, je veux dire la différence qui existe entre nos mœurs et nos opinions. Les mœurs, ainsi que nous l'avons déja remarqué, sont restées dans la sphère des idées anciennes; les opinions prennent leur source dans les idées nouvelles, et leur doivent toute leur puissance. Nous ne nous livrerons point, sur ce sujet, à un examen étendu et approfondi; nous tâcherons seulement de faire sentir ce que produirait cette partie de la discussion, si nous pouvions l'embrasser tout entière; mais le peu que j'en dirai servira du moins à compléter le tableau de cette lutte des idées anciennes contre les idées nouvelles, et à me faire ainsi mieux comprendre.

Si vous voulez comparer les peintures du caractère français dans les mémoires des différentes époques, à commencer même par les Commentaires de César, vous verrez combien ce caractère est resté immuable. Or, le caractère d'un peuple se compose éminemment de ses mœurs. Cette grande permanence dans le fond de nos mœurs a toujours été couverte par une non moins grande mobilité d'imagination, ce qui a suffi dans tous les temps à l'observateur peu attentif pour motiver l'accusation de légèreté qui nous a été faite si souvent. Sans doute nos mœurs extérieures, c'est-à-dire nos habitudes sociales, nos rapports entre nous dans les relations publiques et dans les relations privées, ont plus d'une fois subi de très grands changements; peut-être même qu'aucun peuple n'a été soumis à autant de vicissitudes, et n'a plus présenté le spectacle d'un peuple changeant et mobile, d'un peuple difficile à fixer. Nous fûmes, en effet, dès l'origine, ce que nous sommes à présent, vains, frondeurs, impatients, habiles à saisir le côté faible ou ridicule de toutes choses, prompts à l'exécution, peu dociles au conseil, susceptibles d'entraînement plutôt que d'exaltation; mais nous fûmes aussi, dès l'origine, et nous serons jusqu'à la fin, nobles et généreux, accessibles à la pitié, compatissants au malheur. L'esprit guerrier ne peut être chez nous cruel et oppresseur : aussi, dans ces temps d'opprobre où avait pu être porté cet exécrable décret de la guerre à mort, avons-nous vu nos armées reculer devant leurs propres triomphes, rester immobiles après des victoires achetées déjà par tant de sang, et refuser de ternir l'honneur de la patrie, dont elles seules alors étaient dépositaires. Plus d'une fois, sans doute, et sur-tout en dernier lieu, on a voulu dénaturer cet esprit militaire, en le faisant servir à la conquête; mais il sera toujours l'amour de la gloire acquise par le danger, car le Français ne se laisse pas conduire seulement par le sentiment du devoir, trop sec et trop métaphysique pour lui; enfin cet esprit militaire est protecteur avant tout; il doit donc toujours tendre à redevenir de la chevalerie.

Le culte des femmes, chez nos premiers aïeux, se transformera en galanterie sous Louis XIV, et subira une bien autre métamorphose sous la Régence; mais ne craignez jamais que chez nous les femmes soient considérées autrement que comme la noble compagne de l'homme. La révolution a fait perdre aux femmes de leur influence, mais elle leur a laissé l'empire de nos mœurs, que rien ne pourra leur arracher. Cette austérité des habitudes républicaines, cette aridité du régime constitutionnel, sont peu à notre usage : nous aimons à pouvoir nous occuper de la chose publique, comme de tout, et en nous jouant, si j'ose parler ainsi; car tout ce qui nous intéresse, tout ce qui fait le sujet de nos études ou de nos méditations, nous aimons à en parler, le soir, dans la chambre des dames, comme disaient nos anciens chevaliers sur le champ de bataille ou sur la brèche d'une forteresse ouverte par leur vaillance.

Nous ne sommes point inhabiles au sérieux, mais notre esprit a trop de vivacité, il a trop vite fait le tour d'un objet quelconque pour qu'il ait besoin de se livrer à un long examen. Si nous nous ennuyons dans une discussion, c'est que la discussion n'a plus rien à nous apprendre : nous ne sommes inépuisables pour parler et patients pour écouter que lorsque la chose qui nous occupe entraîne de l'agrément avec soi. Si, dans un cercle, vous voyez un homme d'état dépouillé, en apparence, de tout soin, rassurez-vous; il a réfléchi auparavant; sa réflexion a duré peu, mais enfin il ne lui a pas fallu plus de temps. Les ordres sont donnés, les dépêches sont expédiées, les affaires sont finies; il ne lui reste plus qu'à être Français aimable, à causer dans la chambre des dames. Ce bon goût dans les manières, cette fleur de la conversation, cette mesure en toutes choses, ce tact exquis des convenances, nous ne perdrons point tout cela tant que nous n'aurons pas renoncé à la société des femmes; et il faut espérer que nous n'y renoncerons jamais, ou plutôt nous sommes dans cette heureuse nécessité.

Nos vieilles chroniques font une grande différence, sous le rapport des mœurs et des opinions, entre les Français du nord et ceux du midi: cette différence peut se comparer avec celle que les poëtes et les historiens établissent, dans les temps héroïques, entre les peuples du Péloponèse et ceux de la Grèce proprement dite. Mais cette différence, qui fut si considérable autrefois parmi nous, s'est affaiblie depuis long-temps; il n'en reste plus que quelques traces qui finiront bientôt par s'effacer tout-à-fait; et même on peut dire que la révolution est venue leur rendre un relief qu'elles commençaient à n'avoir plus. Pour apprécier au juste ce qu'une telle cause a pu jusqu'à présent produire de modifications, il faudrait remonter aux époques et aux modes des différentes réunions à la couronne de France, ce qui nous mènerait beaucoup trop loin.

Jetons maintenant les yeux sur cette île qu'on a appelée la terre classique des idées constitutionnelles, sur l'Angleterre. Tous les pouvoirs de la société y sont tellement balancés par leur nature même, qu'aucun d'eux ne cherche à empiéter sur les prérogatives de l'autre. Un tel équilibre ne peut pas être le fruit d'un calcul, le résultat d'une combinaison; car les passions, toujours irréfléchies et dépourvues de mesure, auraient bientôt franchi des barrières qui n'auraient été élevées qu'à force d'art. Rien de fixe et de positif n'existe comme limite constatée; mais il y a une limite bien plus certaine que celle des contrats écrits et signés, des actes authentiques faits en présence de témoins; cette limite, qu'il est impossible de briser, c'est celle des mœurs. Une pareille constitution ne peut être que l'ouvrage du temps, parceque c'est le temps seul qui met en harmonie les mœurs et les opinions.

Il y a dans l'ouvrage de M. Delolme, sur la constitution anglaise, une page où cette constitution est admirablement analysée dans un sens général, comme une théorie pure, sans aucune application particulière. Cette page a cela de remarquable, qu'elle semble présenter aussi tout-à-fait l'analyse de notre Charte actuelle. Mais, dans cet état d'abstraction, ce n'est qu'un système de gouvernement, une simple spéculation politique. Il manque en effet à notre Charte ce que nous ne pouvons y ajouter, c'est qu'elle soit assimilée au peuple français par une lente et continuelle intus-susception, s'il est permis de parler ainsi, qui est l'œuvre nécessaire des traditions. Il lui faut enfin, sinon l'accord des mœurs et des opinions, du moins une telle indépendance entre ces deux forces, qu'elles ne puissent plus se rencontrer pour se combattre; car nos mœurs ne sauraient s'avancer au niveau de nos opinions; et l'on ne voudra pas souffrir que les opinions rétrogradent pour marcher d'un pas égal avec les mœurs. N'oublions pas que maintenant, comme j'ai déja eu occasion de le remarquer, le principe intellectuel a pris l'ascendant sur le principe moral, pour la direction de la société.

Cette séparation que j'ose ici conseiller existait, par le fait, dans la plupart des sociétés anciennes. La faute en fut aux institutions religieuses, qui n'étaient pas assez conservatrices de la morale. Il fallait alors que la philosophie luttât contre les égarements de l'imagination, contre les séductions des sens, mais toujours en respectant le sentiment religieux, sorte d'instinct qui seul donne de la durée à l'existence de l'homme, qui seul revêt d'une sanction inviolable les lois auxquelles il doit obéir. Le christianisme était venu réconcilier les mœurs et les opinions, parceque le christianisme est éminemment fondé sur la morale. Cette réconciliation cesse, par une raison contraire à celle qui plaça, dans les sociétés anciennes, les mœurs et les opinions sur deux lignes différentes, et que la suite de cet écrit expliquera. Mais, dans les sociétés anciennes, les peuples différaient entre eux, et par les mœurs, et par les opinions: ainsi le sentiment de la nationalité reposait à-la-fois sur deux bases; voilà, sans doute, ce qui donnait au patriotisme une énergie si terrible et si farouche.

Au reste, j'ai besoin de le dire d'avance, il sera prouvé aussi, dans la suite de cet écrit, que les mœurs ne doivent pas rester stationnaires.

Le principe de la tolérance des cultes, que nous avons admis, exclut, à lui seul, l'accord des mœurs et des opinions; car, depuis le christianisme, la religion est le vrai fondement des mœurs. L'Angleterre a beau s'enorgueillir, quant à présent, de l'unité des mœurs et des opinions, elle ne pourra pas résister long-temps à l'impulsion générale; et tant que durera l'asservissement des catholiques, elle sera réellement en arrière de la civilisation actuelle.

Du temps de Henri IV le problème était encore bien facile à résoudre : sans parler des principes sur lesquels repose toute société, et qui n'avaient reçu aucune atteinte, il est certain qu'alors les mœurs étaient assez conformes aux opinions, pour qu'en s'associant aux mœurs de la nation française, le trône fût assuré au généreux vainqueur d'Ivry.

Mais à présent, si l'on voulait ramener tout-à-coup les mœurs au niveau des opinions, ce qu'il est permis à des hommes de bien de croire encore possible, il faudrait prendre garde de ne pas les blesser, car les mœurs aussi ont une puissance de révolte qui peut occasioner de grands malheurs. Désaccoutumons-nous de vouloir toujours suppléer au temps, de vouloir faire nous-mêmes le travail des siècles.

Ne craignons pas maintenant d'entrer dans quelques détails.

Le divorce était certainement dans nos opinions, mais il était repoussé par nos mœurs. Le mouvement de la révolution étant de tout accorder aux opinions et de tout refuser aux mœurs, il en est résulté que le divorce a été introduit dans nos institutions; mais on l'a graduellement restreint, on a dû finir par le supprimer. Cette fois il n'y a pas eu besoin de la révolte des mœurs, parceque le divorce étant facultatif, l'opposition consistait à ne pas en user. C'est ce que la nation a fait tout le temps que le divorce a été autorisé par notre législation. Mais le respect pour la loi des convenances, loi fondamentale chez les Français, a dû faire disparaître cette désharmonie choquante, et obliger à abolir une disposition étrangère à nos mœurs, à retirer une loi frappée de désuétude en naissant.

Qu'il me soit permis de citer un autre exemple d'un genre bien moins important. L'opinion, qui souvent allie tous les contraires, veut, d'une part, le libre exercice des cultes, et, d'une autre part, une dépendance excessive des ministres des divers cultes. Ainsi l'excommunication admise par les traditions du clergé de France contre les spectacles paraît être en opposition avec les opinions actuelles, avec les progrès de la société : cependant elle est tellement dans nos habitudes de bienséance, que si elle tombe devant la force de l'opinion il restera toujours cette sorte d'excommunication civile dont les Romains, avant nous, avaient déja frappé cette classe qui se dévoue aux plaisirs du public, cette profession où ceux qui l'exercent immolent leur personne même à la multitude. Ce ne sont pas des gladiateurs que, d'un signe, nous condamnons à mourir; mais ce sont des histrions pour lesquels nous n'avons aucun respect, et que nous outrageons sans pitié sur les planches. D'ailleurs quel est le père de famille qui voudrait introduire dans l'intimité de ses habitudes domestiques une femme qui fait métier de se donner en spectacle, dont la beauté et les agréments sont discutés et analysés au sein d'un parterre tumultueux et dans les feuilletons des gazettes, quelquefois avec une si grossière indécence? Les femmes, qui chez nous sont les gardiennes des mœurs, ne peuvent admettre dans leur société une femme qui est hors de nos mœurs. Les comédiens resteront donc toujours sous le poids d'une excommunication civile, lors même que l'excommunication religieuse n'existerait plus.

La question de la liberté de la presse nous offrirait le même désaccord entre les mœurs et les opinions. Certainement nulle institution n'est réclamée plus impérieusement par l'opinion que la liberté de la presse, et même on peut dire que nulle n'est plus dans les besoins actuels de la société; néanmoins nulle n'est plus repoussée par les mœurs françaises: si nous ne nous en apercevons point, c'est que nous cherchons à nous aveugler sur ce qui est dans une tendance contraire à nos opinions. Un peuple léger, frondeur, impatient, sans prévoyance de ce que peut produire une démarche inconsidérée; un peuple passionné, toujours disposé à vivre dans le présent, et à ne pas tenir compte des circonstances antérieures qui ont pu influer sur la conduite des hommes soumis à son éloge ou à sa critique; un peuple enfin qui, avec un sentiment très vif de la justice, peut être si souvent entraîné à l'injustice par la violence et la spontanéité de ses passions, ou même par l'ascendant de ses caprices; qui, avec le tact le plus exquis de la mesure et des convenances, est trop souvent jeté hors de toute mesure et de toute convenance par je ne sais quel besoin de plaisanterie, je ne sais quel attrait de frivolité : un tel peuple devrait plus qu'aucun autre être contenu dans les voies de la décence et de la modération, car il est toujours près d'en sortir. Qu'on ne m'accuse pas d'être trop sévère à l'égard du peuple français. Qui ne voit que les inconvénients de son caractère tiennent à tous les avantages que j'ai pris soin de signaler auparavant? Voudrait-on, par exemple, que nous cussions l'imagination mobile, l'esprit très prompt à saisir les rapports, et que nous fussions, en même temps, prudents et circonspects en toute occurrence? Ce serait vouloir l'impossible. Ne nous le dissimulons point : avec la liberté de la presse l'honneur et le repos des particuliers et des familles courront souvent le risque d'être odieusement compromis. Dans un pays où le bien-être social consiste en des choses de délicatesse et de goût, où l'existence intime repose sur l'honneur, où les discours légers ont tant de gravité, où les interprétations d'une conduite exempte de tout reproche peuvent être si fatales, où les femmes sont tellement mêlées à la société, et y mêlent tellement toutes les sortes de susceptibilités, et j'oserais dire toutes les sortes de pudeur, où tous les amours-propres sont toujours éveillés et si facilement irritables; dans un tel pays, avouons-le, la médisance devient de la calomnie, les écrits indiscrets feront des blessures profondes que nulle puissance au monde ne pourra guérir, la censure deviendra un tribunal public dont les arrêts justes ou injustes seront trop souvent des outrages. Les grands intérêts, sans doute, seront protégés, mais nulle protection n'est possible pour les petits intérêts moraux dont se compose, chez nous, le bonheur de la cité. L'urbanité française ne sera bientôt plus qu'une tradition finie. Je ne parle pas encore de cet ostracisme de l'envie qui existe par-tout, mais qui doit faire plus de ravages parmi nous. En un mot, nos mœurs sont trop exquises et trop susceptibles pour le régime âpre et sévère de la liberté de la presse. Remarquez bien que, dans cette question sur-tout, l'existence des femmes, telle qu'elle est en France, telle qu'elle doit y subsister, est encore, en dernier résultat, le plus grand obstacle à la sympathie de l'opinion avec les mœurs. Mais, je l'ai déjà dit, il faut que les mœurs cèdent et se façonnent; il faut qu'elles s'accoutument aux outrages, et que leur conscience soit en elles-mêmes. Si le jury n'était pas établi ailleurs pour les délits de la presse, il faudrait l'inventer pour la France.

L'égalité, ainsi que je l'ai remarqué plus haut, est aussi dans nos opinions actuelles; mais elle est bien loin d'être dans nos mœurs. Nos mœurs, nous ne pouvons nous le dissimuler, sont éminemment aristocratiques; et la langue française, ainsi que nous l'établirons bientôt, est aussi éminemment aristocratique. Mais, j'ai besoin de le répéter, cette aristocratie qui repose dans nos mœurs et dans notre langue ne peut empêcher le mouvement progressif. Les révolutions qui se font pour obtenir la liberté sont légitimes; celles qui se font pour obtenir l'égalité sont toujours antisociales. Quand je parle de révolutions pour obtenir la liberté, je me place en quelque sorte dans une hypothèse spéculative; je ne crois pas que les véritables gouvernements puissent être gratuitement oppresseurs, car ils ne peuvent vouloir que le bien de tous. Les révolutions qui ont pour but d'établir l'égalité sont antisociales, et la raison en est bien évidente: c'est qu'elles ont pour but un nouveau partage dans la propriété, et par conséquent la spoliation. Or, ce sont les seules révolutions que les hommes fassent; celles qui doivent fonder la liberté sont faites par le temps: aussi avons-nous vu la révolution française produire l'abolition des dettes par les assignats, et un nouveau partage des propriétés par la vente à vil prix des biens nationaux, et par la suppression du droit d'aînesse.

Il y a chez toutes les nations, à toutes les époques, dans tous les siècles, une majorité numérique à contenir plutôt qu'à gouverner. L'idée contraire a fait le malheur de ceux qui ont voulu diriger le vaisseau de la révolution française après l'avoir lancé sur l'élément des orages populaires. Si l'on eût d'abord compris que la majorité ne doit pas être évaluée par le nombre des voix, mais par la qualité des suffrages, on aurait évité beaucoup de crimes et on se serait épargné beaucoup d'embarras. Quoique la majorité numérique ne doive pas compter, cependant il faut qu'elle entre dans le calcul général pour une somme quelconque; même ce nombre, dont il faut repousser l'influence, doit être consulté : il ne faut pas adopter ses opinions, mais il ne faut pas les dédaigner. Les institutions de Numa furent d'une grande prévoyance sous ce rapport.

L'égalité ne sera pas même parmi les justes dans le séjour de la félicité qui leur est préparée, car il est dit dans l'Évangile : « Il y a plusieurs demeures dans la maison de mon Père. » L'égalité est dans la société, sauf la différence des fortunes, sauf la différence des rangs, sauf la différence des facultés, sauf enfin l'inégalité.

Je n'ignore point qu'il y a une véritable appréciation à faire du système de l'égalité; et que même cette appréciation a été faite par de fort bons esprits; mais il n'en est pas moins vrai que ce système, proclamé sans précaution, a jeté dans bien des erreurs, et que les conséquences rigoureuses qu'on en a tirées ont produit bien des crimes. On est descendu trop bas : les factieux ont cru qu'ils devaient faire comme l'Antée de la fable, s'approcher continuellement de la terre pour y puiser de nouvelles forces; mais enfin il faut que l'Hercule de la civilisation finisse par triompher. Le génie antisocial, le fils de la terre, doit être étouffé par le génie de la civilisation, par l'enfant des dieux.

Je suis obligé de citer encore l'Angleterre; car la manière dont s'est formée la constitution anglaise est un fait si considérable dans ce moment, que nous ne pouvons pas nous abstenir d'avoir toujours les yeux sur ce qui s'est passé dans cette île. Là, il faut voir les choses comme elles sont, la noblesse stipulait pour elle à l'égard de la couronne, mais elle stipulait aussi pour la masse de la nation à l'égard de la noblesse elle-même. Les barons émancipaient leurs vassaux en même temps qu'ils réclamaient pour eux le bienfait de l'émancipation: voyez la Charte du roi Jean, fondement authentique de toutes les libertés qui ont suivi. Chez nous, au contraire, la noblesse a été graduellement vaincue par la couronne, qui, de son côté, a toujours cherché ses appuis dans la masse de la nation. C'est peut-être dans cette seule combinaison de la marche de l'esprit public qu'il faut attribuer la distance qui se trouve maintenant entre les mœurs et les opinions.

Ce que je dis ici n'est point pour accuser la noblesse française; car, si je voulais approfondir la question, j'aurais trop de choses à expliquer : il faudrait remonter à toutes nos origines, montrer que notre système social fut, dès son berceau, fondé sur des données toutes différentes de celui de l'Angleterre; énumérer tous les priviléges des provinces et des corporations, qui venaient continuellement tempérer chez nous tous les dédains d'une constitution purement féodale, et en renverser les barrières; il faudrait enfin en venir à apprécier toutes nos libertés antérieures à la révolution. La noblesse n'avait donc point à stipuler pour la masse de la nation, puisque toutes les classes avaient des moyens pour s'élever dans les hiérarchies sociales, et pour parvenir à l'émancipation. La couronne, protectrice de tous les ordres d'un état, favorisait cette marche progressive : c'était son devoir. La noblesse n'avait pas besoin de s'en mêler. Chez les Anglais, le sceptre pesant sur tous, la noblesse, en se défendant, devait défendre la masse de la nation. Ainsi, chez les deux peuples, la marche progressive a été tout-à-fait naturelle. Ce que la révolution française a voulu, c'est que les individus pussent s'élever eux-mêmes dans la hiérarchie, au lieu que dans notre ancienne monarchie c'étaient les familles. Quoi qu'on dise contre l'ordre de choses qui existait autrefois, il n'en est pas moins vrai qu'il résultera un grand inconvénient de cette ambition sans mesure, fruit de l'ordre de choses actuel. Mais ce n'est point l'objet de notre examen : qu'il nous suffise de remarquer que chez nous les familles pouvant s'élever dans la société, la noblesse n'avait rien à faire pour la masse de la nation.

Ce que je voudrais que l'on sentît, c'est que notre système social était un, car, sans cela, il n'aurait pas pu subsister si long-temps. Ce que je voudrais que l'on sentît aussi, c'est que nous n'avons point de reproche juste à faire à ce qui a précédé, car cela ne pouvait pas être autrement. Les prérogatives de la noblesse n'étaient point une usurpation ; elle avait un ministère public qu'elle a accompli. Nous ne pouvons pas l'accuser de ce qu'elle a été revêtue d'un tel ministère, puisqu'il lui a été délégué par la force même des choses ; seulement il nous serait permis d'examiner si elle a accompli ce ministère, tout le temps qu'il a duré, avec persévérance, zèle et dévouement : or il n'y a point de doute à cet égard, puisqu'elle a fini par nous donner la monarchie de Louis XIV. Sa mission, nous ne pouvons en douter, a été finie sous le règne de ce grand prince.

Mais ce qu'il ne faut point perdre de vue, et ce qu'on est beaucoup trop disposé à oublier, c'est que la nation française n'a jamais été sans libertés. Ce qu'il ne faut point perdre de vue non plus, c'est que la couronne a toujours été l'alliée de la nation, surtout depuis que la race des Bourbons est montée sur le trône.

Cette digression sur la noblesse m'a écarté un peu de ma route : je voulais seulement mettre sur la voie d'expliquer pourquoi cette différence entre les mœurs et les opinions se fait sentir avec une telle puissance. On peut s'égarer, il me semble, sur ce qu'est réellement l'opinion; mais il est impossible, je le crois, de s'égarer sur l'appréciation des mœurs : or c'est encore par les mœurs qu'il faut juger une nation. Chez nous, par exemple, pour la certitude du calcul, il faut considérer les opinions où elles sont actuellement, et les mœurs où elles étaient avant la Régence; car ce n'est qu'à cette époque que l'on peut juger de nos véritables mœurs nationales; à présent elles sont trop voilées par nos opinions : les mœurs de la Régence et celles qui ont suivi sont une exception dans l'histoire de notre caractère, une sorte d'interrègne et de confusion. Les hommes, devenus tout-à-coup désoccupés de grands intérêts et de nobles travaux, étaient descendus à une décadence honteuse, dans laquelle ils voulurent entraîner les femmes. Les mœurs se sont relevées parceque les femmes n'ont jamais complétement cédé à cette dégradation, fruit de l'oisiveté.

Je l'ai déja fait remarquer : notre grand malheur

a été d'avoir ajouté une révolution faite par les hommes à la révolution faite par le temps. Les mœurs, selon le cours ordinaire des choses, ont marché avec la révolution du temps; les opinions, au contraire, ont marché en avant avec la révolution des hommes. Qu'en est-il arrivé? C'est que, pour suppléer à la force puisée dans les mœurs, on a imaginé d'en créer une dans les intérêts; et l'on n'a pu réussir, dans ce système habile, qu'en alarmant sur les intérêts : on a senti, de plus, qu'on ne pouvait espérer d'obtenir quelque faveur pour les intérêts qu'en leur ralliant les amours-propres et les vanités, car les intérêts tout seuls n'auraient pas eu la puissance d'émouvoir. On est parvenu ainsi à développer dans la masse de la nation cet immense besoin de l'égalité, qui couve toujours, quoique souvent inaperçu, dans le fond des peuples.

Les publicistes de tous les partis sont d'accord sur ce point, que les nations ne peuvent plus être guidées par les affections. Une telle unanimité est assez étrange; mais elle s'accorde avec notre propre assertion, que le principe intellectuel tend à prendre l'ascendant sur le principe moral, pour la direction de la société. Où je trouve l'erreur, c'est qu'on prétende que cela a toujours été ainsi; quant à moi, je pense que c'est un des caractères de l'âge actuel des nations : seulement, cela est plus sensible chez nous en ce moment, parceque nos mœurs n'ont pas marché d'un pas égal avec les opinions. Autant que je puis le croire, du temps de Henri IV les peuples se laissaient encore guider par les affections.

Les observations de détail ne nous manqueraient pas si nous voulions nous y livrer. Je pourrais dire, ce que je crois vrai, que la masse d'une nation, qui d'ordinaire suit une marche progressive, mais lente, et par conséquent ne fait qu'obéir à une impulsion imprimée de plus haut et de plus loin, maintenant a une marche rapide et spontanée, et aide elle-même au mouvement, ce qui change toutes les données sociales. Chez nous, par exemple, dès le moment où le tiers-état a commencé à se soustraire à la féodalité, c'est-à-dire vers le temps des croisades, il a commencé à être la nation même; car la noblesse n'a plus eu qu'un ministère à l'égard de la société, c'est-à-dire un service public à accomplir : des honneurs sans doute étaient attachés à ce service public, mais enfin la nation tout entière marchait dans la direction progressive dont nous venons de parler.

Or remarquez que dans cette masse d'une nation il y a un très grand nombre d'hommes, ceux qui sont sans propriété, qui n'ont jamais participé aux mœurs: ceux-là n'ont eu dès-lors que des besoins qui tiennent à l'existence matérielle. Les femmes, qui sont, dans les autres classes, les gardiennes des mœurs, ne comptent point dans cette classe, dont toutes les mœurs étaient dans les croyances et dans les pratiques religieuses. On a voulu, pour suppléer aux mœurs de cette dernière classe, y faire pénétrer les lumières, c'est-à-dire renforcer encore le principe intelligent aux dépens mêmes, s'il le faut, du principe moral : voilà tout juste où nous en sommes.

Si nous parcourions toute la série d'idées que peut faire naître le sujet qui nous occupe, nous verrions que le duel, reste de nos anciennes mœurs, s'est conservé intact dans nos mœurs nouvelles, mais qu'il commence à sortir de la sphère des opinions; que l'institution du jury, réclamée par nos opinions, et regardée avec raison comme le fondement de toutes nos garanties sociales et de nos libertés actuelles, n'est point entrée dans nos mœurs, puisque nous obéissons avec tant de répugnance à la loi qui nous impose le devoir de juger nos pairs, puisque les jugements rendus dans le sanctuaire de la justice, sous la responsabilité de la conscience des jurés, sont attaqués ouvertement, et discutés comme nous discutons tout; nous verrions enfin que si nous n'étions pas soutenus par l'esprit de parti, nous nous acquitterions de nos fonctions d'électeurs avec une négligence que l'on prévoit déjà pour l'avenir. Un orateur de la Chambre des Députés demandait une sorte de code pénal pour punir ceux des électeurs qui se montreraient trop peu empressés à exercer leurs droits : sans doute il pensait aussi que le régime représentatif n'était point encore dans nos mœurs.

On a beaucoup parlé de la puissance des salons : elle est grande en effet ; c'est toujours la chambre des dames. Le guerrier le plus fameux, le plus brave sur le champ de bataille, s'il n'est pas un homme aimable dans la société, perd tout le fruit des dangers qu'il a courus. Il en est de même du savant : les réputations, chez nous, sont des engouements qui ne peuvent devenir populaires ; et les succès ressemblent toujours à des succès de coteries. On pourrait citer quelques exceptions à une règle aussi générale ; mais je parle ici du train ordinaire des choses. Autrefois un homme qui se présentait avec une illustration de naissance, et qui pouvait y joindre une gloire personnelle, avait d'incontestables avantages, parceque sa renommée s'appuyait sur une considération déja acquise : son nom portait par lui-même une signification traditionnelle. Il est à remarquer encore que les femmes, conservatrices des mœurs, sont très habiles à s'élever dans la hiérarchie du monde, et à s'acclimater promptement dans les rangs au-dessus de ceux où elles se trouvent placées par la naissance. L'éducation n'a pas tant à polir en elles que dans les hommes. Le bon goût et l'élégance des manières, qui pour être parfaits ont besoin d'être des choses naturelles au lieu d'être des choses apprises, donnent tout de suite de grands avantages aux femmes sur les hommes, et entretiennent dans notre nouveau système social des limites analogues à celles qui existaient auparavant.

Dans les gouvernements anciens, tous les hommes libres comptaient pour l'exercice des droits et des devoirs de la cité; chez les Égyptiens tous étaient nobles: la roture, c'était l'esclavage. Dans les gouvernements qui ont suivi la chute de l'empire romain, le régime féodal est venu en quelque sorte ressaisir ceux que le christianisme avait affranchis. L'esprit de société, à mesure que le régime féodal s'affaiblissait parmi nous, créait une aristocratie factice et arbitraire, qui tend à son tour à devenir moins exclusive, et qui doit finir par s'éteindre, puisqu'elle n'est pas assise sur la force des choses.

Les femmes présentent une série semblable de faits dans l'ensemble de leurs destinées: elles se sont graduellement élevées; leur condition a subi les mêmes vicissitudes, selon les états différents de la société. Elles ont aussi successivement pénétré dans le domaine de la poésie, de la littérature, des arts, et même des sciences : madame de Staël vient de leur ouvrir la carrière de la pensée. Pénélope, pleine de respect pour son fils, savait qu'il était revêtu d'une autorité qui allait jusqu'au droit de lui donner un époux. Nos anciennes dames, lorsqu'elles devenaient veuves, apportaient à leur fils aîné les clefs du château, et le reconnaissaient comme chef de la famille. Les femmes, contenues par l'instinct de la pudeur, se sont même long-temps abstenues de s'aventurer dans celles des routes de la renommée qui pouvaient être accessibles pour elles. Notre immortel Molière signale, par un de ses chefs-d'œuvre, l'époque où les femmes commencèrent à vouloir entrer en partage avec les hommes, et à cesser d'être sous le joug de l'antique tutéle. La suppression du droit d'aînesse achéve, à mon avis, cette espéce d'émancipation. Mais, comme il est impossible de régner à-la-fois de deux manières, il est certain que cette puissance dont nous parlions tout-à-l'heure, la puissance des salons, s'affaiblit de jour en jour sous le rapport de l'opinion; il lui restera néanmoins l'influence des mœurs.

Les progrès de l'opinion, qui ont introduit un plus grand nombre d'hommes dans le partage des charges et des avantages de la société, le résultat des affranchissements successifs, doivent amener aussi un développement dans les mœurs. Les classes qui n'ont pas compté dans cette évaluation morale doivent arriver à y être comprises; et les femmes, dans ces classes, obéiront à leur tour à cette impulsion progressive. Mais il n'en reste pas moins prouvé, pour moi, que les mœurs et les opinions doivent rester sur deux lignes différentes, parceque les mœurs ne peuvent marcher que lentement, sous peine de briser tous les ressorts.

En généralisant cette idée, nous trouverons que les divers peuples continueront de différer entre eux par les mœurs, parceque c'est par les mœurs que doivent se conserver les individualités nationales; mais qu'ils tendront continuellement à se rapprocher et à se ressembler par les opinions : cette demi-sympathie doit atténuer, par la suite, ce qu'il y a de trop exclusif dans le patriotisme, et multiplier par conséquent les liens de la bienveillance parmi les hommes.

Il est évident que nous perdons ici le principe de l'unité, principe vers lequel la société a constamment gravité à toutes les époques de l'esprit humain. Si nous pouvons à présent nous en écarter sans inconvénient, c'est au christianisme que nous devons ce nouveau bienfait. Le sentiment moral est tellement entré, par lui, dans tous les hommes, qu'il n'a plus autant besoin de se mettre sous la protection des institutions sociales. Cette assertion sera, je l'espère, prouvée lorsque nous serons plus avancés dans notre examen. Mais, je ne puis m'abstenir de l'avouer, ma confiance dans une telle hypothèse vient sur-tout de ce qu'il faut qu'elle soit vraie pour que la société puisse continuer de subsister : or il m'est impossible de ne pas croire, avant tout, que la société ne peut périr.

M. Ancillon a remarqué fort bien que l'histoire est le tableau de la lutte perpétuelle qui existe entre la nécessité et la liberté. Nous chercherons à établir, plus tard, que, la société étant imposée à l'homme, les lois de la société sont nécessaires. Or les hiérarchies sociales sont au nombre des lois nécessaires. La légitimité est en France au nombre des nécessités sociales; c'est le seul frein à l'impétuosité de notre esprit et à la mobilité de notre imagination. La légitimité, dont le discrédit dans l'opinion vient uniquement de ce qu'elle est peu comprise, la légitimité est le seul asile qui reste à nos mœurs; c'est là qu'elles doivent se réunir et se concentrer. Je le dis avec une entière conviction, le jour où nous perdrions la légitimité nous cesserions d'exister comme nation.

Les trois races de nos rois ont une origine commune, qui est le berceau même du christianisme dans les Gaules. Ainsi nos rois nous ont donné notre religion, ou notre religion nous a donné nos rois; ainsi la religion, la patrie, le roi, se confondent pour nous dans un sentiment commun; ainsi le dogme de la légitimité n'est point pour nous une chose vague et obscure, il sort de toutes nos traditions, de tous nos sentiments nationaux, de toutes nos affections de famille; il a crû, il s'est élevé sur le sol même de la patrie; son ombrage s'est étendu de siècle en siècle sur les générations qui nous ont précédés, sur les tombeaux de tous nos ancêtres. Ainsi nos institutions anciennes furent à-la-fois le bienfait du christianisme et des rois qui nous gouvernent sous l'empire du christianisme. Nos rois ont étendu et honoré le nom français : tous nos souvenirs de gloire tiennent à eux comme nos souvenirs de religion.

Nos mœurs sont fondées sur le christianisme; le christianisme ne peut disparaître de la société sans que la société elle-même ne disparaisse. Le trône des Bourbons fut donc la clef de la voûte pour notre système social; il fut le trône conservateur de la civilisation européenne.

Ne soyons plus étonnés de ce que la conservation de l'Europe soit tellement liée à la couronne de France, puisque la France est encore à la tête de la civilisation actuelle.

La légitimité française vient de sauver l'Europe de l'anarchie dont elle était menacée; sans cette légitimité, l'Europe aurait acheté de notre ruine et de sa propre ruine la chute de ce génie oppresseur qui pesait sur elle et sur nous.

Louis XVIII, en fondant la monarchie constitutionnelle, a ressaisi pour la France la direction des destinées de l'Europe.

CHAPITRE VI.

Du trouble des esprits au sujet du sentiment religieux.

Toutes les révolutions politiques se mêlent ou se lient à une révolution religieuse; celle qui agite en ce moment l'Europe fait seule exception à ce principe général: l'impulsion qu'elle a reçue a été plutôt antireligieuse; ainsi nous ne devons pas nous étonner si, dans la plupart de ses phases, elle a été antisociale.

Cette époque-ci ne ressemble donc, quoi qu'on en dise, à aucune autre époque de l'esprit humain. Ce ne sont point des choses nouvelles en religion qu'il nous faut, parceque les institutions chrétiennes étant la perfection même des institutions religieuses, il est impossible de rien prévoir au-delà. Je ne crois pas avoir besoin de l'appareil de beaucoup de preuves pour appuyer une telle assertion; il suffit de voir ce qui est: or, je le demande, s'aperçoit-on qu'il germe de nouvelles doctrines religieuses à côté des doctrines politiques dont l'invasion tourmente en ce moment la société?

Nos mœurs, disions-nous tout-à-l'heure, sont restées immobiles, et ont même opposé une grande force de résistance au mouvement des opinions. J'ajouterai à présent que cette même immobilité et cette même résistance se sont trouvées, chez nous, dans le domaine de la religion. Nos opinions, il faut l'avouer, seraient assez inclinées au protestantisme, à cause de cet esprit d'analyse et de discussion qui porte à tout examiner, à se rendre raison de tout; à cause enfin de cette confiance à ses propres lumières qui rejette toute doctrine imposée : mais nos mœurs religieuses sont catholiques parceque nous tenons à un culte extérieur, à des signes sensibles de notre croyance. Une religion aride, dépouillée de cérémonies, enfin une foi métaphysique ne peut nous convenir. Une religion sans amour, sans pâture pour l'imagination et le sentiment, sera toujours repoussée par nous.

A l'époque où commença la prédication de Luther, si la question eût pu n'être qu'une question politique, la réformation n'aurait pas eu lieu : cela est si vrai qu'à présent ceux des luthériens et des calvinistes qui pensent, qui regardent au fond des choses, n'hésitent pas à prononcer que les communions protestantes devraient se réunir à la religion catholique. Ceci mérite toute notre attention.

Remarquons d'abord que dans tous les gouvernements anciens les institutions politiques ont toujours été fondées sur les institutions religieuses; remarquons ensuite que dans les gouvernements modernes les institutions politiques se sont toujours appuyées sur les institutions religieuses; remarquons enfin que toutes les questions qui tiennent à l'existence de la société sont des questions religieuses. Aussi, en nous arrêtant sur ce dernier point, voyons-nous que la révolution actuelle a commencé dans l'Église avant d'être dans l'Etat. La réformation a été le résultat de discussions théologiques antérieures à Luther, et qui avaient plus ou moins pour objet de secouer le joug de l'autorité, de se rendre indépendant des traditions, de livrer l'Écriture sainte, fondement de la foi, aux interprétations diverses de la multitude; de là il n'y avait qu'un pas à l'examen de l'origine du pouvoir. Ce pas a été bientôt franchi sous les auspices du jansénisme et de la doctrine des libertés de l'Église gallicane. Le principe de la révolution a été épuisé dans la société religieuse avant de passer dans la société civile. Nos mœurs nous ont garantis du changement qui nous menaçait comme les autres états, au moment de l'invasion du protestantisme; maintenant nous sommes dans l'heureuse nécessité de rester fidèles à la communion de nos pères.

Le principe dont nous parlons a tellement été épuisé dans la société religieuse, que nous voyons les écrivains les plus distingués des communions protestantes le sacrifier volontiers à présent. M. Ancillon, à Berlin, professe ouvertement que l'hypothèse du contrat primitif n'est qu'une fiction, et que les peuples, dans l'origine, n'ont point délégué le pouvoir. Un publiciste de Genève vient de publier un ouvrage qui contient la même doctrine. M. de Constant, en France, n'admet la souveraineté du peuple que comme garantie contre l'usurpation, et non point comme principe de liberté, c'est-à-dire comme dogme fondamental de la société. J'ose à peine citer Burke, parceque son nom ressemble, pour la thèse que je défends, à un nom de parti : cependant il n'est pas hors de propos de remarquer que cet illustre antagoniste de la révolution française puisait aussi ses arguments dans un système opposé à celui de la réformation. L'Angleterre, au reste, dans la révolution qui a appelé au trône Guillaume d'Orange, a solennellement protesté contre ce même système, système qui avait fait couler le sang de Charles Ier sur l'échafaud, système, chose bien plus étonnante! qui précipitait au moment même Jacques II du trône où il n'avait pas su s'asseoir : tant il est vrai que le principe qui commence par agiter la société religieuse s'épuise, et devient sans force en passant dans la société civile!

Si les questions qui tiennent à l'existence de la société sont des questions religieuses avant d'être des questions politiques; si ces principes s'épuisent en passant d'une sphère dans l'autre, c'est que l'homme, qui prend un intérêt très vif à ce qu'il y a d'immuable dans ses destinées, en prend beaucoup moins à ce qu'elles ont de passager. L'homme ne vit pas avec autant d'intensité dans le temps qu'on le pense. Tantôt c'est à sa gloire future qu'il sacrifie son repos actuel; tantôt c'est à sa patrie, tantôt c'est à ses enfants, tantôt enfin c'est à une félicité dont les trésors ne peuvent s'ouvrir pour lui qu'au-delà du tombeau. L'infini est toujours au fond de son cœur: sitôt qu'une idée a pris, pour ainsi dire, un corps; sitôt qu'elle est devenue sensible par une transformation matérielle, cette idée a épuisé son énergie.

Je ne pouvais donner la conclusion du chapitre précédent que dans celui-ci. Les mœurs sont restées religieuses; les opinions, au contraire, ont pris une direction sinon antireligieuse, du moins indépendante des opinions religieuses. Voilà, en dernière analyse, la raison de la désharmonie fondamentale que nous avons signalée.

Il y aurait ici des observations très importantes

à faire sur l'état où se trouvaient et l'empire romain en général, et le peuple juif en particulier, lorsque le christianisme est venu renouveler le monde. Dans l'empire romain, les institutions politiques et les institutions religieuses succombaient à-la-fois; chez le peuple juif, depuis les Machabées, la force des institutions religieuses était concentrée dans les institutions politiques, et, par conséquent, était matérialisée. Les nations soumises à l'empire romain reçurent une nouvelle existence du christianisme. Si les Juifs eussent voulu adopter la loi chrétienne, ils fussent restés en corps de nation à cette époque; mais le jugement de Dieu reposait sur ce peuple, dont la mission devait se borner désormais à être le gardien des promesses anciennes, et à entretenir des témoins désintéressés et impartiaux parmi les Gentils appelés à la foi.

Notre position est toute différente, puisque nous nous occupons seulement d'intérêts politiques; puisque enfin les intérêts moraux sont fondés, et qu'il n'y a plus à s'occuper qu'à les conserver. Cette différence de position impose d'autres devoirs aux hommes d'état : nous appellerons bientôt leur attention sur cet objet. Nous devons auparavant peindre le symptôme qui rend la crise actuelle si peu semblable aux autres crises de l'esprit humain ; je veux dire l'affaiblissement du sentiment religieux, sans qu'on puisse entrevoir aucune doctrine nouvelle préparée d'avance, et croissant derrière celles qui paraissent devoir s'éteindre. Cette peinture, je puis l'avouer, sera toute d'imagination; car c'est un ordre de phénomènes peu appréciables à la vue de l'esprit, et qui se passent au fond des cœurs.

Quand nous sommes éloignés de la patrie, nous nous rappelons toujours avec délices les jours où nous vivions sous les arbres qui ombragèrent notre berceau; nous aimons à retracer à notre mémoire et la prairie et le ruisseau et la forêt qui étaient près du toit paternel: nous visitons mille contrées fameuses; nous admirons les aspects les plus variés d'une nature tantôt belle, tantôt agreste et sauvage; mais nulle part il ne sort de la terre que nous foulons sous nos pieds des souvenirs animés; nulle part nous ne reconnaissons et le vent et la lumière et les ombres. Tout est nouveau, tout est solitude. Cette voix des hommes, qui n'est plus la parole que nous apprîmes à bégayer en naissant, nous cause une tristesse inexprimable. Tel est celui qui s'est éloigné de la religion. Il laisse avec mélancolie errer ses regards en arrière; il porte au-dedans de lui une vague inquiétude dont il ignore la cause; il se crée des sentiments factices, et qu'il sait être ainsi, pour suppléer aux émotions qu'il ne retrouvera plus;

il s'étonne du désenchantement où il est plongé; il a beau être séparé de la religion, ou par les passions dont il est devenu le jouet infortuné, ou par les séductions d'un esprit raisonneur, qui, à force de vouloir approfondir, égare; il ne peut être sourd aux plaintes touchantes d'une mère, qui ne devait pas s'attendre à lui voir trahir ce qu'elle regardait comme ses plus chères espérances, ni aux terribles accusations de ses aïeux, qui lui reprochent, du fond de la tombe, d'avoir abandonné la portion la plus précieuse de leur héritage. Alors il passe ses heures solitaires à regretter et l'innocence qui précéda ses doutes, et la tranquillité dont il jouissait naguère. La religion est comme une patrie: quand on l'a quittée, on tend vers elle de tous ses vœux, et, malgré soi, on l'invoque à chaque instant. Fichte a dit, avec autant de profondeur que de raison, que nous naissons tous dans la croyance.

Ne l'oublions point, le genre humain tout entier regrette aussi une patrie qu'il a perdue. Il a toujours le regard fixé sur ce chérubin qui veille, avec une épée de feu, à l'entrée du lieu de délices où nous habitâmes, et d'où nous avons été exilés. Mais souvent il arrive que ce grand gémissement, ce gémissement général du genre humain se fait mieux entendre. C'est lorsque des doctrines finissent, et que d'autres doctrines commencent. A présent nous éprouvons une bien autre peine, puisque nous voyons finir sans voir recommencer. Nous sommes semblables à cette femme désolée qui poussait de grands cris, et qui ne pouvait se consoler parceque ses enfants n'étaient plus.

Les anciens philosophes formaient des écoles, qui étaient comme autant de sectes, parceque, professant leurs opinions à côté de religions qui n'avaient rien de positif, ils pouvaient rester unis à la morale. Les philosophes modernes n'ont pu fonder d'école, et faire secte, parcequ'ils voulaient renverser une religion positive, qui a tout prévu. En cela, il faut l'avouer, ils allaient même contre toutes les tendances du siècle. Toujours on pouvait leur demander : Que nous présentez-vous pour substituer à ce que vous voulez renverser? Ils ne pouvaient embrasser la morale tout entière, parcequ'ils seraient rentrés, par cela même, dans le christianisme. D'ailleurs il n'y a de contagieux que la conviction intime; et l'on sentait trop que lorsque nos philosophes affirmaient, ils ne faisaient que douter. Ainsi leur grande erreur a été de se croire appelés, comme les philosophes anciens, à renverser des superstitions; ils n'ont pas fait attention à cette différence énorme d'une religion dont les préceptes enveloppent, pour ainsi dire, l'homme de tous les côtés, à des religions qui ne s'adressaient qu'à une partie de l'homme, qui flattaient son imagination, sans rien dire à son cœur. Le seul avantage que conservèrent les religions anciennes, ce fut de perpétuer le sentiment religieux chez les peuples qui leur furent soumis; car, comme nous l'avons déja remarqué, l'erreur même sert quelquefois à conserver la vérité; et c'est le sentiment religieux, toujours si respecté par les philosophes anciens, que les philosophes modernes ont tenté d'ébranler, parcequ'ils craignaient toujours, comme nous venons de le dire, de retomber tout vivants dans le christianisme.

Il n'y a que ce moyen d'expliquer ce renouvellement de l'enthousiasme pour Voltaire; mais cet enthousiasme est factice, car il n'a plus aucun fondement. On pense bien que c'est du philosophe que je parle, car c'est comme philosophe qu'il vient de recevoir une nouvelle apothéose. Si donc Voltaire a exercé quelque influence dans la direction d'idées que vous approuvez, cette influence n'est-elle pas consommée? Quel bien attendriez-vous encore de lui? La liberté de conscience! vous l'avez. La tolérance de religion! vous avez plus que cela, puisque vous avez l'égalité des cultes. Voilà des conquêtes que Voltaire n'a pas craint d'acheter par des infamies, comme les fruits de la révolution ont été achetés par des crimes. Si, dans le siècle dernier, il y avait quelque prétexte pour excuser le cynisme de Voltaire, quoique la morale passe avant tout, le prétexte n'existe plus. Le cynisme reste avec ce qu'il a de hideux. Ainsi le mal est maintenant tout seul, sans correctif. Abjurez donc le cynisme de Voltaire et ses aveugles fureurs, comme vous abjurez les saturnales de la révolution.

M. de Sainte-Croix se proposait d'écrire une histoire du théisme, depuis la plus haute antiquité. Les recherches de cet illustre écrivain sur les Mystères du paganisme n'étaient qu'une partie du grand ouvrage dont nous parlons. Depuis l'établissement du christianisme, le théisme était devenu le culte public. Les philosophes qui attaquaient le christianisme étaient donc en contradiction avec les sages et les philosophes de l'antiquité. Le christianisme, en outre, a mis dans le monde des idées morales qui ne peuvent plus en être exclues, qui sont la sauvegarde de la civilisation, et qui, par conséquent, serviraient encore à le conserver, indépendamment même de son origine divine, et du fait de la révélation.

Oh! qui rendra à la génération actuelle la jeunesse de la foi, la fraîcheur de la croyance! le bonheur n'est que là, parceque là seulement est le repos. Ne voyez-vous pas ces hommes nés dans le siècle de l'incrédulité, et élevés dans l'absence de toute crainte religieuse? Leurs belles années se sont écoulées au milieu des discordes civiles; ils sont parvenus à l'âge de la maturité, sans avoir passé par celui de l'adolescence. A leur entrée dans le monde ils ont été détrompés de toutes choses, et le bienfait des illusions n'a pas tardé de leur être enlevé. Rien n'est venu remplacer dans leur cœur ce qui leur avait été ravi; et la vérité, qui les environnait de toutes parts, n'a pu trouver le chemin de leur oreille assourdie : ils ont été chassés de l'héritage de leurs pères, et, dépouillés de toutes leurs espérances, ils ont fini par vouer l'avenir au néant. Ils se sont trouvés sans bouclier contre le choc des passions, et sans dédommagement pour des penchants qu'ils ne pouvaient plus satisfaire. Une grande tristesse est accourue les saisir; ils ont été dégoûtés de la vie sans oser desirer la mort, ou plutôt sans chercher ce qui peut consoler de vivre dans des temps aussi terribles. Les lectures oiseuses, qui ont inondé toutes les classes de la société, ont fortifié ces fâcheuses impressions en donnant une fausse direction à la sensibilité, et en créant un monde fantastique qu'on a décoré du nom de monde idéal. J. J. Rousseau est le type de cette sorte de découragement moral; et, pendant bien des années, tous les jeunes gens doués de quelque talent auraient pu écrire la plupart des pages des Confessions, celles sur-tout qui sont d'une lecture si douloureuse dans les Rêveries du promeneur solitaire. Ainsi il nous restait à acquérir une dernière preuve de notre misère, celle d'établir, par l'expérience des plus déplorables événements, combien les peintures imaginaires nous troublent plus que les tableaux réels. Quand a-t-on vu, en effet, toutes les affections plus détournées de leurs véritables objets? Ce n'était point assez que le monde physique fût livré aux incertitudes et à l'esprit de système, nous voulions dénaturer encore le monde moral et achever de décolorer la vie.

Dans tous les temps, sans doute, l'homme a enfanté des pensées vaines et gratuitement angoisseuses; mais elles mouraient dans l'imagination qui les avait conçues, dans le cœur qui les avait nourries. L'imprimerie est venue tirer de leur solitude ces pensées oiseuses: nul alors n'a voulu perdre le fruit amer de son propre tourment; il fallait être Pascal pour se réjouir de sa pensée oubliée.

Qui n'a pas senti ce malaise général? qui n'a pas senti le poids de l'exil au sein même de la patrie? car, pour se trouver étranger, il n'était pas nécessaire d'être transporté sur une terre étrangère par la rigueur des événements, comme les Israélites sur les bords des fleuves de Babylone; nous fûmes souvent, et plusieurs d'entre nous sont encore comme des voyageurs égarés sur le sol natal lui-même. Sans doute cette grande maladie de l'esprit humain n'aurait pas été accompagnée de symptômes si affreux, sans l'imprudence de quelques uns de nos plus illustres écrivains du siècle dernier. Ils faisaient le sac de Troie, et ne songeaient point à en tirer l'ancien palladium, les vieux pénates, pour leur chercher, comme Énée, un asile assuré, de nouveaux sanctuaires. Maintenant il faut revenir sur ses pas, et c'est une chose difficile; car, comme disent les poëtes, on ne voit pas deux fois le rivage des morts.

La génération dont nous venons d'esquisser la peinture est celle qui forme actuellement le fond de la nation : d'autres générations se sont déja élevées autour d'elle. Ceux qui cherchèrent aux armées la sûreté qu'ils ne trouvaient plus dans leurs foyers, ou les distractions aux ennuis dont ils étaient dévorés, ceux-là sont devenus à leur tour des pères de famille. Nous voyons à présent s'avancer cette autre génération dont l'esprit militaire fut la proie d'un homme nouveau qui voulut abolir l'ancienne patrie: celle-là prend aussi successivement sa place parmi les pères de famille. Enfin il y a cette dernière génération, si nombreuse, si brillante, si cultivée par de fortes études, cette génération qui donne à la France actuelle de si justes espérances par un grand développement de facultés, en qui l'éducation religieuse a jeté de si heureux germes par l'effet de la force des mœurs contre les tendances exagérées de l'opinion: cette génération doit être l'objet de nos vives sollicitudes; car, il faut le dire, en entrant dans le monde elle trouvera d'autres enseignements, elle sera soumise à d'autres directions, elle sentira la société assise sur d'autres bases que celles de l'éducation. Ne voyez-vous pas, en effet, que le sceptre de l'éducation est confié sans partage aux mœurs, pendant que l'empire de la société est sous le joug de l'opinion?

Ici se présente une considération que je voudrais en quelque sorte cacher à mes lecteurs, à cause des réclamations trop vives qu'elle peut exciter chez la plupart d'entre eux; mais, sans la développer, je l'énoncerai du moins, quand ce ne serait que pour acquitter un devoir de conscience, et afin que les sages en fassent leur profit.

Les sociétés anciennes n'auraient pu subsister sans l'esclavage, parceque les idées morales, qui n'existent que depuis le christianisme, peuvent seules contenir une multitude chez qui est la force par le nombre, et en qui le besoin de l'égalité tend toujours à développer tous les instincts antisociaux.

Si le christianisme venait à disparaître, il faudrait bien recommencer à parquer de nouveau l'espèce humaine, à la partager en castes, à en condamner une partie à l'esclavage. Philosophes de nos jours, je vous en conjure, voyez à quel danger vous nous avez exposés par vos doctrines antireligieuses!

Bonaparte, l'homme le plus antique des temps modernes, Bonaparte y avait songé; car toutes ses conceptions étaient très harmonieuses entre elles. Il ne croyait point à la religion de Jésus-Christ, qu'il regardait comme une institution humaine, et, à cause de cela, comme un édifice en ruine. Il voulait donc, et il était conséquent, faire rétrograder le genre humain vers les temps qui ont précédé le christianisme.

Si Dieu lui-même ne veillait pas à la conservation du christianisme, j'oserais dire qu'il faudrait que les hommes s'en occupassent.

Le christianisme et les idées que le christianisme a mises dans le monde sont encore à présent notre seul salut. La chute du christianisme entraînerait inévitablement l'esclavage des peuples, l'abrutissement des nations.

Je sais qu'on espère, par la grande diffusion des lumières, obvier à l'inconvénient qui résulte de l'affaiblissement du principe religieux; c'est, en d'autres termes, croire que les lumières peuvent remplacer la morale. Je suis loin de penser qu'il ne faille pas faire pénétrer le plus possible l'instruction dans toutes les classes de la société; je sais tout ce qu'il y a d'inévitable et de *fatal* dans la force des choses, et j'ai déja expliqué ma pensée à cet égard; mais enfin cette diffusion des lumières trouvera toujours, et inévitablement aussi, une limite dans le besoin du travail, pour le plus grand nombre. Enfin on espère encore que multiplier la propriété est un excellent moyen de faire entrer la morale dans les peuples, de les attacher aux institutions, de leur faire craindre les révolutions. Je n'en doute point non plus; mais vous ne parviendrez jamais à diviser assez la propriété pour qu'elle puisse arriver à tous, et vous aurez toujours la multitude des prolétaires qui vous embarrassera.

Mais je crains de profaner la religion en la faisant descendre à de tels calculs. Disons qu'elle est nécessaire à toutes les classes de la société, parceque toutes les classes de la société ont besoin de frein contre les passions, de consolation dans le malheur, d'avenir au-delà du tombeau.

CHAPITRE VII.

Les hommes partagés en deux classes, d'après la manière dont ils conçoivent que s'opère en eux le phénomène de la pensée.

Qu'il me soit permis de réclamer ici un peu plus d'attention; je me propose de pénétrer, pour me servir d'une expression énergique de Bacon, dans l'intimité même des choses. S'il est vrai, comme je le crois, que la divergence des opinions diverses qui se disputent aujourd'hui l'empire de la société commence immédiatement à l'origine de la pensée, nous allons être obligés de creuser jusque-là pour expliquer cette divergence; car, je ne puis assez le répéter, la lutte des intérêts contraires, quelque active qu'on puisse la supposer, ne suffirait pas toute seule pour amener les résultats dont nous sommes témoins. On a beaucoup trop calomnié jusqu'à présent la nature humaine : les intérêts doivent être considérés comme effets ou comme signes, et non point comme causes. Ne serait-il pas possible, en effet, d'admettre qu'il s'est opéré chez un très grand nombre d'hommes un changement dans la production même de la pensée, que ce changement a été lent et graduel, et qu'il vient de se manifester tout-à-coup? L'âge de l'établissement du christianisme fut pour le genre humain l'âge de l'émancipation morale, qui avait succédé à celui de l'empire absolu de l'imagination. L'âge actuel serait, dans le système que je me propose de développer, l'âge d'une seconde émancipation, celle de la pensée par l'affranchissement des liens de la parole. Comme le genre humain ne doit rien perdre de ce qu'il a successivement acquis, il faut tâcher de retenir ce que nous pourrons des deux âges qui ont précédé; et sur-tout il faut admettre que l'âge actuel ne pourrait pas exister, tel qu'il est, ou tel qu'il sera par la suite, s'il n'eût pas été préparé par tous les développements des deux autres âges.

Maintenant je puis me décider à vaincre certaines répugnances de ceux qui sont placés à la tête du mouvement de la société, soit pour attaquer les opinions nouvelles, soit pour les défendre. La question de l'origine du pouvoir est évidemment la même que celle de l'origine de la parole. Ainsi nous ne pouvons pas éviter d'en venir à examiner ce grand problème de l'intelligence humaine, ou plutôt la nature de l'instrument qui nous a été donné pour la production et la manifestation des actes de notre intelligence. Je n'aurai point la prétention de le résoudre; je me bornerai à présenter les faits avec toute la clarté que je pourrai mettre dans un tel sujet. Ce n'est point même encore l'objet de ce chapitre, parceque je dois, pour le moment, laisser la question indécise jusqu'à ce qu'elle sorte d'elle-même de la discussion comme conséquence rigoureuse. Commençons donc par une hypothèse, ainsi que dans l'algèbre il y a un signe qui représente l'inconnue. Je n'ai pas besoin, je pense, d'avertir que nous écarterons de cet examen toutes les doctrines qui tendent plus ou moins au matérialisme; et que Locke et Condillac seront eux-mêmes mis hors de cause, à plus forte raison Helvétius et Cabanis.

On aura beau faire, il faut absolument choisir entre deux systèmes : ou l'homme a reçu le pouvoir de créer les langues, ou cette faculté lui a été refusée. Dans le premier cas, l'invention du langage serait un résultat nécessaire de la forme même, si l'on peut parler ainsi, de notre intelligence : les langues seraient alors comme un ensemble de signes convenus, devenu graduellement plus ou moins complet, graduellement perfectionné, à mesure que de nouveaux besoins se seraient fait sentir. Dans le second cas, l'homme aurait reçu sa langue d'une tradition obscure et mystérieuse, qui remonte d'anneau en anneau jusqu'au berceau du monde, mais dont la société a toujours été dépositaire. Ceux qui attribuent à l'homme le pouvoir de se faire sa langue ne disent autre chose sinon que la pensée naît d'abord en lui, et qu'ensuite il choisit, pour l'exprimer, un signe qu'il adopte ou qu'il trouve déja convenu. Ceux, au contraire, qui refusent à l'homme la faculté de se faire sa langue ne disent autre chose sinon que, par l'habitude de l'éducation, ou par une loi primitive qu'ils ne connaissent point, ils ne peuvent penser sans le secours de la parole. En un mot, la parole est nécessaire à l'homme pour penser, et alors l'homme n'a pu inventer la parole; car on ne peut supposer un temps où il ait été sans pensée, et on ne peut expliquer comment il aurait pu créer la parole, sans laquelle il ne pouvait penser; ou la parole n'est pas nécessaire à l'homme pour penser, et alors il a pu graduellement inventer la parole.

Admettons, quant à présent, et sans examen, ces deux systèmes à-la-fois; et partageons les hommes en deux grandes classes, d'après ces deux manières d'envisager la production de la pensée: l'une sera composée de tous ceux qui ne peuvent penser qu'avec la parole; l'autre sera composée de tous ceux qui ont la faculté de penser indépendamment de la parole.

Je suis loin, sans doute, d'admettre, quant à moi,

la séparation de la parole et de la pensée; mais il ne s'agit point de mes propres expériences. J'ai cru m'apercevoir que le phénomène de la pensée ne s'opérait pas de la même manière dans tous les hommes de cet âge, et cela me suffit, la supposition que je fais devant ensuite être remplacée par ce que je crois être la vérité, ou même par tout autre système que mes lecteurs voudraient lui substituer. Ce n'est point une doctrine métaphysique que je prétends établir : je ne veux, quant à présent, que jeter des pontons pour traverser le fleuve; nous verrons si nous pourrons ensuite construire un véritable pont. Les objections que l'on voudrait me faire ne doivent donc point m'arrêter, parcequ'elles n'auraient aucune base si elles se présentaient ici : je n'entends être jugé que sur les conséquences et les résultats. On me pardonnera de prendre ainsi mes précautions d'avance, puisque c'est pour m'accommoder aux opinions nouvelles, et les expliquer : cela, au reste, n'augmente ni ne diminue en rien le crédit de ces opinions; c'est une méthode pour mes lecteurs aussi bien que pour moi.

A la première classe dont nous venons de parler appartiennent les hommes qui font dériver les lois sociales de l'existence même de la société, posée comme fait primitif, antérieur à toute convention; ceux qui croient, par l'association naturelle de

leurs idées, et par la forme intime de leur intelligence, que les lois ne peuvent être faites par l'homme, qu'elles sont données par Dieu même au moyen d'une révélation positive et primordiale, ou qu'elles viennent de Dieu encore, mais de Dieu se manifestant par des interprétations, des envoyés, ou seulement par le temps, les mœurs, les traditions. Voici ce que l'on trouve dans un chœur de Sophocle (*OEdipe, act. III*), et que je transcris comme expression d'une doctrine non contestée alors :
« Selon les règles qui nous sont prescrites par les
« lois qui sont descendues du ciel, et dont l'Olympe
« est le père; car ce n'est pas la race mortelle qui
« les a engendrées : aussi n'est-il pas en son pouvoir
« de les ensevelir dans l'oubli. Il y a dans les lois
« un Dieu puissant qui triomphe de notre injustice,
« et qui ne vieillit jamais. »

A la seconde classe appartiennent ceux qui puisent la raison de ces lois dans un état abstrait de la nature de l'homme ; ceux qui croient à l'homme la puissance de faire des lois; ceux qui, par conséquent, sont obligés d'admettre un contrat primitif. Ceux-là pensent que les libertés d'un peuple résultent de ses droits, et non point des concessions des princes, non plus que d'états antérieurs; ils pensent que l'homme fait une sorte d'acte libre en entrant dans une association politique, et qu'à cet instant, qui est une fiction convenue, il cède une partie de ses droits, pour jouir de certains avantages qu'il n'aurait pas sans la société, comme, par exemple, celui de la propriété. Dès-lors il n'y a plus de législateur, il n'y a que des rédacteurs d'un contrat synallagmatique. Hors de là tout pouvoir est une usurpation.

Enfin, pour tout réduire à la plus simple expression, les uns placent la raison des lois de la société dans la société même, et les autres dans l'homme.

J'écarte pour le moment, comme on voit, l'examen de l'action continue de la Providence sur les sociétés humaines, parcequ'on l'écarte assez généralement dans la discussion actuelle: au reste, aucune des deux classes ne la nie; seulement chacune l'explique à sa manière. D'ailleurs ce n'est point ici le lieu d'entrer dans le fond même de la question, puisque je dois admettre, quant à présent, les deux hypothèses.

Si les hommes qui appartiennent à la première classe dont nous avons parlé sont plus attachés aux idées anciennes, la raison en est bien simple. Leur respect pour les traditions, le sens immobile qu'ils attachent aux mots, les rendent inaptes à entrer dans des routes nouvelles. Il ne peut y avoir parmi eux de ces esprits investigateurs qui marchent à la tête des destinées humaines. Ils craignent de s'aventurer dans un désert, parcequ'ils ne peuvent pas faire sortir du milieu d'eux un guide, et ils restent ainsi isolés et dépourvus de la force d'ensemble. Ils demandent toujours à celui qui s'avance hors des rangs : Où est ta mission? Pour eux, la parole sera toujours une chose immuable et sacrée qui contient les lois immortelles de la société en même temps que les manifestations de l'ame humaine. Les générations se succédant les unes aux autres, sans aucune interruption, ils ne voient pas d'instant où une génération puisse sortir, d'elle-même, par ses propres forces, et tout-à-coup, des liens dont elle est entourée, puisse adopter simultanément d'autres règles que celles qui ont régi les générations précédentes. Ceux-là, on peut les appeler les archéophiles. Les autres, n'étant point enchaînés par la parole, sont plus accessibles aux idées nouvelles; ils ne demandent à l'homme qui s'avance hors des rangs avec une bannière d'autre mission que celle qu'ils lui donnent à l'instant même. De là vient qu'il a été dit que les idées nouvelles trouvent toujours un représentant. Voilà pourquoi les hommes de cette classe sont aventureux et prompts à l'exécution. Ils ne craignent point de manquer de guide, et de marcher isolés; ils se lancent hardiment dans la carrière, sûrs qu'ils sont de se rallier entre eux, et de s'entendre à de grandes distances. Ceux-ci, on peut les appeler les néophiles.

Si une fois cette division des hommes en deux classes pouvait être admise, il en résulterait une explication simple de plusieurs phénomènes sur lesquels on se dispute fort inutilement, puisque ces phénomènes se manifestent de différentes manières chez les différents hommes. Je desirerais seulement que les uns et les autres voulussent bien comprendre que, s'ils ne s'entendent pas entre eux, cela vient de ce qu'ils ont cessé de parler la même langue; car, comme dans l'antique Orient, les uns parlent une langue divine, et les autres une langue mortelle; et non point de ce qu'ils ont cessé d'avoir les mêmes raisons de s'aimer et de s'estimer. Ici, et j'en ai déja prévenu plus d'une fois, je ne dois tenir aucun compte des intérêts différents qui peuvent exister : cela compliquerait la question, et n'est point de mon sujet. D'ailleurs il n'y a des intérêts changés que parcequ'il y a eu un changement d'ordre de choses ; d'ailleurs encore, ainsi qu'on a pu le voir, je suis loin d'accorder aux intérêts toute la puissance qu'on est trop disposé à leur croire: les opinions et les sentiments sont beaucoup plus désintéressés qu'on ne pense. Les idées morales ou intellectuelles mènent bien plus les hommes que les grossiers intérêts de fortune et de subsistance. Je voudrais que l'on secouât enfin le joug des Helvétius politiques.

La classe des hommes qui ne pensent qu'avec la parole a long-temps été la plus nombreuse; elle existait seule dans les premiers âges du monde. Cette assertion est fondée sur tous les enseignements que l'on peut tirer de l'étude approfondie des doctrines anciennes. Il est très probable que la seconde classe s'est graduellement augmentée, à mesure que la musique s'est retirée de la poésie; ensuite à mesure que la parole écrite s'est répandue: et maintenant cette seconde classe est devenue la plus nombreuse, sans aucune contestation. Le dépôt des connaissances humaines est peu à peu sorti du lieu mystérieux où les sages le tenaient caché pour en tirer des trésors qu'ils dispensaient aux peuples dans le temps, et autant que le besoin s'en faisait sentir. Il est permis de croire que cette classe, devenue ainsi la plus nombreuse, finira par être seule. On pourrait assigner toutes les périodes et toutes les causes de cette suite de révolutions successives et inaperçues; mais ce n'est pas ici le lieu. D'ailleurs il faudrait beaucoup de temps et l'appareil de beaucoup de faits et de raisonnements.

Nous avons dit que la seconde classe était devenue la plus nombreuse. De là vient, sans doute, cette indépendance à l'égard de l'autorité, caractère particulier des temps où nous vivons. En effet, on en est venu à repousser l'autorité des siècles, l'autorité des usages, l'autorité des traditions. Mais on peut compter sur le respect pour la règle fixe, pour la loi écrite, pour la lettre en un mot, pour la lettre sans interprétation, pour la lettre devant qui tout rentre dans l'égalité.

Cet esprit d'indépendance a dû nuire immensément à la religion. Le discrédit de la parole traditionnelle a dû amener le discrédit des doctrines mystérieuses et sacrées. Mais le sentiment religieux survivra, n'en doutons point, à la confusion des langues. Il en est résulté néanmoins un grand trouble dans les esprits; c'est celui que nous avons cru devoir peindre comme tous les autres symptômes de l'époque actuelle.

Rendons sensible, par un seul fait, le point que nous discutons en cet instant.

A peine pouvons-nous comprendre ce que fut la royauté dans les temps anciens. Tout pouvoir fut donné aux rois, chez les Juifs. Que dis-je, tout pouvoir? l'abus même du pouvoir était de l'essence de la royauté. Voyez ce que dit Samuel aux peuples qui demandaient un roi. La royauté était libre dans l'exercice de ses prérogatives, comme l'homme est libre dans l'exercice de ses facultés. La liberté est nécessaire pour établir la moralité des actions ; et nul être n'est libre, s'il ne peut faire un mauvais usage de ses facultés. Les rois alors avaient cette sorte de liberté qui est accordée encore aux sujets. Le roi n'avait de compte à rendre à personne ; c'est devant Dieu seul qu'il péchait, selon le langage de l'Écriture. Les peuples alors étaient punis pour les fautes des rois ; mais il fallait que les peuples eussent mérité d'avoir de mauvais princes, car les jugements de Dieu furent toujours équitables. Ici nous nous trouverions de nouveau sur la route du développement d'une doctrine que nous avons déjà regardée comme au-dessus de nos forces, celle de la solidarité.

Voyez encore quel fut le respect dont on entoura la royauté chez les premiers Grecs. Les rois étaient enfants de Jupiter, et la volonté des rois était l'expression de la volonté même de Dieu. Chez ces mêmes Grecs, le respect pour les lois prit ensuite le caractère du respect pour la royauté qui n'était plus. Socrate, injustement condamné à mort, n'allégua, pour ne point se soustraire à l'iniquité de son jugement, d'autre raison que son respect pour la loi.

Il n'est aucun de mes lecteurs qui ne puisse compléter une telle série de faits : il me suffit de l'avoir mis sur la voie. Les annales de tous les peuples sont ouvertes à chacun.

Lorsque nous établirons, plus tard, que la société est une des conditions de notre nature, et que, par conséquent, la société a été imposée à l'homme, nous trouverons la liaison des deux questions, si distinctes en apparence, de l'origine du pouvoir et de l'origine du langage.

Mais, avant de terminer ce chapitre, il faut que j'explique deux choses; car, dans une telle matière, il est très difficile d'être clair d'après un simple énoncé, sur-tout lorsqu'on a peu l'habitude de ces sortes de discussions. D'abord il a pu paraître assez singulier que j'aie admis aussi facilement une hypothèse que je regarde comme peu exacte; et que je sois parti d'une donnée aussi contestable, pour en tirer non seulement les inductions que l'on vient de lire, mais encore celles que je me propose d'en tirer dans la suite de cet écrit. Cependant, si l'on m'a bien compris, on a pu voir déja que cette théorie de la séparation de la pensée et de la parole, admise par moi comme moyen d'explication de plusieurs phénomènes, et sur-tout comme moyen de conciliation entre les partis, on a pu voir, dis-je, que je considère cette théorie comme fausse, si on veut l'appliquer aux faits qui tiennent à l'origine des sociétés, et comme vraie si on ne veut l'appliquer qu'aux faits qui tiennent à l'existence actuelle de la société. En un mot, les liens de la parole ont été jusqu'à présent une des limites de la liberté de l'homme; et l'émancipation de la pensée par l'affranchissement des liens de la parole est une des prérogatives de l'âge présent de l'esprit humain. Cette idée, que j'ai énoncée plus haut, recevra, par la suite, son entière explication, telle que je la conçois.

Il me reste donc à établir que notre intelligence, successivement affermie, a pu s'avancer vers un ordre de choses où elle a moins besoin d'un appui, mais que cet appui lui fut très nécessaire. C'est là que repose, à mon avis, toute la difficulté; mais enfin si les conséquences et les résultats, quelles que soient mes opinions intimes, sont favorables aux partisans des idées nouvelles, ils n'auront pas à se plaindre. Que nous nous rencontrions plus tôt ou plus tard sur la route, l'essentiel est que nous finissions par nous rencontrer. L'autre observation que j'ai à faire consiste dans l'importance que j'attache à une question aussi abstraite et aussi ténue que celle dont nous sommes occupés; car enfin il ne s'agit plus, au point où nous en sommes venus, que de prouver que si, à présent, l'union de la pensée et de la parole n'a plus cette sorte de simultanéité qui lui est attribuée par quelques personnes, elle n'a pu s'en passer pour l'établissement de toutes choses. Ceci est donc très important, puisqu'il s'agit, en dernière analyse, d'établir que les deux systèmes sont fondés en raison, c'est-à-dire de faire tout reposer sur les traditions, au moment même où les traditions nous échappent.

Comme l'origine de la parole et l'origine de la société sont absolument la même question, il en résulte que les deux systèmes relativement à la parole s'appliquent aussi à la société, et peuvent se résoudre de la même manière. Ainsi la société, à présent qu'elle est établie, peut se soutenir d'elle-même, et par la seule force du principe primitif en vertu duquel elle existe.

Je dirais donc volontiers aux néophiles : « Ceux contre lesquels vous vous élevez avec tant de violence n'ont d'autre tort que celui d'être restés fidèles au code des idées anciennes, et ils n'y sont restés fidèles que parceque c'était dans la forme même de leur intelligence, dans la manière dont s'opère en eux le phénomène de la pensée. » Je dirais aux archéophiles : « Vous craignez de retomber dans le chaos, parcequ'il vous semble que le principe générateur des sociétés humaines cesse d'agir. Vous croyez que les partisans des idées nouvelles ont brisé cet antique palladium, et vous ne concevez pas comment il pourra être remplacé. Sachez donc que ce palladium n'a point été brisé par ceux que vous en accusez, mais par le temps; ainsi vous devez leur rendre votre estime et votre amour. »

La question de l'origine du langage a souvent occupé les philosophes depuis quelques années. Les uns ont regardé le problème comme insoluble, les autres ont établi des hypothèses plus ou moins probables. Autrefois ce n'était pas même un problème. Il n'était pas venu dans la pensée d'imaginer que l'invention du langage pût être au pouvoir de l'homme. Ceux qui, dans ce moment, professent, à cet égard, les doctrines anciennes, croient jeter dans la société une lumière nouvelle, en annonçant, comme une vérité qui va être admise, que l'homme n'a pas le pouvoir de créer sa langue. Voilà pourquoi leurs opinions ressemblent quelquefois à des systèmes, et pourquoi il leur arrive de protéger des principes consacrés par l'autorité des siècles antérieurs avec des arguments et des raisons puisés dans la sphère des idées de ce siècle. Ils n'ont pas fait attention qu'ils présentaient comme nouvelle une vérité très ancienne, une vérité vieillie, et qui se retirait de la société au lieu d'y entrer. D'autres sont placés sur les limites des deux mondes, leur vue les embrasse tous les deux; ils prêtent tour-à-tour l'appui d'une haute métaphysique aux idées anciennes et aux idées nouvelles. Seulement ils sont sujets à se tromper dans le choix même de leurs arguments. D'autres encore, abandonnés tout-à-fait aux idées nouvelles, ne comprennent pas même les idées anciennes. De là l'espèce de violence qu'ils mettent dans leurs attaques, et le dédain qu'ils ont pour les archéophiles, dédain souverainement injuste; car les partisans des idées anciennes sont loin de manquer de lumières et de talents, et sur-tout ils sont loin de manquer de sincérité : leur conscience, pour la plupart, est placée si haut qu'il est impossible de l'atteindre. Ces néophiles, ainsi égarés, ne peuvent prêter à leurs opinions que la lumière de leur esprit, sans y ajouter l'autorité d'une raison supérieure. Ils n'éclairent réellement point le siècle; ils marchent avec lui, et du même pas. Ils ont un instinct sûr pour dire ce que pense la multitude, parceque eux-mêmes pensent comme elle et avec elle. Enfin il en est qui, sentant un obstacle invincible à comprendre les idées nouvelles, mais sentant aussi que ces idées doivent être fondées en raison, veulent s'expliquer ce qui leur est si profondément antipathique. Ceux-là sont venus à comprendre qu'il s'est opéré un grand changement dans l'intelligence humaine, et que ce changement a pénétré dans le sanctuaire même de la pensée. Ils croient que la parole a eu une mission qui maintenant est accomplie. Cette croyance est la mienne, et c'est celle que je vais développer. Je ne sais si je réussirai; je ne puis certifier qu'une chose, c'est ma parfaite bonne foi. Au reste, qu'il me soit permis de dire d'avance que si la mission de la parole est finie dans le monde intellectuel, elle n'est pas finie dans le monde moral, et qu'elle doit toujours trouver un asile dans les sentiments religieux. Dans l'ordre politique nous sentons encore les bienfaits de la parole, car c'est elle qui a organisé primitivement la société; et même l'ordre intellectuel, d'où elle est bannie, n'est riche que des idées qui y ont été apportées par elle.

Mes conseils, au reste, pour parvenir à la réconciliation des partis, doivent plutôt s'adresser aux enthousiastes des idées nouvelles; car je crois que la mesure et la modération sont nécessaires, surtout au parti vainqueur. Ainsi il ne faut pas insulter au vaincu, en proclamant qu'il a été absurde. Ainsi il ne faut pas dire, de ce qu'une chose se passe aujourd'hui de telle manière, qu'elle a dû, ou qu'elle aurait dû se passer, toujours de même. Ainsi il ne faut pas affirmer, de ce qu'il y a aujourd'hui un pacte entre le souverain et le peuple, qu'on doive toujours remonter à un pacte primitif. Ainsi, de ce que les langues sont considérées comme les signes de nos pensées, et comme des méthodes, il ne faut pas croire que l'homme ait eu le pouvoir de faire sa langue dans l'origine. Ainsi, de ce que toutes nos traditions sociales finissent, il ne faut pas méconnaître l'esprit de ces traditions, qui ne doit point cesser de nous régir, ni les bienfaits qu'elles ont répandus parmi nous, et qui sont toujours subsistants. Ainsi, en définitive, de ce que l'opinion des peuples existe à présent comme puissance dirigeante, il ne faut pas conclure la souveraineté du peuple et l'usurpation des gouvernements.

CHAPITRE VIII.

SUITE DU CHAPITRE PRÉCÉDENT.

De la parole traditionnelle. De la parole écrite. De la lettre. Magistrature de la pensée dans ces trois âges de l'esprit humain.

Dans l'ordre naturel des idées, ce chapitre ainsi que le précédent devraient se trouver après celui où je me propose de développer la théorie de la parole; mais il faut que j'intervertisse cet ordre naturel des idées, pour me soumettre à un plan non moins impérieux, qui consiste à mettre de suite tout ce qui peut amener à comprendre le caractère de l'âge actuel. Ce n'est donc point par inadvertance que je dirai l'histoire de la parole avant de dire ce qu'elle est et comment elle existe : seulement je suis obligé d'en prévenir.

I. Il fut un temps, ainsi que nous le verrons tout-à-l'heure, où la parole n'était pas seulement le signe de l'idée, mais était, en quelque sorte, l'idée elle-même. Il était tout simple alors que la parole traditionnelle eût la puissance qui lui a été attribuée, et régnât toute seule. C'était plus que la voix des siècles, puisque c'était la voix de Dieu même. Voilà pourquoi la première loi de Lycurgue fut une défense d'écrire les lois. On fixe assez généralement l'ère des lois écrites, chez les Grecs, à Zaleucus, postérieur, comme on sait, de plusieurs siècles à Minos. La musique, dans ce premier âge, fut une doctrine tout entière; c'était l'ensemble même des lois sociales. Ajouter une corde à la lyre devait être un événement considérable. Et Porphyre remarque très bien que tant que les hommes furent heureux ils n'eurent pas de lois écrites. Au reste, cette défense d'écrire les lois se trouve trop souvent consignée dans les monuments de l'antiquité pour ne pas lui supposer une raison. Les envahissements de la parole écrite étaient sans doute trop évidents et trop rapides, et l'on voulait en retarder l'effet, parceque les institutions étaient fondées dans un esprit de fixité. On avait peut-être aussi déja des exemples antérieurs du danger qui résulte de la confusion du langage. Mais la pente est irrésistible. Il n'y a pas très long-temps que l'Europe a secoué le joug de la langue latine, par laquelle les rédacteurs des lois et les dépositaires de la science mettaient une barrière entre eux et les peuples, ce qui était toujours une manière de remplacer la parole traditionnelle.

Remarquons, en passant, que les castes sont conservatrices des traditions. De là résulte la nécessité des castes, ou d'institutions analogues, dans les temps où les hommes sont gouvernés par des traditions. De là résulte, par conséquent, l'inutilité des castes, ou d'institutions analogues, dans les temps nouveaux. Tout se tient dans le système social, tout marche en même temps : gardons-nous donc, je ne saurais assez le répéter, gardons-nous de porter un jugement quelconque sur une législation ancienne ou moderne, avant d'avoir examiné l'ensemble de cette législation.

II. Cependant, comme il est facile de le sentir, la parole traditionnelle ne s'est pas retirée des institutions sociales au moment même où la langue écrite a paru, car toutes les révolutions sont successives et graduelles. Ainsi la parole écrite n'a servi longtemps qu'à constater les résultats ou les conséquences de la parole traditionnelle. Alors il lui restait une sorte d'influence analogue, et comme un souvenir de ce qu'elle fut avant de s'être à demi matérialisée par l'écriture. Ce qu'il y avait d'immédiat dans cette première transmission contribuait à lui conserver quelque chose de son énergie primitive. De plus, les deux paroles ont long-temps régné en concurrence l'une avec l'autre. Il a passé alors pour constant, et il a été constant en effet, que la loi écrite, ou n'était que la loi traditionnelle constatée, ou n'était qu'une explication, un commentaire de cette loi. Dans les deux cas, la parole traditionnelle subsistait comme lumière pour éclairer continuellement la parole écrite et en vérifier le sens. Alors, car, comme nous l'avons dit, tout marche en même temps, alors on a connu deux sortes de langage; la poésie, qui fut à l'origine l'expression de la parole traditionnelle; la prose, qui fut seulement l'expression de la parole écrite. C'est, encore à présent, à cette origine des choses qu'il faudrait remonter pour fixer les limites de la poésie et de la prose; on a beau lutter contre la tyrannie des lois primitives, il faut toujours en venir à les étudier pour bien connaître ce qui est réellement. La poésie, abandonnée de la musique, s'est graduellement retirée; elle a été remplacée par la versification. Mais je vois, et il deviendra bientôt évident pour tous, que la poésie cherche un asile dans la prose; et plus la langue écrite prendra de l'ascendant, plus la poésie cherchera les moyens de s'acclimater dans la prose; car enfin il faut que cette noble exilée rentre un jour dans son héritage.

III. Nous commençons une nouvelle ère, celle des lois écrites sans l'intervention de la parole traditionnelle pour en expliquer le sens. C'est la lettre qui remplace l'esprit. Ceci est un fait que je raconte, ce n'est point un blâme ni un regret que j'exprime. Je sais tout ce qu'il y a d'inévitable dans la succession des idées, et, j'oserais le dire, tout ce qu'il y a de fatal dans les progrès de l'esprit humain. D'ailleurs, il va être démontré qu'une autre force morale commence à succéder à celle qui vient de se briser, une force morale modifiante et extensible. Mais il faut que l'attention reste encore un peu fixée sur le fait actuel, sur le présent.

La parole écrite a été une première matérialisation de la pensée, car l'écriture hiéroglyphique avait laissé à la pensée humaine toute son énergie primitive et toute son élasticité, si l'on peut parler ainsi ; mais l'imprimerie a achevé la matérialisation. Je crois donc que l'on s'est beaucoup trompé lorsque l'on a raisonné sur l'influence de l'imprimerie. On croit, en général, que cette influence a été plus grande qu'elle ne l'a été en effet ; ou peut-être a-t-elle été seulement différente. Je ne sais pas jusqu'à quel point elle a accéléré le mouvement des esprits ; mais si elle l'a accéléré, ce n'est que par une sorte de puissance compressive. La pensée a voulu réagir contre de nouvelles entraves qui lui étaient imposées. Je contesterais même à l'imprimerie la prérogative d'art conservateur, qui lui est cependant si unanimement attribuée. Les livres tuent les livres bien plus sûrement que les incendies des bibliothèques. Les lettres sont devenues une profession, et la pensée un commerce. Nous avons vu, de nos jours, ce que l'on peut faire avec et contre l'imprimerie, lorsqu'un ministre de la police étend un œil inquisiteur sur toute la scène où s'exerce le mouvement des idées, et peut mettre la pensée en état de blocus continental.

IV. Dans le temps où la parole traditionnelle conservait tout son empire, il fallait veiller à ce qu'elle ne fût pas altérée : alors on évitait de la livrer aux profanes; alors elle était exclusivement réservée à ceux qui avaient autorité sur les peuples. Telle est l'origine des doctrines secrètes et des langues sacrées. Plus tard il y eut des institutions fondées pour remédier aux inconvénients de la trop grande expansion des idées. Tout livre, dans cette période des sociétés humaines, était soumis aux maîtres de la science, pour être approuvé ou rejeté par eux. En Égypte, par exemple, le livre approuvé ne paraissait que revêtu du nom d'Hermès; et le livre rejeté était voué au néant. Lorsque, plus tard encore, la parole écrite a admis les explications de la parole traditionnelle, il a fallu maintenir la magistrature de la pensée avec des modifications nécessitées par le nouvel ordre de choses. On a reconnu des livres canoniques et des livres apocryphes. Enfin, dans ces derniers temps, nous avions la censure discrétionnaire : sans doute on avait cru avoir trouvé un remède à ce qu'on croyait un mal, et qui était la force même des choses. Dans quelques états de l'Europe cette censure discrétionnaire était confiée au pouvoir ecclésiastique; dans d'autres, elle était confiée au pouvoir civil. Une telle législation ne pouvait être qu'incomplète et insuffisante, parcequ'elle tenait à un état transitoire; parceque, depuis long-temps, l'unité manque aux directions de la société; parceque enfin aucun des pouvoirs ne possédait en entier le dépôt des traditions sociales.

La magistrature de la pensée, toujours modifiée selon les temps et les lieux, a pu, sans doute, être quelquefois une arme dangereuse entre les mains de ceux qui furent chargés de l'exercer parmi les peuples. Mais quelles sont les institutions dont on n'abuse pas? Pourquoi la liberté n'appartiendrait-elle pas aux gouvernements comme aux nations, et aux princes comme aux sujets? Et alors, pourquoi s'étonner que les gouvernements et les princes fassent de temps en temps un mauvais emploi de leur liberté, quand ce ne serait que pour la constater? Il faut faire attention que les placer dans les voies de la nécessité, c'est y placer la société tout entière, prétention en même temps absurde et immorale. Au reste, on est trop disposé, dans ce siècle, à se tromper sur l'essence de la magistrature de la pensée, comme sur beaucoup d'autres choses; car l'absence et le discrédit des traditions sont, en ce moment, la cause d'un grand nombre de faux jugements. Nous sommes sous la dictature des circonstances, et dans l'interrègne des doctrines. Ainsi donc je crois que les différentes magistratures de la pensée n'ont pas été établies seulement pour la conservation des mœurs; car, s'il ne se fût agi que des mœurs, on n'aurait eu besoin que de lois répressives et pénales, et non point de lois somptuaires ou préventives. Leur utilité doit être beaucoup plus étendue, et ce n'est pas sous le rapport des mœurs que l'expansion des idées et la diffusion des lumières ont des inconvénients. Ce qu'il y a de pernicieux pour la société, dans tous les temps, c'est le demi-savoir ou l'apparence du savoir. La vérité est sans danger, mais la manière d'interpréter la vérité peut en avoir beaucoup. Les législateurs anciens étaient dirigés par de bien plus hautes raisons que celle qu'on leur suppose si gratuitement d'avoir voulu entretenir l'ignorance des peuples; et, une fois pour toutes, ne devrait-on pas s'entendre sur la vraie et juste acception de ce terrible mot d'ignorance? Il n'y a pas de l'ignorance à n'employer, à un âge de l'esprit humain, ou dans une sphère d'idées, que les directions applicables à cet âge, ou en harmonie avec cet ordre de choses. Les Chaldéens ne purent se servir des lunettes de Galilée pour observer les astres; et les premiers navigateurs eurent, au défaut de la boussole, un astrolabe plus ou moins parfait. Ce que nous gagnons d'un côté, nous le perdons de l'autre. Nous avons, il est vrai, découvert un monde nouveau; mais nous avons cessé de connaître l'intérieur de l'Afrique.

Lorsque Pythagore avait deux doctrines, ce n'était point qu'il voulût en celer une, mais il voulait y amener graduellement ses disciples; ou plutôt il avait appris, dans les initiations, que nul n'est propre à recevoir la vérité, si elle n'est pas déja en lui. Le système de Platon a prévalu dans le monde, et il devait y prévaloir; mais soyons persuadés que, sans le petit nombre de pythagoriciens qui sont restés fidèles à la doctrine des épreuves et des ménagements; qui savent que le pain des forts ne peut pas être distribué à tous; que tous ne peuvent pas être nourris de la moelle du lion; que le lait doit être donné à l'enfant jusqu'à ce qu'il puisse manger les fruits de la terre ou la chair des animaux; soyons persuadés, dis-je, que sans le petit nombre de pythagoriciens fidèles, les vérités seraient encore plus gaspillées qu'elles ne le sont, et déshonorées par plus de discussions intempestives: heureusement il en est resté en réserve.

Au reste, la liberté de penser a été réclamée souvent par les peuples : c'est le desir de l'obtenir qui donna une si triste énergie à la révolution d'Angleterre. Toutes les fois qu'on a réclamé la liberté de penser, on ne demandait en effet que la liberté d'agir en vertu de sa pensée. Maintenant il ne s'agit plus que de la liberté d'écrire et de publier ses pensées. N'oublions pas cependant, comme du temps de Bossuet la lice fut ouverte à toutes les opinions au sujet des points contestés. N'oublions pas non plus que les publicistes et les jurisconsultes en France, et hors de France, discutaient fort librement les droits de Louis XIV au trône d'Espagne. On se souvient de l'avis de Fénélon. Je ne rappelle ce temps de notre histoire que pour avoir occasion de faire remarquer que nous étions loin d'être placés sous un gouvernement despotique, à l'époque même où ce gouvernement fut le plus absolu. Les gouvernements en effet étaient moins ombrageux, parceque les peuples n'avaient pas encore contracté la funeste habitude de discuter les bases mêmes de la société. Les publicistes pouvaient, sans inconvénient, contester au roi de France ses titres à la couronne d'Espagne, parceque personne ne s'avisait de douter de ses droits au trône de France. D'ailleurs, si nous savons à présent toutes les répugnances de Louis XIV pour accepter cet héritage, on l'ignorait dans le temps. Ainsi deux choses ont été prouvées à-la-fois, la liberté de la discussion et le désintéressement personnel du roi dans cette affaire où l'on est si porté à accuser son ambition.

Quoi qu'il en soit, aujourd'hui que le règne de la lettre commence, comme nous l'avons déja dit, il faut que l'opinion prenne un ascendant tel, que ce soit elle qui dirige tout dans la société; car la lettre, de sa nature, étant imployable, elle se briserait continuellement par l'effet même de l'expansion des idées. Les hommes ont beau n'être pas disposés toujours à toute justice, il se forme une conscience générale, une morale publique, qui ont besoin d'être consultées à chaque instant, et dont les arrêts sont sûrs; à-peu-près comme dans un parterre composé d'hommes plus ou moins éclairés, il s'établit des jugements et même des impressions qui, en définitive, méritent toute notre estime et toute notre confiance. Dès-lors la liberté de la presse devient un des éléments nécessaires des gouvernements représentatifs, qui eux-mêmes sont un résultat forcé d'un tel ordre de choses, ainsi que la coopération des jurés dans les procès criminels; car, encore une fois, tout se tient et tout marche en même temps. La liberté de la presse est, dans nos institutions nouvelles, ce que, dans les machines à vapeur, sont les soupapes de sûreté pour remédier à l'excès de la force d'expansion de la vapeur. Je demande pardon d'employer une telle comparaison, mais j'espère qu'on voudra bien la tolérer en faveur de son extrême justesse. Ainsi j'admets la liberté de la presse comme un moyen d'obvier aux nombreux inconvénients qui doivent résulter de l'établissement du nouvel ordre de choses dans lequel nous entrons.

Il est à remarquer néanmoins que l'institution du jury a besoin d'être considérablement modifiée pour être en harmonie avec l'ensemble de notre système social. Le jury tel qu'il est, sans parler même de sa composition arbitraire, n'a pas assez de latitude morale; il est trop circonscrit dans les limites du fait matériel, et trop astreint, par conséquent, à l'imployable rigidité de la lettre. La nécessité d'admettre, tôt ou tard, la coopération du jury dans les jugements sur les délits de la presse amènera nécessairement aussi les modifications dont je parle; car, dans ces sortes de délits, il est évident qu'on ne pourra renfermer la conscience d'un jury dans les limites du fait.

Ce que nous avons dit sur la nécessité de donner une part si considérable à l'opinion n'est une chose nouvelle qu'en considération de l'étendue de cette part. Toujours l'opinion a fini par gouverner; mais autrefois elle avait une puissance lente et séculaire, à présent elle est rapide et presque instantanée : elle se forme quelquefois comme un orage ; et le pilot qui conduit le navire a souvent à peine le temps d'observer à l'horizon le point noir qui doit enfanter la tempête.

Nous ne pouvons assez le remarquer, le symptôme effrayant des temps où nous vivons c'est l'activité dévorante des esprits qui est hors de proportion avec la mesure du temps. Le temps est toujours sur le point de nous manquer.

L'opinion est donc devenue cette force morale modifiante et extensible dont nous parlions tout-à-l'heure, et qui est destinée à remplacer la parole traditionnelle. Autrefois il suffisait de gouverner avec l'opinion ; à présent il faut gouverner par elle, sous peine de la laisser gouverner elle-même, ce qui constituerait une vraie anarchie.

Ainsi donc il s'agit de bien connaître l'opinion ; il faut savoir la diriger, et même lui résister lorsqu'elle s'égare. Avouons-le, c'est une tâche d'autant plus difficile que le problème devient, de jour en jour, plus compliqué. L'opinion peut aussi avoir, que l'on me permette de le dire, des directions contradictoires.

Il faut prendre l'opinion dans une région élevée, et seulement pour les choses générales ; car si l'on descend terre à terre, ou que l'on veuille la consulter dans chaque cas particulier et interroger toutes les sortes d'instincts de la multitude, on risque de faire de grandes fautes. Par exemple, les jurés doivent, après avoir écouté avec calme leur conscience, rester impassibles à tous les bruits des villes; car c'est le cri de l'opinion publique qui obligea une cour souveraine à condamner les Calas.

Sans doute l'opinion existe, mais il faut la connaître et la dégager de ce qui peut lui être étranger. Ceux qui s'établissent d'eux-mêmes les organes de l'opinion doivent se borner à éclairer les gouvernements par leurs écrits; sitôt qu'ils ont la prétention de vouloir les diriger et en appeler à l'opinion, ils deviennent factieux.

En un mot, il faut que l'opinion délègue ses organes, soit dans le corps représentatif, soit dans les jurys, et qu'ensuite elle s'en rapporte à eux, sauf à leur retirer son mandat dans le temps, et avec les formes consacrées. Lorsque l'opinion s'est égarée dans une fausse route il faut l'éclairer; mais si vous avez fléchi devant cette erreur passagère, comment réparerez-vous le mal que vous aurez fait? L'opinion elle-même portera contre vous une accusation terrible.

Les gouvernements se sont toujours appuyés sur les traditions; mais les peuples refusent de se soumettre désormais à l'autorité des traditions: tous les termes du problème sont donc changés. Ce n'est pas d'aujourd'hui, au reste, que la diffusion des lumières parmi toutes les classes de la société effraie les timides. Dès 1763, dans un réquisitoire qui avait pour objet d'engager le parlement de Bretagne à demander au roi une réforme de l'éducation nationale, M. de La Chalotais, procureur-général, après avoir déploré qu'il y eût un si grand nombre de colléges, s'exprimait ainsi : « Les frères de la « doctrine chrétienne, qu'on appelle *ignorantins*, « sont venus pour achever de tout perdre. » Je ne cite ceci que parceque ce n'est pas un fait isolé.

Jusqu'à présent je n'ai été qu'observateur ou historien ; maintenant je vais entrer dans des considérations générales. Ma doctrine résultera de tous les enseignements de l'antiquité sacrée et profane, et nous tâcherons d'en déduire les conséquences rigoureuses qui peuvent recevoir leur application dans les circonstances actuelles.

CHAPITRE IX.

PREMIÈRE PARTIE.

De la parole et de la société.

Je viens d'esquisser l'histoire de la parole; essayons maintenant de l'étudier sous le rapport philosophique.

L'homme est éminemment un être social. Sa longue enfance, pendant laquelle il sert de lien à deux êtres, et qui lui est si nécessaire pour se développer graduellement, cette longue enfance, disons-nous, annonce déja l'intention du Créateur. L'homme a besoin de tout apprendre; et ses sens ne serviraient qu'à le tromper s'il n'était pas instruit à en rectifier les erreurs. Il ne peut naître que dans la famille, et la famille ne peut exister que dans la société. Son intelligence, comme lui-même, ne peut naître que dans la famille, et, comme lui-même encore, ne peut se développer que dans la société. Cette assertion est également vraie pour le sentiment moral.

Si la longue enfance de l'homme prouve la nécessité pour lui de naître dans la famille, et, par conséquent, dans la société, la brièveté de sa vie prouve avec non moins de force la nécessité où il est de consacrer à l'état social le peu de jours qu'il passe sur la terre. Les livres saints disent que la vie de l'homme fut, au berceau du monde, plus longue, et que depuis elle a été accourcie: je ne cite ici les livres saints que comme dépositaires des traditions antiques. Il semble bien, en effet, que la vie de l'homme n'est point en proportion, pour la durée, avec tout l'ensemble de son existence et de ses facultés. Il n'a le temps de rien finir de ce qu'il ose entreprendre, et c'est ce qui le plonge si souvent dans le découragement et la tristesse, parcequ'il est trop souvent porté à douter des vues de la Providence à son égard. Qu'il se hâte de planter un arbre, car il est menacé de ne pas en recueillir les fruits, de ne point se reposer sous son ombrage; ou plutôt qu'il ne craigne pas de travailler pour autrui, puisque d'autres auparavant ont dû travailler pour lui-même. Il lui est accordé d'avoir des enfants jusqu'à un âge où évidemment il ne peut plus espérer de les voir en état de se faire leur propre destinée. Tous ses projets, même ceux qu'il peut le plus raisonnablement former, sont trop vastes pour sa courte vie. Mais la société hérite de toutes ces entreprises commencées; elle hérite de ces projets à peine conçus, que le malheur ou la mort empêche d'exécuter ou d'achever, et qui ne seraient que de vaines pensées, d'inutiles conceptions, s'ils n'étaient pas recueillis par la société, ce grand et universel légataire de tous les hommes. Je ne parle que de la société, parceque l'homme a quelquefois, à cause même de son existence sociale, des devoirs plus impérieux à remplir que celui de se donner des enfants; et, par la société, il est toujours sûr d'avoir des successeurs.

Cette vie, je le sais, n'accomplit pas toutes les destinées de l'homme; et la société, qui lui est si nécessaire, ne lui suffit point encore : il lui faut la certitude d'un avenir au-delà de ce monde. Mais nous devons rester dans la série d'idées qui nous occupe en ce moment : il nous suffit d'affirmer que si l'homme a besoin de la société pour développer en lui l'intelligence et le sentiment moral, il est démontré, par cela même, que la société lui est nécessaire aussi pour ses destinées définitives dans une autre vie. Ainsi nous pouvons nous abstenir, dans cette discussion, d'étendre notre vue plus loin que notre existence actuelle.

L'homme n'est jamais né hors de la société; car la société a été nécessaire pour qu'il naquît, pour qu'il devînt un être intelligent et moral, pour que sa vie fût utile à lui-même en l'étant aux autres : il ne peut être séparé des siens sans cesser d'être ce que Dieu a voulu qu'il fût; et il doit joindre incessamment ses propres travaux à ceux de ses prédécesseurs, comme ce qu'il est appelé à accomplir agrandira l'héritage commun de ses descendants. En un mot, l'homme, s'il était seul, serait un être incomplet, sans but, sans facultés, sans avenir.

Ainsi tous les raisonnements que l'on peut faire sur un état antérieur à la société sont inadmissibles, puisque cet état serait contraire à la nature et à la destination de l'homme. Nous n'avons pas besoin d'hypothèse là où il y a un fait constant et historique, là où la nature et la force des choses s'expliqueraient encore au défaut des faits, si les faits n'existaient pas. L'état qu'on a appelé l'état de nature est donc une chimère. L'état sauvage ou de barbarie n'est qu'une dégénération dont nous n'avons pas pu suivre les périodes, mais qui certainement n'est ni un état naturel, ni un état primitif.

L'homme a trouvé toujours la société existante, n'importe à quel degré de perfection; il n'a pu, par conséquent, fonder primitivement la société. Il n'a pas même été libre de choisir l'état social, car la société lui a été imposée comme les autres conditions de son existence.

Les sens sont à l'usage de chaque individu, abstraction faite de ses rapports avec la société; mais chaque individu a été doué d'un sens intellectuel, que j'appellerai le sens social: c'est la parole.

Un philosophe matérialiste a prétendu que la nature avait procédé par ébauches successivement perfectionnées. Une telle hypothèse ne mérite pas même d'être examinée. Les végétaux ont été faits complets, avec la faculté de se perpétuer tels qu'ils furent dès l'origine. Il en a été de même pour l'homme. Depuis que la nature est observée nous ne voyons pas qu'aucune espèce ait franchi la barrière qui a été fixée dès l'origine; car, dès l'origine, *Dieu avait vu que cela était bien*, comme s'exprime le plus ancien historien, Moïse. Lorsque l'homme a voulu exercer sa puissance à faire de nouvelles espèces, soit dans les plantes, soit dans les animaux, il n'a pu parvenir qu'à créer un individu; et cet individu isolé n'a point eu en lui ce qu'il fallait pour se perpétuer.

L'homme, ainsi que les animaux et les plantes, a dû être complet dès l'origine.

Ce n'est point assez. L'homme étant essentiellement et non point fortuitement, ou par une perfection contingente, ou par choix, mais nécessairement, puisqu'il faut trancher le mot; l'homme étant nécessairement, disons-nous, un être social, il en résulte qu'il a été, dès l'origine, doué du sens social, de la parole : car la parole est nécessaire pour la société, et l'homme n'a jamais été hors de la société. Remarquons bien que la faculté de parler n'aurait point suffi : dès l'origine il a dû nécessairement parler, puisque dès l'origine il a été nécessairement dans la société.

Ce n'est point assez encore. La parole, qui est le sens social, et qui a dû être, dès l'origine, un sens parfait comme les autres, est, en même temps, le sens par lequel nous existons comme êtres moraux et comme êtres intelligents.

Les animaux ont des instincts inflexibles qui les dirigent avec certitude, parcequ'ils les dirigent nécessairement. L'homme est un être libre ; et il lui fallait un sens qui lui permît l'exercice de sa liberté, un sens au moyen duquel il pût dominer ses organes par la pensée.

Ainsi l'homme ne peut être ce que Dieu a voulu qu'il fût sans la parole ; il ne peut avoir de pensée sans elle : la parole lui sert donc non seulement à la manifestation de sa pensée, mais encore à la production même de cette pensée. Elle lui sert enfin, non seulement pour communiquer sa pensée aux autres, non seulement pour s'en rendre compte à lui-même, non seulement pour l'apercevoir, si l'on peut parler ainsi, mais sans elle il ne penserait pas, comme sans ses yeux il ne pourrait pas voir, comme sans ses mains il ne pourrait pas toucher, comme sans ses oreilles il ne pourrait pas entendre.

Dans l'état social nos organes peuvent se suppléer mutuellement, à cause de notre éducation sociale elle-même; mais je parle d'une loi primitive de notre être.

L'homme n'étant point un individu isolé et solitaire, et devant toujours vivre au sein de la société, il en résulte que sa puissance et ses développements possibles sont dans la société; il en résulte encore que la société est souvent un supplément à l'imperfection de ses organes; il en résulte enfin que la plupart des instincts mêmes de l'homme, si une telle expression est permise, sont placés hors de lui, se trouvent dans la société, ce qui nous ramène encore une fois à cette doctrine de la solidarité, doctrine qui serait ici susceptible de sortir de l'ordre des vérités spéculatives pour entrer dans l'ordre des vérités d'expérience, pour prendre rang parmi les faits historiques.

La nécessité de la parole est donc un fait en quelque sorte physiologique, comme la nécessité de ses autres organes. L'homme naît donc soumis aux lois de son organisation, non seulement comme être moral et comme être intelligent, mais encore comme être social; il suffirait même de dire comme être social, car cette désignation comprend les deux autres. Les règles de la conscience sont primitives, mais la parole est primitive aussi. Ainsi les règles de la conscience et les lois générales de la société existent en même temps. En remontant à l'origine de la société, on ne pourrait trouver de pacte conventionnel, parceque jamais des hommes ne se sont réunis simultanément et volontairement pour se donner des lois *à priori*. Les animaux restent et doivent rester emprisonnés dans leurs instincts divers: l'homme, perfectible sous le rapport de ses facultés comme sous le rapport du sentiment moral; l'homme, à qui il est donné de savoir et de connaître; l'homme, qui peut choisir le bien ou préférer le mal, l'homme est un être libre, et ce n'est que dans l'état social qu'il trouve à-la-fois et les attributs et les limites de sa liberté: alors il peut en abuser, au point de renoncer à la société elle-même, au point de faire le sacrifice de sa vie ou de s'en dépouiller de sa propre main. Au reste, si j'ai employé les mots physiologie et organisation, en parlant du sens intellectuel et moral de la parole, c'est pour me faire mieux comprendre, pour rendre mieux sensible l'analogie de ce sens particulier avec les autres sens de l'homme. Le lecteur n'a pas besoin que je lui trace les justes bornes de cette analogie.

Les livres saints placent toujours la prérogative essentielle de l'homme dans la parole ; en désignant les animaux dépourvus d'intelligence, ils emploient cette expression: *les animaux muets.* « Ne vous ren-« dez point semblables aux animaux muets, » disent-ils ; et nos philosophes n'ont pas fait attention qu'en fondant la doctrine de l'invention de la parole ils ont fait de l'homme un *animal muet* lorsqu'il est sorti des mains du Créateur, ou plutôt, pour me servir de leurs propres termes, lorsqu'il a été produit par la nature. Encore ici les livres saints peuvent être considérés, indépendamment de l'inspiration, comme dépositaires des traditions antiques ; et il ne faut pas oublier que le plus ancien des écrivains sacrés, Moïse, d'après le témoignage de l'apôtre saint Jacques, s'était rendu savant dans les sciences des Égyptiens. Le Pymandre, livre assez peu intelligible, attribué à Mercure, mais qui paraît avoir été composé dans les premiers siècles de l'Église, c'est-à-dire à une époque où une foule de traditions graduellement défigurées et affaiblies finissaient, et où l'on cherchait à les faire revivre en les rattachant au christianisme ; ce livre, qui contient, quoi qu'il en soit, les éléments de la philosophie hermétique, fait de la pensée et de la parole une émanation directe de Dieu. Nous pourrions, à ce sujet, remarquer les rapports qui existent entre la philosophie hermétique, la philosophie indienne et le mysticisme des théosophes; mais cette digression nous mènerait beaucoup trop loin.

Si l'homme avait inventé le langage et fondé la société, il faudrait savoir par où il a commencé, ce qui ne serait pas un médiocre embarras. Il faudrait ensuite examiner la question sous ces deux faces, et prouver l'impossibilité d'inventer le langage sans la société, ou de fonder la société sans un langage établi. Serait-il même possible d'inventer une langue sans inventer en même temps l'écriture, et l'invention de l'écriture peut-elle accompagner l'invention du langage? Il me semble que sur cette route on rencontrerait bien des obstacles.

Sans doute je ne nie point à l'homme, d'une manière absolue, la faculté d'inventer l'écriture, quelle que soit d'ailleurs la difficulté d'une telle invention. Je dis seulement que l'on ne saurait concevoir l'invention d'une langue, sans l'invention au moins simultanée de signes écrits; car, sans le secours de ces signes écrits, par quels moyens des intelligences humaines pourraient-elles embrasser tout le système du langage? et même pour apprécier les obstacles qu'il y aurait à surmonter il faut entrer dans l'hypothèse des partisans de l'invention des langues, hypothèse qui nous présente l'homme, à son origine, pauvre, chétif, misérable. Un tel point de départ me paraît le comble de l'absurdité; et cependant il faut bien descendre jusque-là. Mais le langage existant une fois, n'importe de quelle manière, il est plus facile de comprendre comment l'homme a pu ensuite fixer la parole par l'écriture: les difficultés ne sont rien lorsque l'on parvient à écarter l'impossibilité absolue. Ainsi donc, l'objection que je fais en ce moment ne porte toujours que sur l'invention de la parole.

Selon quelques archéologues les mots ont eu, dans les langues primitives, une énergie par eux-mêmes, et indépendamment d'un sens convenu: d'autres archéologues sont allés plus loin encore, car ils sont allés jusqu'à attribuer à la parole écrite, aux caractères, une partie des prérogatives de la langue parlée. Cela peut être vrai de l'écriture hiéroglyphique, qui sans doute eut une énergie propre, mais cela me paraît au moins très douteux pour l'écriture syllabique. Seulement ce qui est incontestable c'est que nos langues dérivées ont perdu un grand nombre des propriétés qui distinguèrent les langues primitives, et qui excitent un si profond étonnement dans l'étude des langues indiennes. Je ne discuterai point, au reste, les assertions que je viens d'exposer; mais je n'ai pas voulu laisser ignorer au lecteur que ce sont des opinions plus ou moins admises par la plupart des archéologues qui se sont occupés du problème de la formation du langage, et par tous les théosophes sans exception. Je ne les discuterai point, uniquement parceque je ne veux pas être arrêté par des objections. D'ailleurs la science des étymologies est encore bien récente: espérons que la connaissance des langues orientales, qui commence à se répandre en Europe, nous fournira, par la suite, d'autres données.

Quant à présent nous sommes obligés de nous en tenir au raisonnement.

L'objection qui a toujours été considérée comme la plus forte et la plus insoluble contre l'invention du langage a sur-tout consisté dans la difficulté d'inventer le verbe avec ses étonnantes propriétés. Je voudrais bien, en effet, que l'on expliquât comment l'homme aurait pu parvenir de lui-même à imaginer tout-à-coup la manifestation la plus complète de l'intelligence et de tous les sentiments moraux, puisque le verbe, parole par excellence, lien merveilleux de tout discours, contient le sentiment même de l'existence avec tous ses modes et toutes ses modifications. Le verbe est à-la-fois la plus haute abstraction, la plus forte empreinte de la conscience de soi et de la croyance à ce qui n'est pas soi, l'expression la plus ferme, la plus déliée, la plus flexible et la plus certaine. Le verbe, enfin, embrasse tous les temps, et crée le souvenir et la prévision. Oui, la pensée même de Dieu, la pensée éternelle et contemporaine de tous les temps, cette pensée est dans le verbe. Mais encore n'est-ce là qu'une partie du problème. L'invention du substantif présente une difficulté non moins insurmontable.

Smith, qui a traité de la formation des langues, n'hésite point à croire que l'adjectif a dû précéder le substantif. Il est certain qu'en se plaçant dans l'hypothèse de la formation successive du langage, c'est ce qu'il y avait de plus raisonnable à dire. On n'a pas pu donner de suite un nom essentiel à l'objet; on a été obligé de le désigner d'abord par ses qualités les plus accessibles aux sens. Toutefois Smith n'a pas vu la difficulté où elle est réellement: ce n'est point avec l'analyse philosophique que l'on peut y parvenir, car Smith a fait, à mon avis, par le moyen de cette analyse, tout ce qu'il était possible de faire. Il y a là une pensée religieuse qui n'a échappé à aucun théosophe, et que M. de Maistre a parfaitement saisie dans son Essai sur le principe générateur des sociétés humaines; c'est que l'homme n'a pas reçu le pouvoir de nommer. Nommer, c'est constater l'existence: or ceci me paraît pour le moins autant au-dessus de l'homme que l'expression du sentiment de l'existence, qui repose dans le verbe. L'homme n'aurait donc pas inventé le substantif. Et même je conçois que si, une fois, il avait pu s'élever à nommer, il aurait pu franchir la grande difficulté du mot-lien. On a vu des hommes qui, par une suite quelconque d'altérations dans les facultés intellectuelles, en sont venus à perdre absolument la mémoire du substantif; je puis attester un exemple de ce singulier phénomène physiologique. Je pense donc que l'homme aurait été arrêté d'abord par la création du substantif; mais je ne crois pas, comme Smith, qu'il eût pu y suppléer par l'adjectif: le signe abstrait serait bientôt devenu le signe concret : le système de Smith ne fait donc que reculer la difficulté. Avant que chaque chose eût reçu un nom, avant que ce nom eût été adopté par tous, combien de siècles se seraient écoulés! Je vois comment *Lutetia Parisiorum* a pu devenir Paris, mais je ne vois pas comment existe le mot *Lutetia*. Je suis dans la même ignorance à l'égard de *Lugdunum*, et je ne comprends pas trop, en outre, comment *Lugdunum* a pu devenir Lyon. Dans les livres saints le nom d'un être, le nom d'une chose, sont l'être même et la chose même. Il paraîtrait plutôt, si ce n'est pas Dieu qui nomme, que c'est la société, ministre de Dieu en cela; ou la tradition, organe de la société; ou bien c'est la chose même qui se nomme, car quelquefois le nom sort de la chose.

Platon, en disant que les noms ne sont point arbitraires, qu'ils ont un rapport avec les choses, dit, par-là même, que le nom sort de la chose, et que l'homme n'a pas le pouvoir de nommer.

Nous avons vu l'homme vouloir usurper la prérogative de nommer : alors il a mal nommé, et le nom n'est pas resté. L'homme a voulu faire d'un nom un monument durable, mais ce monument n'a pu survivre à celui qui avait imposé le nom; car l'orgueil de l'homme est sujet à recevoir des démentis. Un père n'a jamais donné un nom à son fils ; le fils l'a toujours reçu de la société, ou de la religion, ce qui est la même chose. Nul ne peut changer son nom, si la société elle-même ne le change pas: c'est le nom seul qui est immortel parmi les hommes; et c'est le nom seul qui porte le fardeau de l'opprobre ou la couronne des bénédictions.

Il y aurait beaucoup de choses à dire sur les noms d'hommes et de lieux, qui eurent, dans les temps anciens, une énergie si singulière, qui furent une poésie si merveilleuse; sur ces lieux sans nom qui étaient, selon Virgile, autour du palais d'Évandre; sur ces autres lieux où, comme dit Lucain, nulle pierre n'était sans nom : c'est que la renommée s'était assise sur les ruines de Troie, et qu'elle n'avait point encore visité les sept collines qui devaient être la ville éternelle. Il y aurait beaucoup de choses à dire encore sur ce desir que chacun a de donner une signification à son nom, afin de vivre chez les races futures, car nul ne peut espérer de vivre sans un nom qui ait une signification; sur l'impossibilité où l'on fut toujours d'acclimater un nom en poésie, quand il n'est pas déja lui-même de la poésie. Enfin il y aurait à rendre compte des superstitions rabbiniques au sujet du nom incommunicable et sacré de Jeovah, nom formé, comme on sait, de la combinaison du présent, du passé, du futur du verbe être, et qui renferme, par son énergie propre, le sentiment essentiel de l'existence continue et non successive, en d'autres termes, éternelle et contemporaine de tous les temps; ce qui, pour le dire en passant, a cela de remarquable, que le substantif par excellence tire ici son origine du verbe. Nous pourrions également, si nous voulions épuiser ce sujet, parler des noms cabalistiques et magiques, traditions détournées de la croyance primitive dans la force des noms. Les évocations des morts et des esprits sont un autre signe de ces sortes de traditions. Nul préjugé, nulle superstition, n'existent sans une raison.

Au reste, sans entrer dans un tel ordre de recherches qui ne laisserait pas assez de prise à la discussion, je puis m'arrêter quelques instants sur les traces incontestables d'usages antiques. Nous savons, et nous ne pouvons en douter, que les noms de lieux étaient significatifs, ainsi que les noms d'hommes. Les villes anciennes eurent constamment deux noms; l'un mystérieux et sacré, l'autre purement civil, comme Troie, qui s'appelait Ilion; comme Rome, qui s'appelait Valentia. Les hommes eurent souvent aussi deux noms: on retrouve, à un certain âge de la société, ces doubles noms affectés de prérogatives ou de significations différentes, dont l'un est le nom d'un être connu dans le ciel, et dont l'autre est le nom du même être connu sur la terre. Nos noms actuels, n'emportant point avec eux de signification, sont sans poésie: nous y suppléons par des épithètes, ou en ressuscitant d'anciens noms dont la signification ne nous est pas connue, mais auxquels nous en supposons une, avec quelque raison. Un des avantages, entre autres, de la noblesse, est de donner un nom significatif, ou au moins un nom auquel il est permis de supposer une signification. Le temps, à cet égard, est grand poëte et grand coloriste.

Après avoir signalé la difficulté d'inventer le verbe et le substantif, nous aurions à signaler une sorte d'abstraction qui présente des difficultés peut-être plus grandes encore, je veux parler de la préposition; mais cette partie de la discussion serait trop métaphysique, et je crois inutile d'y toucher.

Je reviens donc sur mes pas. Si l'homme n'a pas plus inventé le langage que la société, il en résulte qu'il est né avec la parole, ou que la parole lui a été enseignée.

Je suis donc obligé d'admettre nécessairement la révélation de la parole. On me dira ce qui a été déja dit plusieurs fois, que c'est un moyen très commode de se tirer d'embarras. Mais qu'importe que ce moyen soit commode? Il s'agit de savoir si c'est la vérité. D'abord je ne vois pas pourquoi Dieu n'aurait pas donné immédiatement la parole à l'homme, dans l'origine, comme il lui a donné ses autres sens. L'intelligence de l'homme, dans quoi aurait-elle été contenue, ou quel aurait été l'instrument de cette intelligence? Certains philosophes matérialistes, qui n'ont pas reculé devant la rigueur des conséquences, ont donné pour ancêtre à l'homme une huître. Il est certain qu'il faut en venir là si vous écartez la révélation de la parole. L'homme alors aurait fait successivement ses organes et ses sens; et le sens de la parole, le plus parfait de tous, serait venu le dernier. Mais ne nous arrêtons point sur une hypothèse qui a l'air d'un jeu de l'esprit.

Tous conviennent que si Dieu n'a pas donné immédiatement la parole à l'homme, du moins il l'a doué d'une intelligence telle, que l'homme a d'abord pensé, et qu'ensuite, venant à abstraire ses pensées, il a été conduit peu à peu à les revêtir d'un signe extérieur. C'est là, comme nous l'avons expliqué, le système de Smith; mais ce système est contredit par l'expérience : on ne trouve à asseoir une telle opinion ni sur les monuments de l'histoire, ni sur les monuments de la fable. Et d'abord je prie de considérer encore une fois quelle suite de siècles il faudrait pour parvenir à faire une langue, chose qui serait déjà si difficile avec toutes les données que nous avons. Or l'histoire du genre humain nous prouve que l'homme n'a jamais été un instant orphelin; elle nous prouve que l'organisation des premières sociétés fut très forte; elle nous prouve que les langues ont toujours été douées des mêmes formes, et qui sont la preuve du plus haut déploiement possible de l'intelligence humaine. Cela même est si vrai que la faculté de comprendre toute l'économie d'une langue quelconque annonce l'esprit le plus vaste et le plus profond : que serait-ce donc s'il s'agissait d'inventer cette langue ou de créer le langage? Tout pourrait être successif dans la formation de la société; le langage seul ne peut pas être successif dans la combinaison de ses éléments primordiaux. Les langues se perfectionnent par l'accroissement du nombre des mots et des tournures, mais non point par l'accroissement des formes du langage. Elles ne changent point sous le rapport de leurs éléments constitutifs, c'est-à-dire sous le rapport de ce qu'elles ont de commun entre elles, et qui est le fondement de la grammaire générale; non plus que sous le rapport de ce en quoi elles diffèrent entre elles, et qui constitue le génie particulier de chacune. Si elles avaient été inventées, elles auraient dû l'être d'un seul jet, ce qui est contraire à toutes les expériences sociales; mais loin que l'homme puisse inventer les langues, il ne peut pas même les perfectionner. C'est la société et non l'homme qui les élabore. Or la société n'a pu exister sans la parole; et l'homme n'a pu exister sans la société. Il est même permis d'affirmer que les langues, au lieu de s'être perfectionnées, se sont dégradées en succédant les unes aux autres. Ce que je regarde ici comme une dégénération dans les langues est regardé par Smith comme une simplification, et, par conséquent, comme un perfectionnement; car s'il trouve que l'abstraction soit nécessaire à la première formation des langues, c'est par l'abstraction encore que les cas et les conjugaisons, selon lui, parviennent à se simplifier. Mais il avoue en même temps que ce que les langues gagnent ainsi en philosophie et en métaphysique, elles le perdent du côté de la poésie. Il n'a pas fait attention que les langues ne peuvent pas franchir les limites naturelles fixées par le génie qui les distingue entre elles et les sépare à jamais. Quoi qu'il en soit, une langue ne vient à être bien comprise et parfaitement analysée qu'à un âge très avancé de la société; encore y a-t-il peu d'hommes qui parviennent à cette profondeur de l'analyse.

Je ne ferai point l'objection, d'ailleurs si forte, de demander, puisque toutes les langues sont fondées sur les mêmes éléments, pourquoi, si l'homme les a inventées, il n'y a pas de différence entre elles pour leur organisation essentielle, pour leur structure grammaticale. On me répondrait sans doute que c'est parceque les lois du langage sont fondées sur la forme primitive de l'intelligence, ce qui, au fond, serait mettre un mystère à la place d'un autre mystère. On me répondrait encore que l'homme étant doué d'une grande puissance d'imitation, et ayant de plus une certaine paresse qui le porte à adopter les méthodes existantes, pour se dispenser d'en créer de nouvelles, il a dû en résulter naturellement que lorsqu'une langue a été une fois inventée, il a pu se contenter des formes qu'il a trouvées, et qu'alors toutes les langues se sont moulées les unes sur les autres. Je ne contesterai point cette thèse; car, en d'autres termes, c'est la mienne: seulement on sera parvenu à écarter la révélation; mais il restera toujours à expliquer comment s'est faite la première manifestation de l'intelligence humaine. Enfin si je demandais pourquoi il ne se forme plus de langues, on aurait à me répondre, avec beaucoup de raison, que ce serait fort inutile. J'en conviens; mais, en mathématiques par exemple, l'homme ne recherche-t-il que les applications utiles? D'ailleurs, quand les langues ne seraient considérées que comme une méthode, n'est-ce rien qu'une méthode plus parfaite? Lorsque Leibnitz voulut composer une langue, il ne trouva point d'autres lois que celles qui existent actuellement; il se borna et il dut se borner à se servir de celles qu'il trouva. Cependant je le crois un des génies les plus investigateurs qui aient jamais paru. Au reste, l'invention d'une langue, lorsque déjà il en existe, ne prouve rien ; et je sais qu'il en est dans l'Inde qu'on croit avoir été inventées. Il s'agit encore de savoir si elles sont fondées sur d'autres éléments que les langues primitives; et n'est-il pas démontré jusqu'à l'évidence que non seulement elles ne sont pas fondées sur d'autres éléments, mais même que les éléments qui forment la base de nos langues actuelles sont loin d'avoir les mêmes prérogatives et de donner la même puissance à l'exercice de nos facultés morales et intellectuelles?

Une autre considération vient encore à notre secours. Tout est immobile dans l'antique Orient. Les peintures que font les anciens historiens des mœurs, des habitudes, des institutions de ces peuples, semblent avoir été écrites aujourd'hui par des voyageurs qui en arrivent. Les langues auraient donc été faites tout d'une pièce par des hommes en qui la force de l'intelligence aurait fait prévoir les besoins futurs de la pensée; il est présumable en effet qu'en remontant à l'origine de ces sociétés, grossière et misérable comme il faut la supposer dans une telle hypothèse, ce ne seraient pas ces sortes de besoins qui auraient commandé les premiers l'emploi de la parole. Il faut avouer que les hommes qui ont inventé les lois du langage ont donné du repos à notre intelligence pour jusqu'à la fin du monde; car certainement les langues étant faites, tous les travaux qu'elle peut accomplir sont bien faibles en comparaison de celui-là. Mais ne faisons pas trop d'honneur aux premiers hommes; car les inventeurs du langage seraient les inventeurs de l'intelligence humaine elle-même.

Des savants ont établi et prouvé qu'il y avait plusieurs familles de langues, évidemment distinctes dans leurs origines, et qui admettent des procédés fort différents pour compléter un système de langage. Il serait bon d'examiner, à cet égard, les idées de M. Frédéric Schlegel et de

M. William Jones; mais il faudrait toute l'érudition et toute la variété de connaissances qui distinguent ces savants hommes pour exposer leurs idées, dont la discussion n'est point, au reste, rigoureusement nécessaire dans cet écrit. Je dois me borner aux résultats. Chez certains peuples, la langue fut toute composée d'onomatopées; et ces langues qui reposent sur l'imitation par les sons repoussent aussi la pensée de l'invention du langage par l'homme, car elles n'excluent point les autres éléments constitutifs de la parole: or c'est toujours là qu'est toute la difficulté. Elles ont, comme les autres, des noms et des déclinaisons de noms, des verbes et des conjugaisons de verbes. On distingue encore deux principales familles de langues, celles où les modifications du substantif et du verbe sont des mots différents, et celles où ces modifications se marquent par des changements dans le substantif et dans le verbe eux-mêmes. Il en est de même de l'union ou de la séparation du substantif et de l'adjectif, et des cas par les désinences ou par les articles. Les langues où les cas se marquent par des désinences ont une harmonie plus naturelle; et il est possible que ce soit la seule raison de l'introduction de la rime dans les langues qui se refusent absolument à la désinence pour les cas, parceque alors il a fallu suppléer, dans la versification, à l'harmonie essentielle par une harmonie de convention ou artificielle. Quand je dis qu'il a fallu, il est évident que ce n'est point l'homme qui a voulu; c'est le génie même de la langue qui a commandé impérieusement. Les synonymes ont dû aussi se multiplier à l'infini dans les langues sans adjectifs; car si les cas marquent les accidents d'un mot, l'adjectif en marque les qualités; et lorsqu'on n'a pas eu d'adjectif, il a fallu autant de noms pour le même objet que cet objet a eu de qualités différentes.

Enfin il y a des langues transpositives et des langues analogues : cette différence mérite peu d'attention, quoiqu'elle soit si considérable; on sent trop bien que les inversions ne sont que facultatives, et tiennent à la même loi que les désinences. Il y a encore des langues, comme le chinois, où la langue écrite et la langue parlée sont absolument indépendantes l'une de l'autre, et tellement indépendantes que la même langue écrite peut servir à plusieurs peuples qui parlent chacun une langue différente. Mais ici nous serions ramenés à cette autre difficulté, déjà signalée par nous, de la langue écrite; car, même pour les peuples où la langue parlée et la langue écrite sont la même, il est certain que la langue écrite n'est que par convention, et non point essentiellement, la peinture de la langue parlée.

M. William Jones et M. Schlegel ont adopté deux systèmes opposés, celui d'une origine commune et celui d'une origine différente pour les langues. Ils sont d'accord tous les deux sur ce point, que les langues ne se sont pas perfectionnées successivement : Court de Gébelin a pensé le contraire. Il est étonnant qu'ayant refusé à l'homme le pouvoir de créer la parole, ce dernier n'ait pas été conduit, par la rigueur de la conséquence, à lui refuser aussi le pouvoir de perfectionner les langues. Au reste, le système de M. Schlegel offre une difficulté de plus, en adoptant plusieurs origines : ce qui l'a porté, sans doute, à reconnaître ainsi plusieurs origines différentes, c'est le besoin de s'affranchir d'une difficulté non moins grande, celle d'expliquer comment des langues ont pu changer de nature, se dépouiller, par exemple, des affixes pour se revêtir des inflexions. Son frère, M. W. Schlegel, dit fort bien, à ce sujet, que « si l'on pouvait parvenir à répondre à cette question par des faits d'une certaine évidence, une foule de problèmes relatifs aux origines de la civilisation se trouveraient par-là même résolus. »

Mais je ne sais pas si, en remontant plus haut, on ne pourrait pas tout concilier. Ne pourrait-on pas dire, en effet, qu'il y a plusieurs races d'hommes, qui, chacune à part, ont été conservatrices de certaines formes de civilisation? Ne pourrait-on pas même dire que certaines races sont inhabiles à parvenir à certains degrés ou à recevoir certaines formes de civilisation? Ces races ont cependant une origine commune; mais, dès le commencement, Dieu distingua les fils d'un même père par différentes sortes de prérogatives ou de bénédictions : ceci est dans la Bible et dans toutes les traditions primitives du genre humain, et me paraît historiquement prouvé, car, s'il ne s'agissait que d'une hypothèse explicative, elle serait susceptible d'être contestée. Ne pourrait-on pas également dire que la langue primitive, celle qui fut donnée à l'homme par Dieu même, se composait à-la-fois d'onomatopées et de mots synonymes sans imitation de sons; qu'elle produisait les modifications du substantif et du verbe, tantôt par son énergie propre, tantôt par des adjonctions; qu'elle eut à son choix les cas par désinence ou par l'article? Ne pourrait-on pas dire qu'ensuite, lorsque les enfants d'un même père se séparèrent, alors ils se partagèrent l'héritage de la langue commune selon le plus ou moins de faculté d'esprit ou d'imagination dont ils avaient été doués? Ne pourrait-on pas dire que les uns restreignirent leur langue aux onomatopées, les autres aux mots à inflexions, plus favorables à la mémoire, les autres aux mots sans inflexions? Ne pourrait-on pas dire que toutes les langues, néanmoins, conservant un certain nombre de traditions primitives qui établissaient la filiation, ont mêlé, de temps en temps, et pour de certains mots, ces attributs différents? Ne pourrait-on pas dire que si ce partage s'est fait ainsi, c'est sans calcul et par une suite de dégradations ou de perfectionnements que nous ignorons? Ne pourrait-on pas dire aussi que chaque race humaine ayant été affectée de prérogatives différentes, il y a eu, dans le genre humain, un droit d'aînesse, comme tout paraît le prouver, et que ce sont les races aînées qui sont restées dépositaires des titres de famille? La confusion des langues à la tour de Babel est un événement historique, ou, dans tous les cas, pour ceux qui repoussent l'autorité des livres saints, l'allégorie d'un événement historique.

Enfin a-t-on assez réfléchi à cette différence de la langue écrite et de la langue parlée? Et ici il n'est point question du chinois; mais la différence que nous voulons signaler, aucune langue ne peut l'éviter, parcequ'il n'y a pas de signe syllabique qui soit la représentation exacte du son, même la valeur rigoureuse des signes étant donnée. Dans notre langue, où le signe se rapproche beaucoup plus de la parole que dans d'autres langues, combien de signes qui ne sont que pour les yeux, et où nous sommes obligés de nous représenter la phrase écrite pour atteindre au sens de la phrase prononcée! Cet exemple suffit pour nous donner une idée à-la-fois et de l'union intime de la langue écrite avec la langue parlée et de la séparation de ces deux langues. Nous trouverions de plus, dans cette simple considération, une forte présomption pour croire que, par le langage, l'homme a le plus souvent voulu s'adresser à deux sens, celui de l'ouïe et celui de la vue. La langue de l'ouïe et la langue de la vue ont été tantôt très distinctes, tantôt confondues; mais elles ont fourni l'une et l'autre des tropes différents qui se sont mêlés dans la langue écrite et dans la langue parlée, et qui les ont enrichies toutes les deux. Que l'on se souvienne de ce que nous avons dit plus haut sur la difficulté d'inventer le langage sans l'écriture, et l'on sentira tous les inconvénients du système de l'invention du langage par l'homme; mais ce système une fois rejeté, les cordonnets des anciens Égyptiens, si semblables aux quipos des Péruviens, peuvent, avec raison, être regardés comme le premier pas de l'invention de l'écriture.

Enfin encore, a-t-on assez réfléchi à cette force qui est dans les langues et qui fait la certitude de la science étymologique, certitude qui est toute de tact, où l'erreur n'est à craindre que lorsqu'on se laisse entraîner par l'esprit de système, où elle ne sera plus même possible si l'on parvient à déterminer la filiation des langues, parceque alors on ne courra plus le risque d'appliquer les mêmes raisons et les mêmes règles à des familles différentes de langues? A-t-on assez réfléchi, enfin, à cette force des racines primitives qui naît en même temps, par une merveilleuse fécondité, et du son émis et du signe figuré, et dont l'étude seule est la source des plus hautes méditations?

Le président de Brosses et Court de Gébelin ont décrit avec un grand soin l'appareil de la voix. Le premier, sur-tout, a déduit d'ingénieuses hypothèses de la description détaillée de ce merveilleux appareil du premier de nos sens. Son ouvrage est un vrai prodige de patience, un chef-d'œuvre sous le rapport de la finesse de l'analyse et de la ténuité d'une foule d'observations. Mais ni le président de Brosses ni Court de Gébelin ne sont descendus assez avant, n'ont poussé assez loin leurs conséquences. Ils n'ont quitté l'un et l'autre le scalpel de l'anatomiste que pour rêver chacun une théorie différente. Il fallait commencer par faire comprendre ce qu'il y a de l'ame dans cette voix de l'homme, qui est un souffle de Dieu. Alors ils auraient pu, avec toute leur science, trouver la raison de la filiation des langues et des transformations des mots lorsqu'ils passent d'une langue dans une autre; ils auraient pu, après avoir remarqué que le son de la voix est un trait physiognomonique très important dans l'homme, peut-être le plus important de tous; ils auraient pu, dis-je, remarquer combien est caractéristique aussi l'accent qui signale les peuples divers et qui anime leurs langues; ils auraient pu remarquer qu'il y a des familles et des nations distinguées par l'analogie des sons de la voix comme par celle des lignes de la figure, ou des couleurs de la peau et par les habitudes des cheveux. Tout n'aurait sans doute pas été susceptible d'une démonstration rigoureuse, mais on serait parvenu à prouver que la difficulté de réunir tous les faits nécessaires est le seul obstacle réel à cette démonstration : ils auraient pu tirer de là l'induction que la parole est le sens intellectuel et moral, le sixième sens de l'homme. Mais ils se seraient bien gardés de conclure, comme le président de Brosses, de la perfection de l'organe vocal, que l'homme avait pu contribuer au perfectionnement de cet organe et inventer le langage; ou, en d'autres termes, que cet organe avait été oisif pendant un certain temps, et que l'homme avait existé, au commencement, sans la parole. La faculté que nous avons de recevoir la transmission de la parole est une faculté assez inexplicable en soi pour qu'on ne doive pas être tenté d'y ajouter encore la faculté de l'inventer.

SUR LES INSTITUTIONS SOCIALES. 225

Quant à moi, je ne puis comprendre la communication de la pensée par la parole qu'en attribuant à la parole l'énergie primitive, ou un reste de cette énergie dont elle fut douée par l'Auteur de toutes choses. Pour se dispenser d'adopter une révélation première du langage, on est obligé d'admettre une série de miracles qui se renouvellent tous les jours avec la même raison de douter pour l'incrédule. Ne vaudrait-il pas mieux se reposer dans la croyance d'un premier acte de la volonté divine?

Remarquons ici en passant, à l'occasion des accents qui donnent la vie aux langues et qui sont un trait caractéristique de la physionomie des différents peuples, remarquons, dis-je, que la langue française, dépouillée d'accents plus qu'aucune autre langue, en est plus propre à remplir les fonctions de langue universelle, dont Dieu lui a imprimé le caractère. Elle n'est pas dépouillée de l'accent tonique, car alors elle serait inhabile à toute poésie; mais elle est dépouillée de cette sorte d'accent qui fait que la prononciation s'appuie davantage sur certaines parties de l'appareil vocal. Nous employons cet appareil tout entier sans aucun effort; c'est le jeu le plus simple et le plus naturel de cet admirable mécanisme.

M. Schlegel a fort bien remarqué que la question de l'origine du langage devait être traitée historiquement, et non point expliquée par une théorie spéculative. Les matériaux nous manquent à présent; mais sur tous les points de la terre il y a des hommes qui s'occupent à les rassembler. Déja la science des étymologies commence à n'être plus une science aussi conjecturale. Déja il passe pour démontré qu'il y a plusieurs familles de langues comme il y a plusieurs races d'hommes. Nous parviendrons sans doute à arriver aux généalogies des races humaines par les généalogies des langues. Si les métaphysiciens qui ont attribué à l'homme l'invention du langage avaient, je ne dis pas étudié, mais seulement jeté les yeux sur le peu de renseignements historiques qui existent, sur le très petit nombre de faits qui ont été rassemblés, ils auraient appris que leurs théories étaient contraires à tout ce que nous savons de certain; ils auraient appris que toutes les doctrines de l'antiquité leur sont opposées; ils auraient appris que plus l'on remonte haut, c'est-à-dire plus l'on s'approche du berceau au moins présumé de l'espèce humaine, plus l'on trouve les langues parfaites et fécondes. Le temps use tout. Les langues ont subi aussi les épreuves du temps; elles se sont détériorées, elles ont perdu de leur énergie propre et de leurs attributs en se succédant, comme les générations humaines se détériorent, comme les races royales perdent de leur ascendant et de leurs prérogatives. Les langues qui sont restées immobiles sont celles qui n'ont pas été livrées à la multitude.

Deux sortes de matériaux s'assemblent aujourd'hui, ceux qui pourront servir à l'histoire géologique du globe, et ceux qui pourront servir à l'histoire des langues. Il ne peut manquer de sortir une grande lumière de cette foule de recherches auxquelles on se livre en ce moment.

Le mot étymologie, qui signifie discours vrai, a donné lieu à deux explications qui ont partagé les anciens philologues. Les uns ont entendu par discours vrai une science qui établit la vraie filiation des mots. Les autres ont entendu par discours vrai une science qui établit le vrai rapport ou le rapport primitif des mots avec les choses. Il est évident que les deux explications sont fondées, et qu'il faut établir d'abord la vraie filiation des mots pour arriver aux rapports qu'il y eut, à l'origine, entre les mots et les choses. Dans ce sens, le mot étymologie voudrait dire la science de la vérité, et je pense que c'est ce que les anciens entendaient. Les Romains donnèrent une grande attention aux étymologies. Varron avait fait sur cette matière des recherches immenses qui ne sont point parvenues jusqu'à nous. Verrius Flaccus avait composé un traité de la signification des mots. Mais il est facile de présumer que ces savants hommes n'avaient pas assez de données. Leurs travaux sans doute nous seraient très utiles comme renseignements, et nous devons les regretter sous ce point de vue. L'esprit des traditions primitives s'était d'abord perdu à Rome. Leurs livres sibyllins n'existaient plus dans le temps où les Romains commencèrent à cultiver les lettres. Ils avaient fort peu étudié les origines phéniciennes; ils n'avaient songé qu'à écraser Carthage; et tous les monuments littéraires de ce peuple malheureux périrent avec lui par la farouche incurie du vainqueur. Quoique la Judée fût devenue une province romaine, les Romains négligèrent les livres des Juifs. Lorsque la langue grecque s'introduisit chez ces maîtres impitoyables du monde pour les polir, ils voulurent d'abord la repousser, parcequ'il leur eût mieux convenu de rester barbares : lorsque, plus tard, cette langue leur fut devenue familière, ils ne voulurent y puiser que les doctrines philosophiques. Les poëtes grecs ne furent pour eux que ce qu'ils ont été ensuite pour nous, c'est-à-dire d'aimables enchanteurs plutôt que des sages et des dépositaires d'anciennes traditions. On voit que Denys d'Halicarnasse, non plus que Tite-Live, ne songèrent point à discuter les monuments et les origines, à pénétrer le sens primitif des fables, et qu'ils se bornèrent à consacrer historiquement les contes populaires sur la fondation et sur les premiers temps de Rome. Enfin il ne paraît pas que les Romains aient jamais soupçonné le génie allégorique de l'antiquité ; nous-mêmes, sans la Bible nous ne nous y serions jamais élevés. La nécessité où nous nous sommes trouvés d'affermir notre croyance dans le témoignage de Moïse sur les commencements des différents peuples de la terre, sur les premiers faits du genre humain, nous a forcés à soulever le rideau des cosmogonies mensongères, à expliquer les harmonieuses énigmes des filles de Mémoire.

Condillac a fait un roman sur la formation du langage : il en tire cette conclusion vraiment inconcevable, la nécessité de *signes arbitraires*. Cela seul me dispense d'analyser ce roman, d'ailleurs plein d'aperçus très fins et très spirituels. M. de La Harpe, en rendant compte des ouvrages de ce célèbre grammairien, qui fut aussi un habile métaphysicien, M. de La Harpe insiste à son tour sur la nécessité des signes. Si Condillac eût médité avec soin l'ouvrage du président de Brosses, dont nous avons parlé plus haut, il aurait pu parvenir à la solution qu'il cherchait, c'est-à-dire à la possibilité de l'invention du langage par l'homme, sans avoir besoin de recourir à la nécessité des *signes arbitraires*, parcequ'il aurait pris dans la forme même de l'instrument vocal toutes les données de son roman, qui y aurait certainement beaucoup gagné en vraisemblance.

J. J. Rousseau, dans son Discours sur l'Inégalité des conditions, avait très bien saisi le point de la difficulté, et il avait renoncé à résoudre le problème; mais il a voulu ensuite faire aussi son roman sur l'origine des langues. Là, il est à-la-fois ingénieux, éloquent, parfait coloriste; et ses hypothèses, il les puise dans la nature même des choses. Il part d'une pensée féconde, la distinction entre les langues domestiques ou de famille, et les langues des hommes réunis en corps de tribus ou de nations. Il faisait naître les unes des autres. Il aurait fini par rencontrer la vérité sur cette route s'il n'avait pas été abusé par une première erreur, qui a été le fondement des autres, l'erreur de croire à un état de nature qui aurait précédé la société. Cet homme, en qui les sentiments étaient si vrais, s'abandonna trop souvent aux fascinations de son esprit naturellement raisonneur.

Charles Bonnet, dans son Essai de Physiologie, examine ce que l'homme a pu être avant qu'il eût la parole. Cette supposition absurde est comme un voile jeté sur l'objet des recherches de cet admirable observateur. Il ne peut parvenir à voir dessous ce voile, quoiqu'il l'eût percé de toutes parts avec les lumières d'un sens si parfaitement droit et religieux; tant est puissante la préoccupation d'une première idée! Cependant on trouve dans sa Contemplation de la Nature, au sujet de l'orang-outang qui ne parle point, quoiqu'il présente à l'œil même de l'anatomiste de si grandes conformités avec l'homme, on trouve, dis-je, ces mots : « Il ne pense donc point, *car pour penser il faut « parler.* »

M. Degerando croit qu'il suffit que l'homme ait été doué de la faculté de la parole pour qu'il ait pu s'élever successivement et graduellement à l'invention du langage. Un enfant, dit-il, n'apprend sa langue maternelle que parcequ'il l'invente, en quelque sorte, avec sa mère. Il y a de la vérité dans cette expression. L'enfant invente sa langue dans le sens que l'homme invente la science qui lui est enseignée, dans le sens que le lecteur d'un livre invente aussi le livre qu'il lit. Mais cette énergie d'assimilation pour les pensées et pour les sentiments ne prouve que la puissance de la parole. L'enfant reçoit la parole, et se l'approprie, comme le pistil d'une fleur reçoit la poussière des étamines. C'est sans doute ce qui faisait dire à un philosophe de ces derniers temps : « Nous sommes les mères de nos « pensées. »

M. de Bonald, à la suite de sa Législation primitive, avait donné une Dissertation sur la pensée de l'homme et sur son expression. Cette Dissertation, qui avait pour objet de prouver le don primitif de la parole, était un développement nécessaire des premières propositions avancées dans son ouvrage. Cet illustre auteur, dans ses Recherches philosophiques sur les premiers objets de nos connaissances morales, qu'il vient de publier, a fortifié par de nouvelles preuves, par de nouveaux raisonnements, par la discussion des systèmes opposés, la théorie du don primitif de la parole. Je suis fâché, pour le dire en passant, qu'un livre où toute la métaphysique et toute la morale reposent sur une théorie si éminemment religieuse et si éminemment sociale n'ait été entrepris que pour réfuter Cabanis. Quoi qu'il en soit, tel qu'il est, il me paraît la pensée même du grand ouvrage de Pascal, réalisée quant à la partie philosophique.

Voici donc les propositions de M. de Bonald :

« L'homme ne peut parler sa pensée sans penser
« sa parole.

« L'homme ne peut décomposer les sons que d'une
« langue écrite, c'est-à-dire déjà décomposée.

« Donc il est physiquement et moralement im-
« possible qu'il ait inventé l'art d'écrire ou de
« parler. »

Je me suis expliqué sur l'invention de l'écriture, et je suis loin d'enfermer la langue écrite et la langue parlée dans les conditions du même problème. J'ai dit, ce que je persiste à croire vrai, que ces deux propositions ne sont intimement liées que dans l'hypothèse de l'invention du langage par l'homme, et alors elles ne sont liées que pour démontrer davantage l'absurdité de l'hypothèse.

Mais je dois parler ici d'une théorie que j'ai fait pressentir plus haut; d'une théorie vers laquelle gravitaient plusieurs archéologues, et entre autres Court de Gébelin; théorie, au reste, à laquelle on a dû être amené par l'étude de l'écriture hiéroglyphique: cette théorie, qui va bien au-delà de celle de M. de Bonald, vient d'être développée avec un grand appareil d'érudition par M. Fabre d'Olivet. Ce savant et laborieux archéologue croit avoir trouvé que l'institution du langage remontait au signe, et que la parole sortait de la puissance même du signe. Ainsi la langue écrite précéderait la langue parlée. Cette conjecture, il faut l'avouer, est fortifiée par la considération de quelques unes des prérogatives des langues de l'Orient. Elle nous mène directement à un dernier système que nous ferons connaître tout-à-l'heure. Je ne discuterai point les idées de M. Fabre d'Olivet, parcequ'il faudrait, pour les juger, pouvoir les embrasser et les dominer. Je suis loin d'avoir ce qu'il faudrait de science pour me livrer à un tel travail; mais la simple exposition du système auquel ces idées ramènent suffira, je crois: nous ne tarderons pas d'y arriver.

Ainsi qu'on a pu le voir par tout ce qui a été dit, la théorie de M. de Bonald n'est point nouvelle: c'est, au contraire, une théorie très ancienne, surtout pour la première de ses propositions; elle résulte de toutes les doctrines et de tous les enseignements de l'antiquité. La tradition ne s'en est même jamais perdue dans la société: seulement elle avait été obscurcie peu à peu; il est même permis de dire que la théorie opposée, érigée en doctrine, est tout-à-fait moderne. Cette révolution dans les éléments primitifs de la philosophie présageait l'ère de l'émancipation de la pensée, qui sera l'objet de la seconde partie de ce chapitre.

La question de l'origine du langage a été assez débattue dans les premières séances de l'École normale. Le professeur d'analyse de l'entendement humain y disait affirmativement : *L'homme ne pense que parcequ'il parle*; ce qui revient à cette proposition de M. de Bonald : *L'homme ne peut parler sa pensée sans penser sa parole.* Euler, plus timide, avait dit : *Sans une langue nous ne serions presque pas en état de penser nous-mêmes.* Rousseau s'était servi de ces mots si souvent cités depuis: *La parole paraît avoir été fort nécessaire pour établir l'usage de la parole.*

Il est étonnant que M. de Bonald, qui a suivi pied à pied le système de Condillac pour le réfuter, n'ait pas également suivi celui que Rousseau a développé dans son Essai sur l'Origine des langues. Le professeur d'analyse de l'entendement n'avait songé non plus qu'à prendre Rousseau pour auxiliaire, quoiqu'il fût évident que la véritable pensée du philosophe de Genève n'était point renfermée dans son Discours sur l'Inégalité des conditions. Ce professeur s'exprimait ainsi, à l'occasion des paroles de Rousseau que nous venons de rapporter : « Il « voulait découvrir les sources d'un grand fleuve, « et il les a cherchées dans son embouchure : ce « n'était pas le moyen de les trouver ; mais c'était le « moyen de croire, comme on l'a cru des sources du « Nil, qu'elles n'étaient pas sur la terre, mais dans « le ciel. »

J'accepte ces mots comme renfermant le sentiment de la vérité.

Il est bon de remarquer que l'École normale dont nous parlons avait été instituée par la Convention nationale ; que les professeurs qui y furent appelés étaient tous des hommes dont les noms ou étaient déjà célèbres, ou ont acquis depuis une très grande célébrité dans les différentes branches des connaissances humaines ; que les élèves eux-mêmes, qui suivaient les cours, sont aussi devenus célèbres comme leurs maîtres; et que cette école, née dans les jours les plus néfastes, a imprimé néanmoins, dès le moment de sa naissance, un grand mouvement aux esprits. Remarquons en même temps qu'à cette époque sinistre, où, pour me servir d'une expression énergique employée par nos vieux traducteurs de la Bible en parlant du déluge, remarquons, dis-je, qu'à cette époque où le génie anti-social avait résolu de *racler* toutes les institutions humaines, la voix des traditions anciennes se faisait encore entendre.

Il y a, au sujet de la formation du langage, un dernier système que l'on laisse entrevoir plutôt qu'on ne le développe ouvertement; ce système est très ancien, mais il vient d'être rajeuni avec beaucoup d'art et beaucoup de science: c'est celui auquel on est si naturellement conduit par les idées de M. Fabre d'Olivet, dont nous parlions il y a quelques instants. Il faut d'abord supposer que les hommes ont subsisté, pendant un assez long espace de temps, privés du bienfait d'un langage organisé : ce furent de simples interjections, des cris, des onomatopées; les signes des mains, l'expression de la figure, aidaient à l'intelligence de ces émissions de la voix. Ce langage rude et grossier, dont celui de quelques peuplades de sauvages peut nous donner quelque idée, n'était pas trop susceptible de se perfectionner, parce qu'il manquait des éléments mêmes du langage. Cependant des hommes d'un génie extraordinaire, qui, comme Prométhée, avaient dérobé le feu du ciel, ou comme Orphée avaient apprivoisé les animaux des forêts, fondèrent une société religieuse. Telle fut l'origine des Mystères. Les gymnosophistes de l'Inde, ou les hiérophantes de l'Égypte, dans le secret du sanctuaire, se mirent à perfectionner ensemble les premiers rudiments du langage. L'intelligence humaine fut créée par ces hommes merveilleux, dont les noms ont péri : quelques uns seulement ont survécu pour être un signe de convention parmi les hommes. De là les langues sacrées, qui ont été faites lentement, et modelées sur les formes mêmes de l'esprit humain. Ces langues sacrées n'ont été livrées à la multitude que lorsqu'elles ont été parfaites : encore les inventeurs se sont-ils réservé la connaissance intime de leurs hautes théories. Sans doute il faut accorder d'immenses facultés à de tels hommes, il faut leur accorder même quelque chose de la prévision ; mais enfin on aura gagné d'écarter l'intervention directe de la Divinité : ce sera un bienfait de moins que nous devrons à l'Auteur de toutes choses ; et les autels élevés jadis, par exemple au Mercure égyptien, devraient encore aujourd'hui appeler tous nos hommages. On trouverait cependant bientôt une grande difficulté à admettre cette hypothèse, quelque bien liée qu'elle soit en apparence. Comment la société aurait-elle pu s'avancer d'elle-même jusqu'au point de produire de tels colléges de prêtres? comment se seraient formées antérieurement des traditions religieuses? car il eût fallu des traditions religieuses pour que ces colléges eussent pu être fondés. Je serais bien tenté de répéter que Dieu n'aurait pas voulu confier les destinées humaines à des chances contingentes; mais lorsqu'on est décidé à tout admettre, même le hasard, rien ne coûte.

Au reste, si les prêtres de l'Inde ou de l'Égypte ont pu fabriquer des langues avec les chétifs éléments qu'ils avaient, pourquoi n'en composerions-nous pas à notre tour avec les éléments comparés des langues de l'Orient et de celles de l'Occident? Les langues synthétiques paraissent les premières dans l'histoire du genre humain, et les langues analytiques sont toutes de formation secondaire. Selon la remarque de M. W. Schlegel, remarque générale que ce savant archéologue applique sans restriction aux langues de l'Asie comme à celles de l'Europe, les langues analytiques sont nées de la décomposition des langues synthétiques. Pourquoi n'enfermerions-nous pas, dans une langue nouvelle, et l'abondance des unes et la puissance de logique des autres? pourquoi ne donnerions-nous pas en même temps, par cette langue, des ailes à l'imagination et au sentiment, des méthodes sévères à la raison, des guides infaillibles à l'intelligence? Ainsi les premiers instituteurs du langage n'auraient pas tout fait pour nous, et nous léguerions de nouveaux trésors à nos descendants, au lieu de ne leur livrer que des mines épuisées.

Mais cela ne se fera point, parceque cela ne s'est jamais fait, parceque cela est impossible. Voyez seulement ce que nous trouvons d'obstacles dans l'exécution d'un bon dictionnaire de notre propre langue. Ce fait seul devrait nous porter à réfléchir sur la hardiesse de nos conjectures, et nous rendre un peu plus timides dans nos hypothèses sur la formation des langues.

Je suis loin de m'étonner des lenteurs qu'apportent dans leur travail les rédacteurs du Dictionnaire de l'Académie, parceque j'en comprends bien toutes les difficultés. Comment donner de vraies et justes définitions de chaque mot? comment rendre compte des anomalies et des exceptions? On s'en tirera par un choix de phrases prises dans des ouvrages consacrés, et où l'on retrouvera le mot employé dans tous les sens qui lui ont été imposés soit par l'usage, soit par le génie particulier des auteurs. On fera sentir, par des exemples, ces nuances fines et délicates qui séparent deux synonymes ou deux sens d'un même mot. Il n'est pas permis d'approuver ou de désapprouver cette manière ; elle n'est ni bonne ni mauvaise, puisqu'on n'a pas de choix ; elle est obligée. Pour définir, il faudrait employer des mots qui auraient besoin eux-mêmes d'être définis. Ce qu'il y a de merveilleux dans tout ceci, c'est qu'en effet on n'a pas besoin de définitions pour s'entendre. Les langues sont douées d'une force de transmission qui peut se passer heureusement de tout cet appareil, et qui va toujours droit à son but, parceque Dieu a fait de toutes les langues le lien sympathique et mystérieux des esprits. Que l'on me permette donc cette dernière question : S'il est impossible de bien expliquer ce qui est, à moins de le montrer en quelque sorte, comment pourrait-on parvenir à le créer ? Oui, si l'homme eût fait les langues, il eût fait plus qu'il ne peut comprendre.

Les prêtres de l'Égypte ou de l'Inde furent, et je ne refuserai pas de l'admettre, pourvus de vastes et profondes intelligences ; mais enfin ils ne furent doués que d'intelligences humaines. Platon marchait par un plus court chemin à la solution du problème, lorsqu'il conçut la pensée d'un temps primitif où Dieu avait constitué la société non par des hommes, mais par des génies, c'est-à-dire par des créatures au-dessus de l'homme.

M. Fabre d'Olivet a fait une remarque qui trouve ici sa place, parcequ'elle peut servir à établir, par un seul exemple, ce qu'il y aurait à faire pour la perfection des langues, s'il était permis à l'homme de porter la réforme dans leur construction essentielle. La voici :

« Les langues du nord de l'Europe n'avaient à « l'origine que deux temps simples, le *présent* et le « *passé*, et elles manquaient de *futur*; tandis que les « langues de l'Asie occidentale, qui paraissent ori- « ginaires de l'Afrique, manquaient de *présent*; « n'ayant également que deux temps simples, le « *passé* et le *futur*. » M. de Bonald, frappé de cette anomalie qu'il a crue particulière à la langue hébraïque, langue qu'il regarde comme fidèle expression de l'homme, M. de Bonald a dit fort bien : « Le temps, pour l'homme civilisé, toujours agité « de regrets et de desirs, le temps n'est jamais qu'au « passé et au futur. » Mais M. Fabre d'Olivet nie que dans les langues sans *présent*, sur-tout dans l'hébreu, le *passé* et le *futur* fussent des temps aussi déterminés que dans nos langues actuelles. C'était le sentiment de la continuité d'existence, qui allait du *passé* au *futur*, et qui alors embrassait le *présent*. Harris, dans son Hermès, aurait voulu consacrer un aoriste, c'est-à-dire la modification de l'indéterminé, pour chacun de ces trois temps du verbe. Le *présent*, il faut l'avouer, en aurait grand besoin ; car c'est une chose singulière que le sentiment de la continuité d'existence ait tellement disparu de nos langues. Au reste, si l'idée de Harris pouvait être adoptée, nous aurions une forme grammaticale de plus, sans y rien gagner, parcequ'il faudrait que le sentiment de la continuité sortît de l'énergie même du verbe; c'est ce qui ne peut pas être.

En vérité l'absurde est de tous les côtés dans le système de l'invention du langage par l'homme.

J'oserai donc à présent dire avec plus de confiance que la parole est une révélation qui n'a jamais quitté le genre humain et qui ne le quittera jamais;

Que les langues sont une révélation continue, toujours subsistante au milieu des sociétés humaines, et par laquelle les sociétés humaines sont régies, car la parole est le lien des êtres intelligents;

Que les langues sont filles les unes des autres, et que l'homme ne peut inventer ni sa langue ni ses institutions.

CHAPITRE IX.

SECONDE PARTIE.

Nouvelles preuves que la société a été imposée à l'homme.

L'homme a été enfermé par la Providence entre deux limites qui sont les bornes de sa liberté. Ces deux limites sont la parole et la société.

Comme je dois affermir mes pas, je vais, avant d'aller plus loin, fortifier par de nouvelles considérations les assertions contenues dans la première partie de ce chapitre.

I. On a défini l'homme un animal raisonnable. M. de Bonald l'a défini beaucoup mieux une intelligence servie par des organes. Harington l'avait auparavant défini un animal religieux. L'homme, c'est le genre homme. Il est le maître de ce qui nous paraît de l'univers, et le seul spectateur de la nature. L'instinct des animaux est un; les facultés de l'homme sont différentes, variées, inégales. L'instinct des animaux ne peut troubler l'harmonie générale : les facultés de l'homme peuvent la troubler. L'homme n'a point d'instinct ; il a une liberté et une volonté. L'absence d'instinct dans l'homme fait qu'il a besoin de tout apprendre. La société est, si l'on peut parler ainsi, un instrument nécessaire à l'homme ; et les révélations dont la société est dépositaire sont le seul moyen par lequel l'homme ait pu parvenir à connaître et à aimer. L'erreur des philosophes vient de l'analogie qu'ils ont cru pouvoir établir entre l'homme et les animaux ; ils ont pensé que l'homme était un animal plus parfait. De cette première erreur il n'y avait pas loin à celle qui faisait croire que l'homme s'était successivement perfectionné lui-même. L'homme n'est point un animal plus parfait que les autres, et plus perfectible ; c'est l'homme. Il n'est pas plus élevé dans la sphère des êtres, il est hors de cette sphère.

Bernardin de Saint-Pierre remarque avec raison que l'usage du feu accordé à l'homme et refusé aux animaux mettait seul entre lui et eux une distance infinie. Les anciens avaient fait du feu le père de tous les arts. Le feu, accordé à l'homme pour s'en servir comme d'un instrument, a été aussi regardé par eux comme l'emblème du don de la parole.

II. L'amour chez l'homme est un sentiment moral; ce n'est que par dégénération qu'il se transforme quelquefois, et qu'il devient l'irrésistible appétit des sens comme chez les animaux.

Le sentiment de la beauté n'est-il pas un sentiment moral? et la beauté elle-même n'est-elle pas l'expression d'une chose toute morale? Expliquez-moi la pudeur: cet attrait de préférence exclusive, qui a tant de puissance, serait-il un produit de l'art? L'homme ne doit-il pas quitter son père et sa mère pour devenir chef d'une famille? La femme aussi ne doit-elle pas quitter son père et sa mère pour suivre l'époux de son choix? N'est-ce pas la société conjugale qui doit protéger et soigner l'indigence de l'homme enfant? Et qui peut assurer la durée de la société conjugale, si elle ne repose pas en effet sur un sentiment moral? Toute la magnificence de la prose de Buffon, toute la magie des vers de Lucrèce, ne couvrent donc que d'éclatants et tristes paradoxes.

Ainsi l'union des sexes n'aurait pas lieu chez l'homme dans cet état hypothétique qu'on a appelé l'état de nature. L'homme ne peut naître que dans la société, comme nous l'avons déjà dit; par conséquent il ne peut se propager que dans la société. Il y a des animaux qui ne peuvent se propager que dans le climat où ils sont nés; il en est d'autres qui ne peuvent se propager dans l'état de domesticité. La société est la condition nécessaire à l'homme pour qu'il devienne père. J'ai besoin de dire que cette remarque est très ancienne; j'ai besoin même de dire que les physiologistes pourraient lui prêter l'appui de leur autorité; mais je préfère la justifier par la plus haute de toutes les considérations. L'homme sait qu'il agit en vertu, j'oserais le dire, d'une délégation du Créateur; et c'est cela seul qui fonde le précepte d'honorer son père et sa mère. Lorsque nos parents nous ont donné la naissance, ils ont été ministres de Dieu, en ce sens qu'ils savaient ce qu'ils faisaient. Ils savaient également qu'ils contractaient, par-là même, l'obligation de soigner notre longue et pénible enfance; et c'est de cette double considération que Fénélon faisait dériver la source du pouvoir paternel. Aussi les philosophes qui ont admis ce qu'il leur a plu d'appeler l'état de nature ont-ils été obligés, pour être conséquents, de nier que nous dussions obéissance et respect à nos parents. J. J. Rousseau, que l'on trouve sur le chemin de toutes les vérités, lorsqu'il n'est pas contraint d'en sortir par l'esprit de système, Rousseau avait bien compris l'obstacle de l'union des sexes dans l'état absolu d'ignorance; et c'est même une des objections qu'il se propose dans son Discours sur l'Inégalité des conditions : cependant cela ne l'empêche point, dans son Contrat social, de se hâter de dissoudre les liens de famille sitôt que, selon lui, le besoin cesse de s'en faire sentir pour l'enfant. Mais rassurons-nous sur les suites d'une pareille monstruosité : l'homme ne deviendra jamais père dans l'état de nature, il n'aura jamais des enfants ingrats. L'amour est une chose sainte et auguste. Voilà ce qui explique pourquoi, dans les livres saints, l'idolâtrie est caractérisée par tous les détails, même les plus repoussants, de la prostitution, et pourquoi le culte du vrai Dieu est caractérisé à son tour par tous les effets et tous les charmes de l'amour.

Lorsque vous voyez une peuplade, s'il en existe où l'union des sexes ne soit pas soumise au mariage, dites hardiment que ce sont là les ruines d'une société ancienne qui a péri, et que l'amour n'y subsiste que parceque le saint nœud du mariage y fut connu auparavant.

Dieu a voulu que dans l'homme l'amour fût le principe de la reproduction : c'est une grande et belle loi morale. Ainsi l'amour, tel qu'il est peint dans une poésie chaste, l'amour tendre et sérieux est le véritable amour de la nature.

III. L'homme n'invente rien ; ce que Dieu ne lui a pas enseigné directement, il le lui enseigne par la société.

Les anciens attribuaient à des dieux l'invention de tous les arts, comme ils appelaient fils des dieux les chefs des peuples, les héros, les poëtes, les fondateurs des sociétés humaines.

Il est douteux que l'homme eût pu inventer le labourage, l'art de manier les métaux.

Les mythologies sont une langue allégorique qui n'a pas plus été inventée que les autres langues. En grec et en latin le mot *fable* signifie *parole*. Bailly a très bien remarqué que l'absurdité même de certaines fables prouve qu'elles n'ont pas été inventées : c'est un langage hiéroglyphique dont nous n'avons plus la clef, dont nous ignorons les racines; et c'est aussi la raison qui a déterminé quelques archéologues à croire la langue écrite douée d'une telle énergie.

Les planisphères anciens primitifs sont vraisemblablement la première origine des différentes mythologies. Voyez ce que dit Jamblique des tapisseries qui décoraient les temples des Égyptiens. Nos métaphores, d'après Denys d'Halicarnasse, ne sont autre chose que les restes des écritures symboliques. Nos langues conservent toujours des monuments vivants de leurs premières origines.

Les inventions qui ont été faites pour ainsi dire sous nos yeux, ou dont nous pouvons encore suivre la trace, sont dues à des hommes inconnus, dont les procédés pour y parvenir sont ignorés, ou appartiennent incontestablement au hasard, comme si la Providence eût voulu nous prouver visiblement que nous n'inventons rien.

IV. La paresse est la passion dominante de l'homme : s'il travaille, c'est pour parvenir au repos. Mais le travail lui a été imposé, et il n'y a pour lui de repos que dans la mort. Il lutte contre la société comme il lutte contre la nature, car sa vie est une vie de combat dans tous les modes de son existence.

Si l'homme défriche une terre nouvelle que le fer n'ait pas encore déchirée, il sort de ces pénibles sillons une exhalaison mortelle : il faut que la terre s'accoutume à la charrue, tant la nature est rebelle à l'homme.

Si l'homme laisse envahir son domaine par la solitude, la nature reprend ses premiers droits; et l'homme est de nouveau frappé par la mort. Les envahissements de la solitude sont remarquables à Rome. Ce qui se passe là, sous nos yeux, est la preuve écrite de ce qui se passe par-tout dans toutes les circonstances analogues.

Selon que vous dépouillerez une colline de ses arbres, ou que vous y ferez croître une forêt, vous priverez un terrain de la rosée du ciel, ou vous ferez couler du rocher aride d'abondantes eaux. Il dépend donc de l'homme de changer jusqu'à la constitution atmosphérique du lieu où il s'établit. Les météores lui obéissent en quelque sorte, et le plus terrible de tous vient mourir à ses pieds.

Lorsque le Nil était contenu dans des canaux et dans de vastes bassins, il distribuait la fécondité parmi les peuples, et l'Égypte était couverte de villes immenses. Les ruines de Palmyre ne sont-elles pas cachées dans la solitude? Je demanderai si Zénobie fit élever tant de magnifiques monuments parmi des monceaux de sable, vain jouet des vents. Sa ville, dont le nom se trouve une seule fois dans l'histoire, s'appelait-elle la ville des Palmiers, ou la Reine du désert? Si l'industrieux Batave cesse un instant de réparer les digues qu'il sut élever à force de courage et d'art, bientôt la mer retombera de tout son poids, et les villes ne seront plus que d'affreux récifs, ou des phares pour les navigateurs. Croyez-vous que les flots de l'Adriatique respecteraient long-temps les pointes de rochers où furent d'abord assises de misérables huttes de pêcheurs, et qui devinrent la superbe Venise? Il est très probable que les travaux d'Hercule ne sont autre chose qu'une allégorie des travaux de l'homme pour assainir et féconder la terre, car la terre ne se laisse pas cultiver comme on le croit: elle commence par résister avec violence, elle cède avec déplaisir, et même avec douleur; elle reprend ses droits avec un empressement terrible. Les anciens, qui avaient mis en symboles toutes les puissances de la nature, n'avaient pas manqué d'établir des divinités conservatrices des lieux. Sitôt que l'homme voulut attenter à la paix profonde dont jouissaient ces divinités sauvages, elles s'élevaient avec fureur contre l'audace de l'homme. Le chêne criait sous la cognée, et le sillon produisait des semences de mort.

Ainsi l'homme fait en quelque sorte le climat et le sol : il les fait, les perpétue, les modifie; mais sitôt qu'il s'arrête, l'invincible nature reprend ses droits. Le marais impur croupit dans les fontaines de marbre, le lierre s'élance autour des colonnes de porphyre, l'herbe croît sur les parvis des temples et sous les portiques des palais. Tyr n'est plus qu'un cadavre jeté sur le rivage de la mer.

Je ne sais de qui est cette observation sur l'énergie vitale : les éléments matériels dont se compose un être quelconque, ai-je vu quelque part, sont, tout le temps que dure la vie de cet être, en opposition avec les affinités chimiques; et, lorsque la vie se retire, les affinités chimiques viennent se ressaisir de ces éléments pour leur imprimer de nouvelles combinaisons. On peut donc dire qu'en toutes choses l'énergie vitale lutte continuellement contre l'énergie de la nature aveugle et matérielle.

V. L'amour de la patrie se compose de l'attachement au sol et aux institutions; au sol, parceque c'est l'homme qui le fait ce qu'il est, par le travail de ses mains; aux institutions, parcequ'elles se font ce qu'il faut qu'elles soient pour le protéger. Sa puissance est plus grande sur le sol et sur le climat que sur les institutions. Mais ce que l'homme fait, il ne le fait que dans la société : il n'a point de pouvoir sans elle.

Il y a deux ordres de choses qui existent en même temps; les unes sont faites par Dieu, car il ne faut pas oublier que Dieu s'est réservé le haut domaine sur la société; les autres sont faites par l'homme, car il ne faut pas oublier non plus que l'homme est un être libre, et que, si la société lui a été imposée, il est des modifications qui peuvent lui appartenir.

Les éléments qui constituent le bonheur de l'homme ne se trouvent que dans la société : ce n'est que là qu'il peut jouir du charme des affections. Le courage, le dévouement, les plus hautes vertus ne se trouvent que là, ainsi que le plus grand déploiement de l'intelligence. Enfin il ne trouve que là les douceurs de l'étude, le goût pour les sciences, les pensées généreuses, les sentiments élevés, la gloire, noble et immense instinct de l'immortalité; car l'immortalité elle-même n'est qu'au sein de la société, comme la société seule est conservatrice des traditions religieuses. La perpétuité d'un nom au sein des sociétés humaines, quel que soit au reste le genre de renommée qui entoure ce nom, n'est-elle pas en effet comme un symbole vivant de l'immortalité elle-même? On ne saurait trop le redire, l'homme n'est pas fait pour être seul, l'homme n'est rien tout seul, l'homme enfin ne peut séparer sa destinée de celle de ses semblables; et le genre humain tout entier est solidaire.

Ainsi la solitude déprave l'homme. Ce qui arrive au sol, lorsqu'il cesse d'être travaillé par l'homme social, arrive à l'homme lui-même lorsqu'il fuit la société pour la solitude : les ronces croissent dans son cœur désert. Le goût de la solitude est donc une dégradation morale qui finit par pervertir l'homme.

De ce que la société a été imposée à l'homme il résulte que l'homme qui veut se soustraire à la société devient rebelle à la volonté de Dieu, refuse une des conditions auxquelles il a reçu l'existence. Ai-je besoin d'avertir que je n'entends point toucher à l'exaltation du sentiment religieux qui pousse certains hommes dans la solitude des cloîtres? Ce n'est pas pour se soustraire à la société, c'est pour remplir une autre sorte de mission utile encore à la société. Pendant que les uns agissent, les autres prient; et ceux qui prient remplissent aussi un ministère public. Nous avons vu ces pieux cénobites, exilés dans le monde où ils étaient étrangers, nous offrir le spectacle de ce sacerdoce aujourd'hui si méconnu.

VI. L'homme règne sur les animaux : mais les uns fuient son approche, les autres viennent chercher les fers de la servitude, les autres enfin accourent autour de son habitation pour l'embellir ou pour être protégés par lui; il en est même qui viennent chercher la mort pour sa nourriture, ou offrir leurs molles toisons pour ses vêtements. Mais façonnez, si vous pouvez, le tigre à l'esclavage : non, Dieu a voulu qu'il restât libre dans les forêts, ainsi que le chamois sur les rochers escarpés. Dieu qui a voulu aussi que l'homme social eût des serviteurs parmi les animaux, a dit au taureau : « Tu « abaisseras tes cornes menaçantes sous le joug, « pour rendre fertile la terre que j'ai donnée à « l'homme. » Il a dit au cheval : « Sois son noble « compagnon dans ses travaux et dans ses dangers; » au chameau, doué de sobriété : « Tu traverseras « avec lui les déserts, en t'abstenant de boire et de « manger; » au renne : « Tu traîneras le Lapon au-« tour des glaces du pôle. » Il a dit au chien : « Tu « garderas les troupeaux de l'homme, tu veilleras « autour de sa demeure, tu le suivras dans ses voya-« ges, tu trahiras ton propre instinct pour te faire « l'ennemi des autres animaux lorsque ton maître « voudra prendre les plaisirs de la chasse; et, s'il

« devient pauvre, misérable, privé de la vue, tu
« dirigeras ses pas sur les bords du précipice pour
« le lui faire éviter, ou parmi les flots d'une multi-
« tude insouciante pour qu'il reçoive le pain de l'au-
« mône que tu partageras avec lui. »

Croyez-vous que cet instinct des animaux marqués pour la domesticité ne prouve pas l'intention du Créateur qui leur donna cet instinct, et qui, ainsi, l'ajouta en quelque sorte aux organes mêmes de l'homme? Les animaux sont comme des machines intelligentes, qui ont tout ce qu'il leur faut de facultés pour obéir à des ordres, et qui n'en ont pas assez pour les enfreindre. L'homme communique quelque chose de lui aux animaux qui sont ses serviteurs ou ses compagnons, à-peu-près comme la main imprime à la pierre placée dans une fronde le mouvement qui doit porter cette pierre à un but fixé par l'œil de l'homme. Cette communication trop merveilleuse pour qu'on puisse l'expliquer est un de ces mystères profonds qui confondent notre intelligence.

Dieu a donc tout prévu pour la société: sans la société l'instinct perfectible de ces animaux ne se serait jamais développé, et aurait, par conséquent, été une force perdue. Or rien n'est inutile dans la création.

VII. Dieu qui a voulu que les hommes vécussent

en société, et qui a voulu, en même temps, que le genre humain fît un seul tout, a employé divers moyens pour remplir et voiler ce but. Parmi ces moyens on peut considérer la guerre et le commerce comme les plus puissants. Il fait beau déclamer contre les conquérants qui se jouent de la vie des hommes, et contre ces marchands avides qui vont tenter la fortune dans mille climats divers. L'état social est un état de souffrance. L'homme doit manger un pain trempé de ses sueurs. Il lui faut des périls, de la gloire, de nobles malheurs. Des peuples ont été civilisés par les sons de la lyre, d'autres par le glaive du guerrier, d'autres par les relations du commerce. La terre est fécondée par des fleuves tranquilles ou par des torrents impétueux. Les orages ne sont pas plus inutiles que les douces ondées. Ce qu'il y a de plus nécessaire c'est que l'espèce humaine soit honorée et perfectionnée. La résignation du captif dans les fers, le courage du guerrier sur un champ de bataille, sont des faits qui honorent l'homme aussi bien que l'intelligence qui le dirige sur les mers. Un ancien a dit que le juste aux prises avec l'adversité était un beau spectacle pour les dieux. Nous trouvons un instant où la puissance guerrière et la puissance commerçante se sont disputé l'empire du monde. Carthage succombe, parceque sans doute la Providence jugea plus convenable de confier les destinées sociales aux vertus guerrières. Trois grands hommes sont morts la même année, et ont laissé chacun un nom immortel, qui se rattache à un ordre différent d'idées : le dernier des Grecs, Philopœmen, enveloppé dans la gloire du guerrier qui défend ses foyers; Scipion, qui venait de donner aux Romains le sceptre de la domination universelle; et le plus grand des hommes de guerre qui ait jamais paru, Annibal, survivant, au sein de l'exil, à une patrie qu'il ne peut sauver.

VIII. Dieu a fait l'homme pour la société; il la lui a imposée, ainsi que nous l'avons déja dit, et l'homme voudrait quelquefois secouer le joug de la société comme les autres jougs. Ainsi, dans les révolutions, il y a un certain nombre d'hommes qui forment la multitude, et qui tendent à se débarrasser de toute forme sociale. Rousseau, interprète de cette sorte d'instinct de révolte contre la société, qui repose dans la multitude ignorante et toujours prête à retourner à la barbarie, Rousseau préludait aux doctrines de son Contrat social par son Discours contre les sciences et les arts, et par son Discours sur l'Inégalité des conditions. Montesquieu était parti de l'existence de la société pour en étudier les lois: Rousseau était parti, au contraire, de l'hypothèse d'un état de nature pour arriver à la fiction d'un contrat primitif; mais il sapait les bases de

son édifice, en proclamant cet axiome antisocial:
« L'homme est bon, et les hommes sont mauvais. »
Fénélon a fait contre la doctrine d'un contrat primitif des arguments qui sont restés sans réponse,
parcequ'ils sont l'expression même de la vérité. Ces
dégoûts de la société, qui viennent, à de certaines
époques et dans de certaines circonstances, saisir
les hommes chagrins et mélancoliques, sont une
vraie maladie morale qu'il faut guérir. Mais alors
il arrive que les conservateurs des doctrines sociales
sont eux-mêmes atteints de cette cruelle maladie.
Voyez ce qui est arrivé dans la révolution française,
où l'on a marché dans cette voie du dégoût: on a
commencé par abolir toutes les hiérarchies sociales,
et il n'y a plus eu de ces barrières concentriques où
les principes conservateurs peuvent, en se retirant,
se retrancher avec quelque succès. Les paradoxes
comme les vérités se donnent la main. Rousseau a
donc été conduit, par la conséquence de ses antipathies sociales, à dire que l'homme qui réfléchit
est un animal dépravé. La véritable dépravation de
l'homme, c'est l'état sauvage et le dégoût de la société. La solitude ne vaut rien à l'homme, parcequ'elle n'est pas son état naturel.

Les inconvénients de la société, qui à toutes les
époques blessent toujours plus ou moins certains
hommes, se font bien plus sentir, ou deviennent

bien plus généraux, dans les temps de révolution, ou dans les temps qui précèdent les révolutions. Il semble à ces esprits inquiets que hors du cercle social ils se trouveraient plus à l'aise. On ne fait pas attention que la vie sociale est un état de souffrance, comme la vie humaine en général. Ainsi je ne prétends pas nier cet état de souffrance et de combat qui a enfanté et les doctrines perverses de Hobbes, et les plaintes de Rousseau, et auparavant les rêveries des poëtes sur l'âge d'or; mais cet état de souffrance tient à notre nature même, qui est tout souffrance. Il ne s'agit plus de discuter les avantages et les inconvénients de l'état social, puisque l'homme ne peut exister que là. C'est comme si l'on discutait les avantages ou les inconvénients de l'atmosphère qui enveloppe notre globe.

N'oublions jamais que la société n'étant point un état de choix, l'homme ne consent point à aliéner une partie de sa liberté pour jouir de certaines prérogatives ou de certains biens attachés à la société. L'état social, en un mot, ainsi que nous l'avons dit, est une des limites naturelles assignées par Dieu même à la liberté de l'homme.

Il faut, à toutes les époques, lutter contre cet instinct antisocial de la multitude; il faut, à toutes les époques, propager les idées sociales au sein de cette multitude. Les hommes de talent qui emploient le don le plus élevé du Créateur à favoriser cet instinct antisocial, sont sûrs d'obtenir d'abord une très grande renommée, mais leur tombeau sera maudit.

Répétons donc encore une fois que l'homme ne choisit pas l'état social par préférence, mais que cet état lui est imposé. Disons que l'homme sauvage n'est point l'homme primitif, mais l'homme dégénéré. L'homme, dans l'état sauvage, ne fait que consommer sans produire. La terre lui est marâtre; et les animaux refusent de lui obéir. Il n'a reçu de pouvoir que dans la société; hors de la société il est sans puissance.

Ce n'est donc que dans la société qu'il faut étudier l'homme, et la société ne peut exister sans la parole.

IX. Dans l'état de société, ainsi que nous l'avons remarqué, les générations se succédant sans interruption, et se croisant les unes les autres, la raison de se soumettre à une loi n'est jamais suspendue, ne cesse jamais de subsister. On peut donc dire, en thèse générale, que les modifications doivent se faire successivement par le travail lent et graduel du temps et des mœurs. Ajoutons ici que le gouvernement étant destiné, par la nature même de son institution, à réprimer les erreurs de la volonté d'un peuple, il est nécessaire qu'il soit primitivement imposé à ce peuple comme les autres nécessités sociales. M. Ancillon, qui professe la doctrine des systèmes politiques fondés sur l'expérience, au lieu de la doctrine des systèmes fondés sur une théorie spéculative; M. Ancillon, en cela d'accord avec M. de Maistre, dit fort bien qu'à l'origine ce sont les princes qui ont formé les nations, et non point les nations qui ont fait les princes. Toute l'histoire affirme ce fait.

Bossuet, dans sa Politique sacrée, admet le consentement des peuples. Il a bien raison, car le consentement des peuples constitue la liberté. Pour obéir librement, il faut obéir avec amour; mais n'oublions point que le consentement des peuples ne peut être qu'un acquiescement tacite, une reconnaissance de ce qui existe, ou plutôt un acquiescement qui résulte de la conformité aux mœurs. La légitimité est ce lien mystérieux qui forme l'unité morale des nations; et en ce sens elle est le consentement même des peuples.

On s'est fort trompé sur le droit divin. Sans doute le droit divin ne consiste point à admettre l'action de la Providence sur les sociétés humaines, comme sur l'ordre général de l'univers; car l'une est une action pour ainsi dire physique, et l'autre une action toute morale: mais la parité est la même. Les lois physiques ont été établies par Dieu au commencement; et l'univers continue d'exister, soit par la persistance de ces lois premières, soit par un soin providentiel de tous les instants pour la durée et la continuelle existence de ces lois. Il en est de même de la société. Dieu n'abandonne pas plus la direction des êtres intelligents que celle de l'univers matériel. L'homme n'a pu naître que dans la société; et les règles primitives de la société ont été faites par Dieu. Le droit divin n'est pas toujours visible comme dans la théocratie des Juifs, mais il n'est jamais suspendu.

Nier le droit divin est une erreur analogue à celle de nier la création. La nation anglaise, la première, a fait du droit divin un dogme antinational. Si une fois elle veut consentir à l'affranchissement des catholiques, je pense qu'elle n'aura plus de raison pour continuer de professer une telle hérésie sociale, et qu'elle rentrera, à cet égard, dans la grande orthodoxie du genre humain.

L'action de la Providence doit être voilée par respect pour la liberté de l'homme; il a fallu qu'il fût possible de la nier, pour qu'il y eût du mérite à y croire, car la croyance ou la foi doit être un des mérites de l'homme sur la terre. Peut-être même sous ce point de vue était-il nécessaire que le droit divin fût nié par une société, parceque la résistance de quelques hommes isolés, pour admettre ce dogme fondamental, n'aurait pas assez prouvé la liberté.

Le despotisme, tel qu'il existe en Orient, paraît suivre la règle posée par Samuel, lorsqu'à la demande du peuple juif il institua la royauté. On n'a pas fait attention que les Juifs auparavant étaient gouvernés immédiatement par Dieu, et que la royauté leur fut infligée à titre de châtiment parcequ'ils avaient voulu être gouvernés *comme les autres peuples*. Mais il ne faut point en conclure que le despotisme soit un gouvernement qui puisse ne pas déplaire à Dieu. Il a fallu, ainsi que nous l'avons remarqué, il a fallu que la liberté fût prouvée pour les gouvernements comme pour les peuples.

X. Je ne reviendrai point sur les castes, que j'ai regardées comme conservatrices des traditions, et qui deviennent inutiles à mesure que la puissance des traditions s'affaiblit et s'éteint; mais avouons que l'on ne peut se passer des hiérarchies sociales. Elles produisent une sorte de sentiment religieux, parceque alors les familles s'avançant au lieu des individus, il en résulte dans l'individu un affaiblissement de l'égoïsme, source de toutes nos misères, de nos ambitions hâtives et désordonnées. Il serait bon que l'homme songeât moins à s'élever, lui, qu'à diriger dans l'avancement ses enfants ou ses petits-enfants. Ses rêves alors ne seraient point pour lui, ils seraient pour sa postérité. Desirons de voir renaître l'esprit de famille, et il ne pourra renaître qu'au sein des hiérarchies sociales. Il ne s'agit point de ressusciter l'esclavage des anciens, ni la féodalité du quatorzième siècle. Mais comprenons au moins qu'il faut une base sur laquelle puissent s'appuyer les hiérarchies sociales. Sitôt que le principe de l'égalité recule les barrières, il tend toujours à les reculer de plus en plus.

Nous avons vu, au commencement de cet ouvrage, que la société était nouvelle, dans la plus rigoureuse acception du mot: alors les hommes qui se sont trouvés à la tête de cette société nouvelle ont voulu fonder une aristocratie prise dans le terrain de la révolution, qui n'est point, comme nous l'avons démontré, la véritable terre sociale. Alors ces mêmes hommes ont voulu se donner un *nom nouveau* pour se déclarer les gentilshommes de la société nouvelle. Ils n'ont pas fait attention, d'une part, que ce n'est pas lorsque les castes anciennes n'ont plus d'objet que l'on peut créer des castes nouvelles: les castes maintenant n'ont rien à conserver. Ils n'ont pas fait attention, d'une autre part, que cette unité morale qui fait qu'une nation est; ils n'ont pas fait attention, disons-nous, que cette unité morale existait avant eux, qu'ils n'étaient pour rien dans la cause restée mystérieuse de son existence, et qu'une telle aristocratie ne pouvait être qu'artificielle. Or tout ce qui est artificiel dans la société ne peut compter sur la durée.

L'universalité de la science rend peut-être la science aussi stationnaire que la concentration. On dirait qu'il n'y a jamais eu qu'une certaine mesure d'idées départie au genre humain, à toutes ses périodes. Ainsi le système de l'égalité est venu s'appliquer au monde intellectuel : il semblerait qu'on veut y substituer aussi la division indéfinie des propriétés au droit d'aînesse. Il va sans doute venir un moment où nul ne pourra se distinguer entre tous : voyez déjà comme toutes les réputations qui croissent encore au milieu de nous ont peine à se traîner du jour au lendemain.

L'ère nouvelle n'est donc point, comme on l'a cru, celle de la liberté civile, ni même celle de l'égalité devant la loi, et de l'admissibilité de tous à tous les emplois : c'est l'ère de l'indépendance et de l'énergie de la pensée; celle des lois écrites substituées aux lois traditionnelles; celle des institutions sociales et des institutions religieuses marchant sur deux lignes séparées; celle du bien-être social appliqué à toutes les classes; celle de la raison humaine devenue adulte, et s'ingérant de décider par sa propre autorité; celle de la démonstration rigoureuse, qui repousse les axiomes en géométrie et les préjugés en politique; celle du discrédit des faits antérieurs pris comme base convenue et incontestable; celle de l'opinion consultée à chaque instant, et à part même de toute conjoncture nouvelle.

XI. Le problème de l'origine de la société étant intimement lié à celui de l'origine du langage, nous avons dû examiner en même temps ces deux problèmes pour les résoudre de la même manière. Il a fallu partir de l'existence de la société pour raisonner avec certitude sur le nouvel ordre de choses qui tend à s'établir, quelque indépendant qu'il soit d'ailleurs de tout ce qui a précédé, comme il a fallu partir du don primitif de la parole pour arriver à expliquer l'émancipation graduelle de la pensée: c'est ce qui nous reste à faire pour achever le tableau de l'âge actuel de l'esprit humain. Mais auparavant présentons, dans son ensemble, la théorie de la parole, en y comprenant l'esquisse rapide des destinées de la langue française. Nous nous arrêterons ensuite quelques instants sur les résultats et les conséquences des idées qu'un tel développement aura fait naître en nous; mais ce sera toujours sans nous permettre aucun conseil de direction, ni aucune vue pour l'application de ces résultats et de ces conséquences. Je laisse cela aux habiles, comme je l'ai déjà dit. Le sentiment de l'avenir repose d'ordinaire dans le passé ; s'il est vrai que le passé nous échappe, nous ne pouvons pas en tirer des documents pour l'avenir. Dans tous les cas, le moment n'est pas encore venu de prévoir; il ne peut toutefois tarder d'arriver. Seulement il est certain, dès à présent, que si nous ne sommes plus sous la tutèle immédiate des traditions, nous sommes encore sous l'empire et l'influence de ce qui a été primitivement fondé par elles, tant est grande l'énergie de cette volonté toute-puissante qui n'a eu besoin que de s'exercer une fois pour que les choses existassent toujours.

CHAPITRE X.

PREMIÈRE PARTIE.

Théorie de la parole.

L'homme n'a jamais trouvé l'inspiration en lui-même; il l'a toujours puisée hors de lui, ou dans une révélation directe, ou dans les traditions religieuses et sociales, ou dans l'imitation. Maintenant que dans la société tout change continuellement et avec une rapidité vraiment nouvelle, et que les sources de l'imitation sont, pour ainsi dire, taries; maintenant les esprits contemplatifs n'ont pas le temps de saisir et de s'approprier les inspirations de la société: telle est la cause de la difficulté qu'ils éprouvent à se mettre en harmonie avec ce qui est, car ce qui est aujourd'hui n'était pas encore hier. L'homme a besoin d'être aidé à produire ses pensées; s'il n'a pas la confiance intime d'un appui dans l'opinion ou le sentiment de ses contemporains, il s'effraie de sa solitude; s'il ne sent pas dans les autres l'influence qu'il se croyait appelé à exercer, le découragement vient le saisir, et il garde un silence qui le dévore : il n'est pas assez assuré dans sa propre conscience parcequ'il est éminemment un être social. Comment donc, sous l'empire absolu de la lettre, expliquer les attributs, la fécondité, les limites, la sainteté de la parole? Nous serons obligés de nous transporter dans d'autres temps, de fouiller parmi les ruines de traditions qui ne sont plus, comme, pour faire l'histoire complète du genre humain, il faudrait commencer par une cosmogonie.

I. Dieu ne cesse de parler à l'homme parcequ'il ne cesse de veiller sur lui. Les cieux *racontent* la gloire de leur auteur : tous les êtres *disent* qu'ils sont l'ouvrage d'une main toute-puissante. La création tout entière est une manifestation de la parole divine, la pensée de Dieu écrite.

Une émanation de la parole divine a été communiquée à l'homme. Au commencement, Dieu voulut enseigner la parole à l'homme pour lui parler au moyen même de cette parole. Dieu apprit donc à l'homme le nom de chaque chose, de chaque être, et de toutes les idées premières. Dieu revêtit d'un nom tous les sentiments de l'homme et le lui enseigna. Dieu se donna à lui-même un nom pour que l'homme connût le nom de Dieu.

Il subsiste encore des monuments de ce premier

état de choses, comme il y a des monuments géologiques qui attestent le premier état du globe. L'hébreu et le sanscrit portent dans leurs racines l'empreinte d'un sens intellectuel et moral, au lieu de porter l'empreinte d'un sens matériel et physique.

La parole de Dieu est instantanée et éternelle: celle de l'homme est successive et limitée. Elle est successive, parceque l'homme vit dans le temps, parceque l'homme est un être collectif, qui ne peut jamais être isolé. L'homme, c'est le genre humain. Elle est limitée, parceque l'homme est perfectible avec limites sur la terre, et sans limites hors de la terre. L'homme ne peut se perfectionner qu'en devinant un ordre de choses plus parfait: encore, dans ce cas, ne fait-il que se rappeler, comme disait Platon, un souvenir confus de l'état qui a précédé la déchéance.

Dans l'origine, la parole de l'homme avait plus qu'à présent les prérogatives de la pensée. La succession du temps lui était moins nécessaire, parceque chaque expression avait un sens plus vaste et plus profond. Toutes les prérogatives primitives n'ont pas été perdues : sans cela notre parole ne serait plus qu'un son. La génération de la parole a conservé une partie de sa fécondité.

Puisque l'institution du langage vient de Dieu, malheur à celui qui prostitue la parole!

Le type des idées et des sentiments de l'homme repose dans le langage qui lui a été donné par Dieu même; et il connaît ses rapports avec Dieu et avec ses semblables par la parole.

La transmission du langage est une révélation sans cesse existante, où tous les hommes sont tour-à-tour prophètes et initiés, les uns à l'égard des autres, et dans les générations successives.

Les langues sont donc une révélation générale qui ne quitte jamais les sociétés humaines; elles sont aussi une révélation continue pour tout le genre humain depuis l'origine des choses, et qui durera jusqu'à la fin des temps.

Ainsi toutes les sociétés humaines, le genre humain tout entier, depuis l'origine des choses jusqu'à la fin, ne forment par la parole qu'un seul être collectif uni à Dieu. Ainsi sont liés, dans la pensée de l'homme, dans son intelligence, dans ses affections, le présent, le passé, le futur, le monde idéal et le monde positif, le fini et l'infini, le temps et l'éternité. Ainsi toutes les générations humaines; ainsi tous les peuples de tous les âges et de tous les lieux; ainsi les vivants et les morts sont unis entre eux et avec Dieu par la parole. Voilà ce qui explique ces mots de l'apôtre des nations : *La foi, c'est l'ouïe.*

Le génie est une révélation particulière de Dieu,

pour exercer une influence plus immédiate sur les destinées humaines : malheur donc à celui qui abuse du génie !

Ainsi se concilient le système des idées innées et la doctrine qui ne permet à l'homme d'enrichir son intelligence, d'orner son esprit, de perfectionner son ame que par la voie des sens. Toutes les facultés sont dans l'homme ; mais toutes ont besoin d'y être fécondées : les unes le sont par les perceptions des sens, les autres le sont par la parole. Les sens, que l'homme a en commun avec les animaux, ne feraient de lui qu'un animal plus parfait à cause de la perfection relative de ses organes, la parole seule en fait un être intelligent et moral, c'est-à-dire l'homme.

La parole est donc l'homme tout entier ; et dans la langue d'un peuple on doit trouver la raison des mœurs et des institutions de ce peuple.

Les bornes des sens de l'homme, pour voir l'univers ; de son intelligence, pour en connaître les lois ; de ses facultés, pour en juger l'ensemble : telles sont les limites de la parole, considérée comme expression de l'intelligence ou de la pensée. Comme expression du sentiment moral, la parole a des limites qui ne peuvent se déterminer.

Dieu a révélé à l'homme par la parole tout ce qu'il doit savoir et connaître, aimer et craindre.

chercher et éviter. Dieu a enfermé la liberté de l'homme dans une aire circonscrite par la parole. L'homme ne peut nommer que ce qui existe; et ce n'est pas lui qui impose le nom, c'est la société. L'homme seul, entre les animaux, a le sentiment de l'existence, et il ne l'a que par la parole.

Dire que l'homme a pu inventer la parole et créer les langues est une haute folie, si ce n'est une impiété.

I. La parole primitive, révélée à l'homme, est la poésie.

II. La poésie est la parole primitive, révélée à l'homme. Elle est l'histoire de l'homme, le tableau de ses rapports avec Dieu, avec les intelligences supérieures, avec ses semblables, dans le passé, dans le présent, dans l'avenir, dans le temps et hors du temps.

Le poëte domine de haut l'époque où il vit, et l'inonde de lumière: l'avenir est aussi dans sa pensée; il embrasse, dans un seul point de vue, toutes les générations humaines, et la cause intime des événements dans les secrets de la Providence.

La poésie est éminemment allégorique; et l'allégorie n'est autre chose que l'unité dans le but moral, ou l'expression d'une pensée universelle: son attribut essentiel consiste dans la faculté d'individualiser, c'est-à-dire de personnifier les sentiments et les passions de l'homme, la direction des idées et des esprits dans un siècle, à un âge de l'esprit humain. Ainsi la poésie des anciens est la seule vraie poésie.

Il y a deux sortes de compositions originales : l'une, puisée en soi, produit l'imitation de la nature; l'autre, puisée hors de soi, produit l'imitation des modèles anciens. L'imitation de la nature consiste à faire éprouver aux autres l'impression reçue par le spectacle de la nature. En effet, un site, ainsi que chaque homme en particulier, est marqué d'un trait distinctif, porte un ensemble que l'on pourrait appeler physiognomonique, et qui le signale entre tous. Voilà ce qu'il a été donné aux poëtes de voir et de faire voir aux autres. Le poëte transmet l'impression sans peindre l'objet par des effets puisés dans les moyens techniques de l'art. Il en est de même pour la peinture d'une bataille, d'une tempête, d'une sédition populaire, d'une révolution politique, d'un bouleversement dans le globe, d'une vue quelconque de la nature, du tableau d'une nation, de celui d'un âge de l'esprit humain. Ceux qui se croient poëtes, et qui ne le sont pas, au lieu de transmettre l'impression reçue, ont imaginé de peindre imparfaitement l'objet lui-même. Ainsi les onomatopées sont déjà une décadence des langues, car les sons ne peuvent jamais être assez imitatifs pour ne pas supposer une convention. J'en dirai autant de la musique moderne. Nos langues actuelles sont comme nos noms; elles n'ont que des significations convenues; elles manquent de significations essentielles et sortant de leur énergie propre. Mais il y a toujours une empreinte qui, quoique effacée par le temps, n'en est pas moins réelle: sans cela nos langues seraient inhabiles à la poésie. L'autre imitation, qui est celle que nous faisons des anciens, devrait consister non point à les copier, non point à imiter leur manière, la forme de leur style, la tournure de leurs phrases, leur système de composition, mais à imiter la nature comme ils l'ont imitée, c'est-à-dire à peindre les objets par l'impression reçue. Ainsi donc, moins on imiterait servilement les anciens, plus on leur ressemblerait.

Le sentiment moral, le sentiment religieux, le sentiment de l'infini: telle est l'impression générale qui doit résulter de toute poésie.

La poésie transporte dans un monde idéal, c'est-à-dire dans un monde où les limites de la liberté de l'homme, de ses facultés, de ses prérogatives, de son intelligence, sont moins restreintes par l'état de déchéance; dans un ordre de choses où la pureté des formes et de l'expression a moins été altérée par les passions et les sentiments mauvais.

La beauté est, pour la femme, la grace unie à un sentiment moral; pour l'homme, la grace unie à la force et à un sentiment généreux: la vertu, pour les deux sexes, est la poésie en action: le sublime dans les arts est une des vues les plus élevées du génie: le goût, résultat d'une civilisation avancée, est le tact des convenances et des proportions. Telles sont les raisons générales des lois qui régissent toute littérature tant ancienne que moderne.

La puissance des souvenirs, le charme de l'antiquité, le respect pour les traditions, ne sont qu'une seule et même chose, c'est-à-dire le culte filial des ancêtres, la religion des tombeaux, culte éminemment moral et poétique, religion qui a sa racine dans le cœur de l'homme.

La parole parlée est une parole vive; la parole écrite est une parole morte. Dieu ne se communique aux hommes que par la parole vive.

La parole écrite, qu'elle ait été inventée par l'homme ou par la société, a subi toutes les vicissitudes des choses humaines. Traduction imparfaite de la parole parlée, la parole écrite ne conserve quelque énergie, n'exerce quelque influence sur les hommes, ne traverse les générations successives, que comme souvenir de la parole parlée.

Voyez, sur la débilité de la langue écrite, Platon et saint Chrysostôme, cités par M. de Maistre, et le beau commentaire que ce dernier a fait sur ces deux textes si remarquables.

La poésie est la parole traditionnelle; la prose est la parole écrite : les limites de la poésie et de la prose, chez toutes les nations, dans toutes les langues, reposent sur la ligne naturelle qui fut posée, à l'origine, par la force même des choses; ou, pour parler plus exactement, par celui qui enferma les mers dans leurs bassins, et l'intelligence humaine dans la parole.

Selon Strabon, la prose est une imitation de la poésie. Cadmus de Milet, d'après ce géographe, fut le premier qui imagina de rompre la mesure, en conservant d'ailleurs tous les caractères de la poésie. Il fut imité par Phérécide et par Hécatée.

Dès que la poésie a été séparée du chant, elle n'a plus eu la même antipathie pour la prose.

III. La langue française, qui est tout analytique, ne laisse point assez incertaines les limites de l'expression. Elle est à-la-fois noble, élégante et positive. Positive, elle est plus utile à l'intelligence qu'à l'imagination; élégante, elle reconnaît pour législateur le goût plus que le génie; noble, mais dédaigneuse, si elle sait rendre l'expression des sentiments généreux et élevés, elle se refuse peut-être à la naïveté sublime. Inhabile à s'élever comme à s'abaisser, elle reste dans une région moyenne. Son caractère propre est cette médiocrité d'or, conseillée par les poëtes et les moralistes. L'harmonie de la langue française est une certaine délicatesse de sons, un nombre convenu. La versification française, toute seule, n'est point la poésie : une périphrase, le mérite de la difficulté vaincue, ne constituèrent jamais l'essence de la poésie. Le genre qu'on a voulu décorer du nom de poésie française n'est qu'une langue ornée, plus exclusive, qui est loin d'embrasser toute la langue poétique. Ce genre renferme des choses qui ne sont ni prose, ni poésie, un vain bruit pour l'oreille, qui ne peut ni transmettre un sentiment, ni faire naître une idée. Michel-Ange, aveugle, cherchait à s'exalter en venant toucher le torse qu'il ne pouvait plus voir : qu'eût dit à ses mains inspirées le plus bel ouvrage d'orfèvrerie?

Il y a, n'en doutons point, dans la langue libre, c'est-à-dire dans la prose française, une langue moyenne qui n'est pas dépourvue de nombre, et qui embrasse une plus grande partie de la langue poétique française; mais ni la prose ni la versification ne peuvent pleinement satisfaire, dans notre langue, le génie de la poésie. La poésie n'est point, pour les Français, une production originale : qu'elle s'exprime en prose ou en vers, c'est toujours une traduction plus ou moins parfaite, mais une traduction seulement de la poésie ancienne, qui est véritable poésie. La littérature de toutes les nations résulte de leurs propres origines. Les Français ont voulu marier leur littérature native à la littérature des anciens. De là ce quelque chose de factice et d'artificiel, qui vient frapper de froideur même l'expression des sentiments vrais; de là cette nature et ces mœurs convenues, qui ne sont ni dans la vérité ni dans l'idéal; de là enfin cette perfection de détails, ce fini d'exécution, qui annoncent le travail et non l'inspiration.

Enfin la langue française n'est, à proprement parler, qu'une langue écrite : c'est la perfection de la langue morte. Elle n'a rien de ce qui constitue la parole parlée, c'est-à-dire la parole vive. Voilà pourquoi elle n'est ni populaire, ni improvisatrice.

Je vais être accusé de déprécier la langue française; il faut que je me hâte de m'expliquer.

On se rappellera ce que j'ai dit, que notre langue poétique, dans la prose, affectait l'imitation de la langue grecque, et que, dans la versification, elle affectait l'imitation de la langue latine. Cela s'explique par le séjour des Phocéens, qui ont fondé Marseille, et des Romains, qui ont tant multiplié leurs colonies dans les Gaules. Nous autres Français, par cette sorte d'impatience qui fut toujours dans le fond de notre caractère, nous avons voulu faire notre langue, comme nous voulons à présent faire nos institutions. Ainsi nous avons successivement abandonné, sans que rien nous y contraignît, la langue des Troubadours et des Trouvères. Quelle qu'eût été celle de ces deux langues que nous eussions conservée, elle nous aurait donné une littérature fondée sur nos propres origines. Cette littérature, nous l'avons imposée aux autres nations; puis nous avons voulu introduire de force, dans notre langue des Trouvères, le grec et le latin. Je dis de force, car, puisque déjà nous avions le sceptre de la langue universelle, la pente naturelle des choses ne comportait pas une telle introduction. Tous les monuments de notre littérature de transition entre le moyen âge et notre grand siècle attestent ces efforts constants et réitérés. Ne parlons ni de Ronsard, ni même de Chapelain, dont l'oreille était trop façonnée à l'hexamètre ancien, n'est-il pas évident que nos grands auteurs du siècle de Louis XIV n'ont paru avoir si bien deviné notre langue, qu'à cause de la connaissance intime qu'ils avaient des deux langues anciennes? Corneille n'a jamais pu entrer parfaitement dans cette direction; il tendait plus à cette indépendance qui est si propre à une littérature nationale. Il avait l'imagination tournée du côté du génie espagnol; et même le caractère romain ne lui était apparu qu'au travers du voile espagnol, car Lucain était de Cordoue.

Racine est celui de tous nos écrivains dont les sentimens étaient le plus en harmonie avec la langue française. Il avait quelque chose de doux, d'abondant, de tempéré, qui pouvait se passer des mouvemens d'une langue transpositive. Si nous pouvions nous arrêter à des détails, nous aurions ici quelques remarques singulières à faire sur la solennité de Balzac, qui n'a point été égalée, sur la magnificence du style de Buffon, et la plénitude de celui de Thomas; tentatives plus ou moins heureuses du génie de la langue française qui s'agitait dans les liens de la prose.

Si l'on se rappelle encore ce que j'ai dit sur le partage des langues entre les facultés humaines, on peut présumer que le génie de la langue celtique nous est resté malgré nous, et que si le génie de cette langue est celui qui s'applique à l'intelligence plus qu'à l'imagination, il en résulte que la langue française convient éminemment à l'âge actuel de l'esprit humain. Au reste, on peut dire, sous le seul point de vue historique, que le caractère de l'universalité appartient à la langue française, dès l'origine, et que c'est le coin dont elle fut frappée, sans doute dès l'instant de sa formation. Elle fut, pour ne pas remonter plus haut que le temps où cette langue était partagée entre deux dialectes, celui du Nord et celui du Sud, elle fut parlée dans les cours d'Italie, dans une partie de l'Espagne et dans le Portugal ; et lorsqu'elle s'éteignait en Espagne, des Catalans portaient le provençal dans l'Attique et dans la Béotie, dont ils venaient de s'emparer après avoir secouru les Thessaliens. Des Normands portaient la langue d'oïl dans la Sicile et dans la Calabre ; et l'Angleterre en conserve des traces jusque dans ses formules constitutionnelles. La langue française fut parlée dans la principauté de la Morée et dans le duché d'Athènes, même après que les Grecs y furent rentrés, vers 1300. Les royaumes de Chypre et de Jérusalem ont eu des lois écrites en français. La francique ou la langue franque, sur les bords de la Méditerranée et de la mer Rouge, offre encore des traces profondes de la langue française. M. de Châteaubriand a entendu des sons français sur les bords du Nil. Dans les traités diplomatiques le français n'a jamais eu à lutter que contre le latin ; à présent cette langue est celle de tous les pays policés, de la bonne compagnie de tous les états de l'Europe.

Avant de renoncer à notre littérature native, nous l'avons imposée, comme nous disions tout-à-l'heure, à toute l'Europe, car c'est nous qui lui avons donné la littérature romantique, qu'elle veut nous imposer à son tour. L'Angleterre, isolée du continent, a eu besoin d'une autre inspiration : lorsqu'elle s'est formé une littérature, elle n'a point connu le Parnasse grec, ni les chansons du gai savoir; elle a été fidèle au culte d'Odin et à toutes les créations fantastiques de l'Edda: heureusement elle a eu Shakspeare. C'est ainsi qu'elle a été si souvent étrangère aux mouvements de la civilisation; qu'elle a suivi la marche progressive indépendamment des autres états; que l'influence exercée par les croisades a été nulle pour elle, quoiqu'elle ait participé à ces expéditions lointaines.

Il faut qu'il y ait une énergie particulière attachée à une langue: ce n'est point par les conquêtes des armes qu'elle se propage. Nos soldats laissent par-tout la langue française, et ne rapportent de nulle part les langues des pays où ils ont séjourné. Les étrangers ne font que passer chez nous, et ils emportent par-tout notre langue. Les Romains eux-mêmes, qui firent tant de choses pour assurer la conquête des Gaules, se plaignaient de la résistance que nos pères apportaient à parler la langue du vainqueur. Le fond de notre langue était déjà la langue celtique.

Je ne sais, mais il me semble que cette langue était tenue en réserve pour cette époque-ci, l'âge de la lettre fixe, de l'émancipation de la pensée. Il est possible que cette époque-ci eût été devancée si nous eussions conservé notre langue sans la modifier contre la force des choses. Nous n'avons pas pu la priver de son caractère d'universalité, parcequ'il lui a été imprimé par Dieu même.

Rien ne peut ressusciter une langue dont la mission est finie. Nous le voyons pour le grec, qui n'a rien pu créer sous les Ptolomée, qui ne peut rien créer à présent quoiqu'il soit une langue vulgaire dans plusieurs contrées; nous le voyons pour le latin, qui a été la langue des lettrés dans toute l'Europe, et qui est encore vulgaire dans la Pologne. Le grec et le latin sont des dérivés. Le français est une langue primitive, malgré toutes les modifications qu'elle a subies et les vicissitudes qui l'ont travaillée. Elle porte donc en soi la raison de son existence, et elle va commencer une nouvelle mission.

La langue française est éminemment aristocratique, c'est-à-dire à l'usage des classes cultivées par l'éducation. C'est la langue du *tu* et du *vous*; c'est-à-dire la langue des bienséances et des hiérarchies sociales.

Le goût français a été, en littérature, ce que l'honneur a été dans les institutions monarchiques.

Chez nous, la littérature, ni la poésie, ni les arts, n'ont jamais pu devenir populaires.

Nous avons déja remarqué que nos mœurs étaient restées aristocratiques, malgré le principe de l'égalité, introduit avec les idées de la révolution.

Le principe conservateur des sociétés est aristocratique, parceque les sociétés ne peuvent se passer de hiérarchie.

Ainsi nous serions portés à voir une grande vue de la Providence dans le soin qu'elle a pris de placer le principe conservateur de l'ordre dans les mœurs et dans la langue du peuple qui doit régir l'âge actuel des sociétés européennes.

IV. L'épopée est l'histoire du genre humain dans les divers âges de la société. Le représentant des idées d'un siècle, le législateur d'un peuple, le fondateur d'un empire : voilà le héros de l'épopée. Ceux qui s'avancent hors de leur siècle, et qui, personnages isolés sur la scène du monde, fécondent les idées du siècle suivant, s'ils ne meurent pas obscurs, sont dignes de l'épopée. L'homme de génie qui, voyant que tout est lié dans les destinées humaines, exprimerait d'avance les idées vulgaires d'un autre âge; celui-là, comblant l'espace qui le tiendrait séparé des temps postérieurs, créerait dans l'avenir des événements et des chefs d'empire, et prédirait ainsi une épopée.

Une société humaine, gouvernée immédiatement par Dieu, ou visiblement dirigée par la Providence : ce magnifique motif d'épopée ne peut se trouver que chez les Hébreux ou chez les Français; il attend encore un poëte. Bossuet eut la vaste intelligence qu'il fallait pour une telle composition : on ne sait s'il lui manqua le sentiment du génie allégorique, cette flamme de l'inspiration, qui est la parole vive, la révélation directe; et il est plus sûr de dire qu'il fut revêtu d'un autre ministère.

A de certaines époques, certaines idées, mûries à l'insu des hommes, se répandent de toutes parts sur la société. Ces époques, qui sont des âges de crise, attirent les regards du poëte épique.

Le platonisme, ainsi que nous l'avons déjà remarqué, fut, parmi les nations païennes, une heureuse préparation à la religion de Jésus-Christ. Le platonisme fut utile avant et après le christianisme; avant, pour y amener les hommes; après, pour les confirmer dans cette croyance.

Le christianisme, naissant au sein d'un peuple grossier, promettant à ses apôtres les fers et la mort; annonçant à Rome et à Athènes, au sein des lumières, la morale d'un homme qui venait d'expirer sur la croix, renversant les idoles jusque dans les métropoles du culte idolâtre; contredisant tous les orgueils de l'homme; les chrétiens, mourant comme leur maître, et donnant leur mort même pour preuve de leur mission; consentant ainsi à l'ignominie du supplice ou à la honte du mensonge: tel est le tableau que présente l'établissement du christianisme. Ce tableau est le plus digne de tous ceux qui peuvent s'offrir à l'épopée. On y verrait les facultés de l'imagination luttant de toute leur puissance contre la rigueur des idées morales; on y verrait les instincts des sens et les sophismes de la raison fournir de fragiles appuis à des superstitions privées de force vitale. Les dieux d'Homère ne régnaient plus sur l'Olympe, mais les prestiges et les amulettes avaient encore une prise terrible sur les esprits effrayés; et les sages voulaient pouvoir continuer de dédaigner les croyances de la multitude.

Une idée sublime, appartenant à d'anciennes traditions répandues dans le monde, quoiqu'elles n'y fussent pas universellement connues, avait choisi pour asile, parmi les doctrines païennes, le platonisme. Cette idée qui consistait à faire de Dieu même le type de l'homme et de ses facultés fut d'abord appliquée seulement à l'intelligence, et ensuite étendue aux sentiments moraux; c'est-à-dire que l'on vint à concevoir dans Dieu, modèle de toutes les perfections, la source merveilleuse du dévouement. Ainsi les Gentils comme les Juifs ont reçu d'avance le bienfait de la promesse; ainsi les Gentils comme les Juifs, en différents temps, ont eu des prophètes, ont conversé avec des précurseurs: pourquoi aucun poëte n'est-il encore entré dans le champ du christianisme antérieur?

Milton peignit l'homme dans son état d'innocence, puis déchu de cet état primitif par le mauvais usage de sa liberté.

Homère peignit l'homme luttant avec ses seules forces contre les limites de la liberté, assignées par l'état de déchéance.

Virgile, en racontant les origines de l'empire romain, en transportant les pénates de Troie sur la vieille terre du Latium, nous montre comment se fondent les empires, comment les traditions lient les générations les unes aux autres. Son héros, homme pieux, père d'une tige royale, est le vrai fondateur d'une société humaine. Virgile exprime encore les sentiments délicats et généreux d'une civilisation avancée, et montre ainsi comment avec un goût parfait le poëte peut marier certaines idées et certaines mœurs d'un siècle avec celles d'un siècle antérieur, leçon admirable qui ne fut point perdue pour Racine et pour Fénélon. Mais Virgile fit plus : il devança, sous ce rapport, le siècle où il vivait, rare prérogative des génies de l'ordre le plus élevé.

Le Tasse avait à peindre le berceau de la société chrétienne. Les lois de l'épopée ne lui furent pas toutes révélées. Sans passé, sans avenir, son regard s'est arrêté sur un seul moment. Son poëme, plein d'aimables merveilles, a, dans son ensemble, tout le charme du roman, et ne s'élève que rarement à la dignité de l'épopée.

M. de Maistre remarque admirablement bien que « toute religion, par la nature même des choses, « *pousse* une mythologie qui lui ressemble; et que « la mythologie de la religion chrétienne est, par « cette raison, toujours chaste, toujours utile, et « souvent sublime, sans que, par un privilège par-« ticulier, il soit possible de la confondre avec la « religion même. » Si Boileau se fût élevé à cette haute considération, il aurait connu les ressources de l'épopée chrétienne; son esprit réservé et sévère n'aurait pas été effrayé d'une profanation qui était impossible pour le véritable poëte; et il n'aurait pas continué à perpétuer parmi nous le règne caduc des divinités de la Grèce.

Maintenant, il faut l'avouer, il est trop tard pour revenir d'un préjugé qui nous fut si fatal; qui trop long-temps a été classique, et qui peut-être, à cause de cela, a privé notre littérature de pouvoir s'enorgueillir d'une des plus belles productions de l'esprit humain, d'un poëme épique.

Le Dante et Klopstock ont jeté l'homme hors des limites du monde. Mais l'appréciation de la fable du Dante exigerait de trop longs développements pour que je puisse m'y livrer.

Le Camoens introduisit les anciens ressorts épiques dans un sujet moderne, exemple singulier qu'un poëte allemand vient d'imiter. Je n'ai pas besoin de le dire: la seule manière d'user des anciennes divinités païennes, c'était de les transformer, comme l'a fait Milton, en des anges ennemis, en des esprits de séduction et de perte.

Voltaire, ainsi que Lucain, ont entièrement méconnu les lois de l'épopée. Ils n'ont vu, l'un et l'autre, ni avant l'époque dont ils ont voulu retracer l'histoire, ni au-delà. Ils ont mis des faits en beaux vers, et les ont isolés de toute tradition. L'esprit philosophique de Voltaire a frappé de stérilité une composition déjà aride par elle-même; car il ne faut pas qu'un homme de talent s'imagine qu'il puisse créer la poésie, s'il ne la trouve pas toute faite. Voilà pourquoi Jeanne d'Arc, qui ne réunit point, il est vrai, toutes les conditions de l'épopée, en a du moins qui auraient pu tenter un génie élevé. Voltaire, au reste, est bien loin d'avoir embrassé tout entier le sujet de la Henriade.

Le génie de l'épopée, qui tend toujours à individualiser et à faire des créations allégoriques, établit une sorte de chronologie qui seule est la vraie lorsqu'elle existe; c'est là, sans doute, ce que les anciens appelèrent le cycle épique. Les poëtes tragiques, chez eux, se firent une loi de puiser leurs sujets dans les annales de l'épopée; et l'épopée, comme il a été dit, n'était autre chose que l'histoire même des âges de l'esprit humain.

Ainsi donc, si le cycle épique de la haute antiquité nous fût parvenu entier, et qu'il eût été continué par les poëtes des âges postérieurs; si les modernes eussent conçu l'épopée dans toute son étendue, et eussent fait un cycle épique, éclairé par la révélation, nous aurions la vraie histoire du genre humain.

Chez les Grecs, la tragédie commença par ramener les faits du cycle épique à la rigueur des faits historiques : bientôt les faits historiques s'élevèrent à la dignité des faits du cycle épique. La Prise de Milet, par Phrynicus, fut, dit-on, le premier exemple de cette sorte de profanation qui excita alors assez de scandale parmi les classiques de cette époque. Une dernière profanation ne tarda pas d'alarmer la muse tragique. Agathon mit sur le théâtre des sujets de pure invention : l'art alors fut perdu. Toutes les littératures offrent la même série de dégénérations. La poésie entre dans le domaine de l'histoire, où bientôt elle se trouve étrangère; et, méconnaissant ses véritables attributions, elle veut créer, usurpation dont elle est punie à l'instant même par le discrédit le plus complet.

Phrynicus et Agathon n'ont pas seulement gâté la poésie pour les Grecs, ils l'ont gâtée aussi pour nous, parceque nous étant placés dans la sphère de l'imitation, les traditions ont été dénaturées pour nous dès l'origine, et toutes nos voies sont devenues incertaines. Chez les Romains, Virgile seul eut le sentiment de la poésie. Pour nous l'erreur était bien facile, parceque les véritables sujets tragiques des anciens, transportés sur nos théâtres, ne pouvaient être que des sujets d'imagination. Cependant ces sujets étaient doués d'une telle fécondité de poésie qu'ils purent encore exciter toute notre admiration. Les sujets historiques furent d'abord pris hors de notre histoire, ce qui était un hommage rendu à la vérité du sentiment qui avait dicté les préceptes anciens. Mais il est remarquable que nous essayâmes bien vite les sujets d'invention.

A côté de la poésie d'inspiration, dont le berceau se confond avec le berceau des peuples, il y a toujours une imitation de cette poésie, laquelle entre dans la forme et non point dans l'essence. Cette imitation de poésie commence chez toutes les nations par des vers satiriques, comme chez les Grecs; des vers saturniens ou fescennins, comme chez les Latins; des blasons, des sirventes, des fabliaux, comme chez nos Troubadours ou nos Trouvères.

V. Dans la haute antiquité, la musique est l'ensemble des lettres humaines et des institutions sociales. Il y a eu une décadence successive qui s'est manifestée ainsi : on commença par séparer la musique de la poésie; la poésie une fois isolée, on fut conduit naturellement à la prose; enfin la versification vint tantôt comme un auxiliaire à la poésie, et tantôt intervint pour en voiler l'absence. La rime, dans nos langues modernes de l'Europe, seconda merveilleusement le labeur de la versification. Dans le soin que les législateurs anciens apportèrent à régler la musique, il faut reconnaître le respect pour la parole traditionnelle. Le récit des merveilles attribuées par les poëtes à la musique n'est point une vaine fiction; car les poëtes n'ont rien inventé : ils n'ont été qu'historiens, mais historiens symboliques, ce qui est le sens universel de l'ensemble des choses humaines.

Les législateurs anciens, en prescrivant de ne point écrire les lois, voulaient-ils entretenir l'ignorance des peuples? Non, sans doute; ainsi que nous l'avons déja dit, ils furent guidés par un plus noble sentiment, celui de commander le respect pour la loi; d'en interdire l'examen indiscret; de la transmettre par la parole parlée, sainte et mystérieuse; d'en confier le dépôt directement à l'ame; de ne point en enfermer le vaste sens dans les limites d'une expression matérielle: ils voulurent se réserver de celer au profane vulgaire les choses qu'il doit ignorer, et de mesurer l'instruction selon les castes et les tribus; car les castes et les tribus, conservatrices des traditions, furent une institution nécessaire des premiers âges des sociétés humaines. Les lois somptuaires, relatives à l'éducation et au costume, témoignent la sagesse de ces temps reculés.

Nos ancêtres imitèrent, autant qu'il était en eux, la sagesse des anciens. Ils n'écrivaient point les lois dans la langue vulgaire, mais dans une langue qui avait survécu à un grand peuple, langue devenue sainte et vénérable, où les limites de l'expression avaient cessé d'être positives. Ainsi étaient évités les examens indiscrets des profanes, des discoureurs, des impies.

Platon, en parlant de la langue écrite, s'exprimait ainsi : « Elle ne sait ce qu'il faut dire à un « homme, ni ce qu'il faut cacher à un autre. Si l'on « vient à l'attaquer ou à l'insulter sans raison, elle « ne peut se défendre, car son père n'est jamais là « pour la soutenir. » Ce peu de mots, pour lesquels j'emploie la traduction de M. de Maistre, explique toute la sagesse des anciens. Cette immobilité de la parole écrite, ce silence qu'elle est obligée de garder lorsqu'elle est attaquée, disent avec quelque éloquence sans doute les raisons qui ont engagé l'Église à refuser de reconnaître jusqu'à présent les traductions de l'Écriture sainte en langue vulgaire. Maintenant elle n'y apporte plus que des ménagements sans y apporter de l'opposition. La cour de Rome s'est expliquée à cet égard en dernier lieu. Elle a dit formellement qu'il était utile de remédier aux dangers de la parole écrite par les moyens mêmes de la parole écrite.

Mais il est une observation qui a échappé à Platon et à M. de Maistre, et que je crois devoir consigner ici. L'écriture manque de pudeur parcequ'elle peut se produire en l'absence de celui qui la fit. Elle choisit son temps pour paraître, et, si cela lui convient, pour se réfugier ensuite dans l'ombre comme une courtisane. De même que son père n'est pas là pour la défendre lorsqu'elle est attaquée ou insultée sans raison, de même aussi, lorsque l'on a de justes reproches à lui adresser, son père n'est pas là pour rougir. Jamais Catulle, jamais Pétrone, n'auraient songé à offenser l'honnêteté publique s'ils eussent dû vaincre la pudeur des oreilles pour confier leurs ouvrages à la mémoire des hommes. Sans le triple rideau de l'écriture, de l'imprimerie, de l'anonyme, Voltaire, sans doute, eût été chaste et sérieux comme les poëtes antiques, comme les premiers philosophes, comme Homère, et comme Pythagore. S'il eût dû lire à la France assemblée, dans de nouveaux jeux olympiques, tout ce qu'il a écrit sur l'histoire, il n'aurait pas si souvent désolé la raison. Ainsi, outre que l'écriture manque de pudeur, elle est indiscréte et téméraire. Les hommes isolés peuvent obéir à mille mauvais penchants; réunis, une *révérentielle* honte, comme disait Montaigne, vient les saisir, tant il est vrai que Dieu a placé un instinct moral dans la société. L'homme tout seul peut bien avoir des sentiments nobles et généreux, puisqu'il y a des vertus obscures, des sacrifices ignorés; mais comment l'homme aurait-il conçu de tels sentiments s'il n'eût pas vécu avec ses semblables? La langue parlée est donc plus pure et plus réservée en toutes choses que la langue écrite, à cause de l'intensité du sentiment social lui-même, qui est comme la source et l'occasion de tous les autres.

Le mot poëte, qui signifie *faiseur*, et le mot poésie, qui signifie *invention*, ne furent d'un usage général que vers le temps d'Hérodote. Jusque-là les mots chanteurs et chants avaient été seuls employés pour désigner les poëtes et la poésie. Le mot rhapsode lui-même signifie *couseurs de chants*. L'écriture paraît avoir donné lieu à la *prose*: les premiers *écrivains* furent sans doute les premiers *prosateurs*. Ainsi l'invention n'aurait été attribuée aux *poëtes* que lorsqu'il y eut des *prosateurs*, parceque'à ceux-ci on ne leur crut que la simple fonction de constater: c'est du moins de cette manière que s'explique Pindare. Mais les premiers poëtes furent bien loin de se présenter, comme des *inventeurs*. Ils se disaient interprètes des Muses, ou, en d'autres termes, interprètes des traditions. « L'absence du merveilleux, « dit Thucydide, sera cause peut-être que les évé- « nemens que je décris plairont moins à la *lecture*. » Le même écrivain dit encore: « Les anciens histo- « riens ont plus songé à plaire à la *lecture*, qu'ils « n'ont songé à dire la vérité. » Ces deux phrases sont remarquables en ce qu'elles indiquent bien les deux genres d'altérations que les premiers historiens ont apportées dans leurs rédactions en prose, altérations dont on leur a su gré, et qui ont cependant conduit à l'arbitraire. Ils ont cru pouvoir commencer à écarter le merveilleux de leurs récits, et bientôt ils se sont arrogé le droit de choisir dans leurs matériaux, ou, pour parler plus exactement, de choisir dans les traditions, et même de modifier celles qu'ils consentaient à consacrer de nouveau. Dès-lors rien n'a été certain. On a été livré à l'esprit individuel de chaque écrivain, au lieu d'être soumis à l'esprit général des traditions.

La poésie est faite pour être *ouïe*, avons-nous dit, et la prose pour être *lue*. Mais il est arrivé que la poésie elle-même a été *lue*, et que ce que nous avons adopté ensuite comme poésie n'a plus été fait que pour être *lu*. Alors on a confondu la forme et l'essence de la poésie; et il en est résulté une poésie de convention. Le règne de cette poésie de convention est fini ; et nous verrons tout-à-l'heure que nous sommes obligés de remonter au berceau même de la poésie.

Souvenons-nous des assemblées des vieillards aux portes des villes, comme dans la Bible et dans Homère. Le mot *porte* en Orient a encore une signification qui tient à ces usages antiques, et le nom de *Porte-Ottomane* donné au gouvernement turc est un monument de ces mêmes usages. Souvenons-nous du Forum, des tribunaux sur les places des villes et des bourgs, des actes dont une simple pierre enfoncée dans un lieu désigné, en présence de témoins, conservait seule la mémoire. A présent même, une pierre brute, servant de limite à nos héritages, est la dernière trace de ces usages primitifs.

Tant que dura la liberté chez les Grecs, ces peuples menaient une vie publique, qui supposait peu le loisir de la lecture. Ainsi, lors même que l'écriture fut introduite, on demeura encore long-temps avec les habitudes de la langue ouïe. Les poëtes épiques eux-mêmes étaient peu lus, les poëtes dramatiques l'étaient bien moins encore. Hérodote, quoiqu'il eût écrit en prose, lisait son histoire à la Grèce assemblée. Tant il est vrai que la lecture privée fut très tardive, et que l'écriture a été très long-temps avant de pouvoir s'appliquer aux usages particuliers. Les philosophes discouraient en présence de leurs disciples, et Socrate n'écrivit point.

Remarquons enfin que sitôt qu'une langue commence à s'écrire, elle commence à s'altérer; parceque l'écriture, et je ne parle ici que de l'écriture syllabique, contient quelque chose d'arbitraire et de conventionnel.

Toutes ces vicissitudes des langues, qu'il serait long de suivre, et trop difficile d'expliquer, devaient amener graduellement l'âge de l'émancipation de la pensée.

Il faudra bien des siècles avant que les peuples de l'Orient s'affranchissent des liens de la parole, pour arriver à l'émancipation de la pensée, si toutefois ils y parviennent jamais.

La langue hébraïque, quoique perdue pour les Juifs eux-mêmes, continue d'enchaîner les enfants d'Israël dans ses liens immortels : ils ne peuvent se fondre parmi les nations au milieu desquelles ils vivent dispersés. Moïse, le seul des législateurs anciens qui ait écrit ses lois, avait prévu tous les détails pour que la lettre ne restât pas en silence; et Dieu avait imprimé à cette législation écrite un sceau de durée que ne peuvent avoir les ouvrages des hommes.

CHAPITRE X.

SECONDE PARTIE.

Émancipation de la pensée.

Si la première partie de ce chapitre a pu paraître un peu trop affirmative, c'est parceque je me suis cru appuyé de l'autorité des siècles et des traditions. Maintenant que je suis abandonné à moi-même, puisqu'il faut que je rentre dans l'appréciation de l'époque actuelle, maintenant je ne puis avoir la même confiance en mes propres idées, et plus de circonspection m'est devenue nécessaire. Je ne dois pas dissimuler sur-tout qu'au point où nous sommes arrivés de la discussion, ce qui me reste à expliquer, afin d'achever la tâche que je me suis imposée, est trop conjectural pour ne pas m'inspirer une réserve extrême.

Je ne suis cependant point entièrement délaissé, et j'ai encore un appui d'une assez grande force : c'est la tendance même des esprits les plus remarquables de ce temps. Tous sentent que, s'il y a un grand mouvement dans la sphère de l'intelligence humaine, il y a néanmoins un centre fixe, un axe sur lequel repose tout le système. Il est impossible en effet de ne pas s'apercevoir des efforts qui se font, en ce moment, pour asseoir toutes nos connaissances primitives et acquises sur une base solide et inattaquable, celle de l'expérience.

En même temps que M. Alexandre de Humboldt rassemble des matériaux précieux pour toutes les sciences naturelles, il ne néglige point ceux qui peuvent enrichir les sciences intellectuelles. Il a voulu, par exemple, appliquer à l'étude de la langue des Mexicains le même génie d'observation qui lui a fait imaginer sa grande échelle des hauteurs atmosphériques, d'après la végétation des plantes spontanées.

Les vastes investigations de MM. Schlegel et de M. William Jones nous ouvrent les trésors de cette sorte de cosmogonie intellectuelle et morale qui est toute dans les langues. M. W. Schlegel sur-tout, en prouvant que la question de l'origine du langage devait être traitée historiquement, et non point par des théories spéculatives; en prouvant ensuite, par les faits nombreux que lui-même a rassemblés; en prouvant, dis-je, que cela était possible, ôte à ces sortes de recherches ce qu'elles avaient de conjectural et de hasardé, et vient déterminer ainsi un des plus grands pas qui puissent être faits dans la science réelle de l'homme.

Les beaux calculs de M. Duluc, les études immenses de M. Cuvier sur les états antérieurs de la terre que nous habitons, sont une heureuse préparation à l'histoire géologique du globe, qui elle-même est le commencement tout naturel de l'histoire du genre humain.

Les travaux de MM. Cuvier, de Humboldt, et de MM. Schlegel et W. Jones sont donc dans une analogie parfaite; le génie de l'observation est donc appelé à faire désormais le même genre de découvertes à-la-fois dans le monde physique et dans le monde moral. L'archéologie va prendre, s'il est permis de parler ainsi, rang parmi les sciences naturelles. Il ne s'agira plus que d'étudier des monuments positifs, ou de suivre des vestiges certains.

Les philosophes allemands n'ont point été indociles à cette impulsion récente. Plusieurs d'entre eux, au milieu même des apôtres les plus exclusifs des idées nouvelles, se sont mis à étudier historiquement l'esprit humain. Déja, chez plusieurs, l'expérience et les faits remplacent les théories et les hypothèses. M. Ancillon se distingue entre tous sous ce rapport. Le système social s'appuie dès-lors sur une base inébranlable. Nous ne sommes plus, il est vrai, gouvernés par les doctrines anciennes; mais nous sommes toujours régis par les institutions primitives, en ce sens que ce sont elles qui ont tout fondé.

Lorsque Pascal disait que l'homme ne sait que ce qui lui a été enseigné, et que, par conséquent, nous ne pouvons nous dispenser de remonter toujours à un enseignement primitif comme à une cause première, il commençait à jeter le pont qui devait réunir un jour le monde ancien et le monde nouveau.

M. de Maistre a remarqué avec beaucoup de raison que les législateurs anciens n'ont rien écrit; que l'Église n'a écrit que lorsqu'elle y a été contrainte, non pour établir, mais pour constater la croyance à des dogmes attaqués. Il a de plus remarqué que la constitution anglaise elle-même n'a rien innové, mais que les priviléges de la nation ayant été violés, il était devenu nécessaire de les constater.

On peut dire aussi que la cause de la parole n'a été défendue que lorsque cette cause a été attaquée. M. de Bonald n'est donc pas venu pour faire entrer dans la société une vérité nouvelle; mais il est venu pour empêcher une vérité ancienne de sortir de la société. Ainsi, quoique l'ouvrage de M. de Bonald semble s'appliquer à un ordre de choses qui n'existe plus, cet ouvrage n'en est pas moins d'une très grande importance et d'une utilité incontestable, parceque la vérité est toujours la vérité, parceque le don primitif de la parole n'a pas cessé d'être l'origine de nos connaissances. Il a donc montré le tuf sur lequel est assis l'édifice.

M. de Maistre et M. de Bonald, qui ont suivi la même route dans les erremens de la société ancienne, paraissent avoir méconnu les faits nouveaux de l'esprit humain. Ils n'ont pas fait attention que ce qui avait été fondé au commencement continuait d'exister par son énergie propre, et non point par une impulsion sans cesse renouvelée.

Dieu ne répète pas à chaque instant l'acte de sa toute-puissance par lequel il créa le monde; et le monde cependant est une suite de créations successives, qui s'opèrent par l'effet toujours le même de cet acte de la volonté de Dieu. Lorsque Dieu tira les étoiles du néant, et qu'il les appela chacune par son nom, il leur marqua l'aire de l'espace qu'elles devaient parcourir jusqu'à la fin des temps; depuis elles ont invariablement décrit leurs ellipses immenses. Dieu n'a donné qu'une fois à tous les êtres la faculté de se perpétuer; et les espèces continuent leur vie immortelle.

De même la parole fut douée, au commencement, d'une puissance et d'une fécondité dont elle ne jouit plus, il est vrai, mais dont les effets se perpétuent encore. Dieu n'a pas besoin de renouveler à chaque instant les miracles de la première création.

La parole a répandu dans le monde toutes les idées qu'elle avait à y répandre : sa mission est en quelque sorte finie; mais ce qui existe par elle continue d'exister. Si Dieu lui a retiré la puissance dont il l'avait revêtue, c'est sans doute parceque son ministère de création est accompli, et qu'il ne lui reste plus qu'un ministère de développement. La société des êtres intelligents subsiste par les idées morales et intellectuelles que la parole y a semées. Ne voyez-vous pas le papillon mourir lorsque une fois il a confié aux arbres des forêts les œufs qui contiennent sa postérité future?

La parole s'étant successivement matérialisée, comme nous l'avons précédemment remarqué, la pensée a dû lutter continuellement pour rentrer dans cette indépendance et cette liberté dont elle jouissait lorsqu'elle était intimement unie à la parole. A mesure que la parole, séparée de la pensée, s'est plus fixée dans une sphère sensible, les efforts de la pensée ont augmenté de vigueur et de puissance pour secouer des chaînes qui devenaient de plus en plus pesantes. Mais n'oublions pas que si nous pouvons à présent nous passer du secours de la parole pour penser, c'est parceque originairement la parole nous a donné nos pensées. L'esprit humain a contracté des habitudes, s'est fait des méthodes, enfin a pris une direction que la parole seule a pu lui imprimer. Mais si la parole a cessé de régner, elle est restée premier ministre de la pensée.

Notre attention a été fixée un instant sur un phénomène bien singulier de nos langues actuelles, qui manquent, avons-nous dit, du sentiment de la continuité d'existence; et cependant il est impossible qu'un tel sentiment ait jamais été banni des conceptions de la pensée. Des esprits inattentifs ont souvent, comme on sait, accusé le peuple hébreu de n'avoir pas connu autrefois le dogme de l'immortalité de l'ame, parceque, prétendaient-ils, ce dogme n'est nulle part textuellement énoncé dans la loi judaïque; mais il était bien plus formellement énoncé que par des mots ou des propositions, puisqu'il jaillissait du génie même de la langue, si fortement empreint du sentiment de la continuité d'existence. Nos langues actuelles, au contraire, étant dépourvues de ce sentiment, nous étions obligés de le chercher dans le sanctuaire de la pensée, où il fut déposé primitivement pour y subsister à jamais. Il arrivait donc pour cela, par exemple, que, dans le verbe, la pensée manquait d'expression, et était obligée de ne s'appuyer que sur elle-

SUR LES INSTITUTIONS SOCIALES. 307

même. Poursuivons cette démonstration, sans toutefois l'épuiser. Notre éducation se perfectionnant par l'étude de différentes langues, il en résultait, dans notre intelligence, un travail continuel quoique inaperçu, pour comparer les procédés et les expressions de notre langue maternelle avec les procédés et les expressions des langues acquises par une éducation postérieure. Cette comparaison nous accoutumait à sentir des nuances d'idées, bientôt même des catégories entières d'idées, que soit notre langue maternelle, soit les autres langues acquises étaient inhabiles à rendre. Notre esprit se tendait involontairement à considérer la pensée, abstraction faite de l'expression; et il en venait à s'exercer même sur la langue maternelle comme si c'eût été une langue étrangère, c'est-à-dire qu'il venait à traduire sa pensée au lieu de l'exprimer. Pendant que ces choses se passaient dans l'entendement, l'analyse resserrait de plus en plus les limites de nos langues : les mots consacrés par elles avaient subi tant d'épreuves de tous les genres, qu'ils avaient fini par recevoir un sens trop fixe et trop déterminé, qui était en opposition avec l'indépendance naturelle de la pensée. L'infini est dans l'ame humaine: elle se révolte dès qu'elle aperçoit des bornes dans sa sphère d'activité. Ainsi la liberté morale, qui est, en définitive, la vraie liberté, et dont la liberté politique n'est, pour ainsi dire, qu'une image, s'agitait dans les liens de la parole pour les rendre moins pesants.

J'arrive donc enfin à cette conclusion que j'avais annoncée: Le christianisme a été une première émancipation du genre humain, dans l'ordre moral; l'extension des limites de la liberté morale par l'affranchissement des liens de la parole est une seconde émancipation, dans l'ordre intellectuel. Nous n'avons point à expliquer ici les bienfaits de la première émancipation; nous n'avons à nous occuper que de la seconde émancipation, pour laquelle l'esprit humain est encore dans le travail douloureux de la crise.

Nous avons remarqué que les langues différentes ont été affectées de diverses prérogatives; nous pouvons ajouter, en d'autres termes, qu'elles ont eu la mission de faire entrer dans les trésors de l'esprit humain, où rien ne se perd, différents ordres d'idées. M. Ancillon a dit: « Rien ne prouve davan-
« tage qu'originairement et dans le principe, les
« existences et la réalité sont données à l'homme,
« que de voir la métaphysique tout entière, en
« quelque sorte, déposée dans les langues, à l'insu
« de ceux qui les ont créées et perfectionnées. Les
« termes qui expriment les notions primitives, les
« faits et les rapports primitifs, ont proprement oc-
« casioné et amené les recherches métaphysiques.

« Beaucoup de philosophes qui, dans leurs médi-
« tations, sont partis de ces termes, se sont ima-
« giné créer ce que l'ame humaine y avait placé
« sans le savoir, et en cédant à une espèce d'instinct
« de vérité; tandis que, dans la réalité, ils n'ont fait
« que découvrir ce qui reposait dans les langues,
« et révéler aux yeux de l'ame surprise les trésors
« qu'elle-même y avait cachés. »

Ce passage est très curieux, en ce qu'il renferme une exposition claire, précise et complète du problème, non pas de la formation des langues, mais de leur existence. Il est étonnant que ce problème si exactement *formulé* par un esprit aussi juste et aussi plein de raison n'ait pas été le simple corollaire du don primitif de la parole. Il ne faut plus se plaindre lorsqu'on voit un homme tel que M. Ancillon subjugué à ce point par les préjugés de la philosophie moderne, lui qui a su se garantir le plus souvent de l'influence de ces préjugés. On peut en dire autant à l'occasion de Euler et de Charles Bonnet, qui ne furent aussi séparés de la vérité que par la préoccupation d'une idée antérieure, contradictoire même avec l'ensemble de leurs autres idées.

J'aurais pu citer ailleurs ce passage, mais j'ai dû le réserver pour cette partie de la discussion, parcequ'il explique parfaitement ma pensée sur les fonctions que les langues ont à remplir. Au reste, M. de Bonald et M. Ancillon professent tous les deux la même doctrine, sous le rapport qu'ils voient l'un et l'autre la *métaphysique tout entière déposée dans les langues;* sous le rapport qu'ils pensent l'un et l'autre *que les termes qui expriment les notions primitives, les faits et les rapports primitifs, ont proprement occasioné et amené les recherches métaphysiques;* sous le rapport enfin que les philosophes qui sont partis de ces termes, c'est-à-dire, les partisans de la philosophie expérimentale, comme M. de Bonald et M. Ancillon lui-même, *n'ont fait que découvrir ce qui reposait dans les langues.*

M. Ancillon s'est donc arrêté à une cause seconde sans chercher s'il était possible de remonter à une cause première; mais ce qui a dû se passer dans son entendement lorsqu'il a été retenu ainsi sur les dernières limites du système de l'invention du langage par l'homme, est un exemple de plus ajouté à tous ceux que j'ai cités et aux autres faits que j'ai présentés pour prouver l'émancipation de la pensée.

Je ne sais si je suis parvenu à me faire comprendre: une courte observation sur la musique achèvera peut-être de rendre sensible le phénomène nouveau de l'intelligence humaine. Je ne veux parler que de la musique telle que nous la connaissons, parcequ'il paraît que la musique ancienne, celle qui opéra tant de prodiges, d'après le témoignage même des plus graves historiens; celle qui pénétrait également tous les hommes et non point quelques hommes mieux organisés que d'autres; celle qui agissait sur l'ame au lieu de n'ébranler que les sens; il paraît, dis-je, que la musique des âges primitifs avait le secret d'une harmonie essentielle. Mais dans la musique des âges suivants, on reconnut l'impossibilité d'arriver à un accord parfait entre les quintes et les octaves. La dissonance étant cachée dans le fond même de l'art, on voulut la fondre et la disperser sur toute l'étendue du clavier. Alors on parvint à atténuer la dissonance au point de la faire disparaître; mais, il faut l'avouer, vous n'obtenez ainsi qu'une harmonie d'à-peu-près, comme le demandait Aristoxène, faute de mieux, au lieu d'une harmonie rigoureuse comme l'exigeait Pythagore; tranchons le mot, vous avez une harmonie de convention, au lieu d'une harmonie essentielle, fondée sur la nature même du son et de l'ouïe.

De même, la pensée ne trouvait que des expressions approximatives dans nos langues modernes. Alors l'union intime de la pensée et de la parole ne pouvait plus subsister comme dans les premiers temps. En un mot, la pensée, ainsi que le sentiment musical, manquait d'une expression franche, nette, énergique, dont la force fût en elle-même.

Rousseau dit que la nécessité du *tempérament* se fit sentir tout-à-coup lorsque le système musical se perfectionna. Je pense que rien ne se fait sentir tout-à-coup; et ce perfectionnement du système musical pourrait bien avoir une grande analogie avec le genre de perfectionnement dont parle Smith pour les langues. N'est-il pas permis de présumer qu'à l'époque où les débats de Pythagore et d'Aristoxène partageaient la Grèce, les véritables traditions musicales étaient déjà fort altérées? Ceci expliquerait assez bien, au reste, comment plusieurs philosophes ont été portés à attribuer l'invention du langage à l'homme.

En effet, à force d'admettre, dans tous les moyens qui ont été donnés à l'homme pour exprimer ou communiquer ses sentiments et ses pensées, à force, disons-nous, d'y admettre des choses de convention, nous avons délayé et perdu les types primitifs. Dès-lors ce qu'il y avait d'essentiel et de subsistant par son énergie propre a cédé la place aux signes variables et plus ou moins arbitraires; dès-lors le génie individuel a remplacé le génie général; dès-lors les impressions ont été reçues par un plus ou moins grand nombre, mais n'ont pas été reçues par tous; dès-lors enfin l'art est venu au secours de la nature. C'est ainsi qu'on a été graduellement amené à penser que tout était d'invention humaine; c'est ainsi que, ne pouvant expliquer les prodiges de l'harmonie ancienne, on a trouvé plus simple de les nier, ou de les attribuer à des causes indépendantes de l'essence même de la musique primitive; c'est ainsi qu'on a imaginé d'établir en théorie que l'homme avait pu fonder la société et parvenir à instituer le langage, *sans savoir toutefois ce qu'il faisait.*

Comme nous avons souvent eu occasion de le remarquer, tout marche du même pas dans les sociétés humaines, parceque tout marche ensemble dans l'esprit humain : voyons donc à présent ce qui doit résulter de l'émancipation de la pensée.

Nous allons nous enfoncer plus que jamais dans la région des conjectures. Mais, quoi qu'il en soit, j'ai besoin de le redire, et je voudrais faire passer dans mes lecteurs la conviction intime où je suis que Dieu ayant fait l'homme pour vivre en société, la providence de Dieu ne cessera point de veiller sur les sociétés humaines; quoi qu'il en soit, répéterons-nous, s'il est vrai que jusqu'à présent Dieu se soit servi de la parole pour diriger les destinées du genre humain, si la parole enfin a été jusqu'à présent une révélation toujours subsistante au sein de la société, et que ce moyen ait cessé de lui paraître utile ou nécessaire, il saura bien en faire sortir un autre de la force même des choses, en supposant que celui-là manquât d'une manière absolue, ce que je suis loin d'admettre, ainsi qu'on a pu le voir, ou en supposant qu'il soit devenu insuffisant, ce qu'on sera beaucoup plus porté à croire. La nouvelle puissance de l'opinion, qui sort en effet d'un tel état de choses, et dont nous avons déjà parlé, cette puissance de l'opinion peut, au reste, fort bien être considérée comme une sorte de parole vivante, qui se renouvelle continuellement sans passer par les longs canaux des traditions. Mais ce qui, au défaut de toute autre cause, assurerait encore la perpétuité des sociétés humaines, c'est la nécessité imposée à l'homme de tout apprendre. L'homme ne sait rien de lui-même, l'homme a besoin d'être instruit sur toutes choses, ainsi que l'affirmait Pascal. Si nous n'avions pas blâmé toute comparaison entre l'homme et les animaux, nous pourrions dire que l'homme en naissant ne sait rien de ce qu'il doit savoir, même pour se conserver; que les animaux, au contraire, savent tout, qu'ils n'ont besoin de rien apprendre.

CHAPITRE XI.

PREMIÈRE PARTIE.

Conséquences de l'émancipation de la pensée dans la sphère des idées religieuses.

Toutes les fois que la société a cessé d'être gouvernée par les traditions, le besoin d'une révélation s'est toujours fait sentir. Ainsi il y a dans le genre humain un sentiment intime et profond qui l'avertit que Dieu veille sur les destinées de sa noble créature, sur les destinées de l'ordre social où il a voulu qu'elle fût placée. Ce sentiment, universel et indestructible, qui est comme la conscience des peuples, se manifeste sur-tout aux grandes époques de crise; il peut donner lieu à bien des erreurs, à bien des superstitions; il peut même, et l'histoire nous en offre plus d'un exemple, il peut encourager des imposteurs, les investir d'un grand crédit sur la multitude, les élever à une mission usurpée; mais il vient d'une confiance sans laquelle les nations seraient, durant ces époques de crise, semblables à un vaisseau battu de la tempête qui aurait perdu de vue l'étoile polaire.

Entre les époques dont nous parlons, celle où nous sommes arrivés a cela de remarquable que, quoique toutes nos traditions soient finies, nous ne sommes point dans l'attente d'une révélation. Il n'y a nulle part l'autel du *Dieu inconnu*. Les peuples n'ont pas les yeux levés en haut pour voir de quel côté les cieux s'abaisseront; ils n'attendent point de législateur nouveau. Nous en avons déjà dit la raison, mais il ne faut pas craindre de la redire; c'est parceque le christianisme est la perfection même des institutions religieuses, et que le genre humain ne peut avoir que le sentiment de ses besoins réels.

Une autre considération à laquelle je ne puis assez me hâter d'arriver, et que la plupart de mes lecteurs ont sans doute prévue, c'est que la parole a conservé toute sa puissance et toute sa fécondité dans la sphère des idées religieuses. En effet il ne s'agit point ici d'une parole transmise, mais de la parole même de Dieu, parole toujours vivante, qui ne peut ni s'affaiblir ni s'altérer. *Ma parole ne passera point*, a dit l'Être par excellence, le seul Être inconditionnel, l'Être sans succession de temps. *Les cieux seront pliés et emportés comme la tente d'un berger*, que la parole divine subsistera toujours: ils seront réduits à *l'état d'un manteau usé*, que la parole éternelle sera encore la parole éternelle. Le sacrifice de l'amour ne peut être ni un symbole ni une commémoration; c'est le grand mystère de la parole. Une parole, mais c'est la parole même de Dieu, une parole rend la victime présente pour être immolée de nouveau. Ce pain est de la chair, ce vin est du sang, la chair et le sang de la victime auguste. Cela est ainsi, parceque la parole a ainsi prononcé; *car*, comme a dit admirablement Bossuet, *c'est la même parole qui a fait le ciel et la terre.*

Je ne sais si je me trompe, mais il me semble qu'il était bien nécessaire qu'il restât un dernier asile à la parole, pour que sa force vivifiante renouvelât continuellement la génération des idées. Ainsi la parole ne quittera point la religion de Jésus-Christ, parceque là elle ne s'est point séparée de la pensée, et que la pensée, de sa nature, est immortelle, même la pensée de l'homme. Par la religion, la parole ne cessera de régner sur le genre humain jusqu'à la fin des temps.

J'aperçois de ce point de vue si élevé la seule vraie raison pour séparer les institutions politiques des institutions religieuses. Les publicistes qui n'ont stipulé que les intérêts de la tolérance ne sont pas descendus dans le fond des choses; ils n'ont pas vu à quel point ils favorisaient en cela l'indifférence, et par conséquent l'incrédulité. La nécessité de consacrer l'indépendance mutuelle des institutions religieuses et des institutions politiques est fondée uniquement sur ce que le ministère de la parole ne doit point être troublé dans la paix du sanctuaire. Dès-lors on n'a rien à redouter des prérogatives du Saint-Siège; et ce que nous avons appelé les libertés de l'église gallicane, qui peut-être dans un temps nous a préservés de la contagion des hérésies, est devenu absolument sans objet. Laissez, au contraire, le Pape, qui est le souverain pontife de la parole, saisir dans toute son étendue le gouvernement spirituel de la chrétienté; que le prêtre soit en même temps citoyen de l'état et sujet du chef de l'Église; et que le chrétien exerce ses droits politiques ou remplisse ses devoirs religieux, sans que ces deux sortes d'actes aient aucune liaison entre eux. Ne défendons plus la religion sous le rapport de l'utilité dont elle est, soit à l'homme, soit à la société; c'est un vrai blasphème qui a été trop souvent reproduit. Ne demandons point pour elle l'appui des institutions politiques; ce serait avoir des doutes impies sur sa stabilité. N'exigeons pas non plus qu'elle vienne au secours de ces institutions, parceque nous pourrions l'accuser de leur chute lorsque le moment de la caducité serait venu. Le mouvement des esprits, qui est l'opinion, peut soulever la société, mais il faut que la religion reste immobile comme Dieu même.

Un jour il vint du fond de la Judée un simple pêcheur, sans nom, sans autorité, dépourvu de toute science humaine. Il était sorti du sein d'un peuple dédaigné, et celui de qui il tenait sa mission avait été attaché à une croix, supplice alors infame. Ce simple pêcheur arrive tout seul dans la ville maîtresse du monde. Il annonce qu'il ne vient que pour renverser les idoles, puis sceller son témoignage de son propre sang. Il ne m'appartient point de discuter comment la cour de Rome a usé d'un pouvoir qui remonte au prince des apôtres, au simple pêcheur venu de la Judée; mais tant que les directions de la société furent exclusivement confiées à la force des sentiments religieux, la cour de Rome a dû être à la tête de la civilisation européenne, et cela suffit. Je ne reviendrai pas non plus sur l'oiseuse question des croisades. Dites-moi combien de temps le genre humain s'est reposé dans la paix! Nommez-moi le siècle où le sang n'ait pas arrosé des champs de bataille! Laissez donc à la guerre ou de nobles causes, ou du moins de généreux prétextes. Les vieillards de Troie ne pouvaient trouver mauvais que les peuples se fussent armés pour la querelle de la beauté : et Homère faisait sortir de cette pensée une poésie tout entière. C'est bien une poésie qui est renfermée dans le motif des croisades! Il s'agissait de délivrer un tombeau, le tombeau de celui qui racheta la nature humaine, le seul tombeau qui n'aura rien à rendre à la fin des temps, pour me servir d'une belle expression de M. de Châteaubriand. Est-ce à nous d'ailleurs à nous montrer si difficiles, nous qui ne cessons de nous parer de nos trophées militaires? Il faut bien savoir admirer tout ce qui peut développer dans l'homme des sentiments élevés, tout ce qui peut lui fournir l'occasion de beaux sacrifices; mais il faut être juste aussi : et il n'est pas moins vrai que cette gloire, acquise en dernier lieu, au prix de tant de sang, n'a servi qu'aux vastes triomphes d'un aventurier.

Cependant, pour rentrer dans mon sujet, j'avouerai, si l'on veut, que la triple tiare a souvent abusé de ses hautes prérogatives; car pour elle aussi il a fallu que l'abus prouvât la liberté. Dans un temps où les princes de la terre avaient sur les peuples des droits dont les limites étaient inconnues, était-ce donc un si grand malheur que les rois eussent au-dessus d'eux une puissance mystérieuse qui venait les épouvanter et leur annoncer les oracles de la justice éternelle, une puissance qui venait leur dire: Ce sceptre que vous tenez de Dieu, Dieu peut vous l'enlever; ce glaive que vous portez à votre côté peut être réduit en poussière par le glaive de la parole? N'avons-nous pas vu naguère, au moment où tous les souverains de l'Europe tremblaient devant le nouvel Attila, n'avons-nous pas vu le vieillard du Capitole lancer l'anathème des anciens jours sur une tête qu'aucune foudre n'avait pu encore atteindre? Cet anathème n'est-il pas venu troubler, dans l'orgueil de ses pensées, l'heureux soldat, au moment même où il remportait la dernière de ses victoires? Oui, la dernière de ses victoires, puisque toutes celles que depuis il a rencontrées sur le chemin de son inconcevable fortune n'ont fait que lui creuser un plus vaste abyme. Serait-ce, par hasard, que le captif de Savone et de Fontainebleau, l'héritier du pauvre pêcheur, avec ces paroles qui contenaient les menaces du ciel, aurait frappé de vertige l'homme contre lequel l'Europe a dû finir par se croiser? Toutefois le vénérable prisonnier ne fut-il pas sur le point de se laisser éblouir aussi par cette terrible fascination à qui il fut donné d'exercer jusqu'au dernier moment une si grande et si funeste influence? Ainsi le vénérable prisonnier fut sur le point d'y céder à son tour; mais l'heure de la délivrance avait sonné de toutes parts; et Dieu s'était fait juge de sa propre cause, car la cause de la civilisation est celle de Dieu même.

Au reste, je ne dois pas négliger de le dire, qu'a-t-on encore à craindre des empiétements de la cour de Rome? Quelle raison pour refuser au premier des évêques, au successeur du prince des apôtres, quelle raison pour lui refuser l'empire entier de la religion, qui lui appartint toujours, pour le lui refuser maintenant que cet empire est devenu si distinct de tous les autres? Craindriez-vous, dans vos pensées pusillanimes, qu'il ne vînt ébranler des trônes fondés sur la limite des pouvoirs, parcequ'il a quelquefois brisé des sceptres absolus?

Je l'ai dit, et je le redis avec la plus entière conviction, sans le christianisme, sans les idées morales que le christianisme a mises dans le monde, le despotisme finissait inévitablement par s'acclimater dans la vieille Europe. Pourquoi avons-nous été si sévères dans les jugements divers que nous avions portés sur Bonaparte? pourquoi ne pouvions-nous pas nous accoutumer à toutes ses ruses, à tous ses prestiges, à toute son immense volonté? pourquoi les peuples ont-ils refusé de reconnaître à-la-fois la puissance du génie et celle de la force? Il faut le dire, Bonaparte a voulu peser sur nous avec le pouvoir qui a précédé le christianisme; et nous, nous l'avons jugé avec les idées morales que le christianisme a données au monde. Bonaparte eut pour la religion une sorte de condescendance impie; par un calcul plus impie encore, il ne voulait en faire qu'un moyen de police ou d'asservissement. Il a cru, quelques instants, pouvoir la dominer comme les législateurs des peuples païens avaient dominé les religions païennes; il n'avait pas vu que ces législateurs ne s'étaient pas séparés de la pensée religieuse, et que, sous le christianisme, la pensée religieuse ne peut être que la pensée chrétienne elle-même.

Nous n'attendons point de législateur nouveau, avons-nous dit, parceque nos institutions sociales, ainsi que nous l'avons remarqué, ne peuvent être fondées que sur le christianisme.

Mais nous ne devons plus mêler dans nos discussions les intérêts religieux avec les intérêts politiques, parcequ'ils sont devenus différents. Il est même permis de penser que n'étant plus compliqués d'affections sociales, les sentiments religieux prendront plus d'intensité, tout en conservant leur heureuse influence.

Si la parole a mis dans le monde intellectuel et moral les idées qui y sont à présent, sera-ce téméraire d'oser dire, par analogie, que le sentiment religieux s'est tellement identifié, par le christianisme, avec les institutions sociales, que ces institutions peuvent se passer désormais de la direction religieuse immédiate? elles ont en elles-mêmes le principe de vie le plus intime et le plus fécond qui ait jamais soutenu les sociétés humaines. La religion est, s'il est permis de s'exprimer ainsi, l'arome qui préserve la société de la dissolution dont on a pu la croire menacée. Les révolutions religieuses et les révolutions politiques ne doivent plus être liées les unes aux autres, et nous n'avons d'autre révolution à attendre que celle qui fera rentrer dans l'unité les communions dissidentes. Cette révolution est inévitable, parceque dès que la dissidence ne peut plus être prolongée par des intérêts politiques, la tendance naturelle doit être le retour à l'unité : nous avons déja expliqué notre pensée à cet égard. Le sentiment religieux, qui paraît menacer de s'éteindre dans les croyances particulières, vit toujours dans les croyances générales. Le moment est donc arrivé où nous devons nous entendre sur les croyances générales et unanimes. Or, le christianisme seul offrant l'accord de ces croyances, il ne s'agit plus que de chercher où sont les véritables traditions chrétiennes. Je n'ai qu'une observation à ajouter. Le peuple français est le premier des peuples de l'Europe qui ait admis le principe de l'indépendance mutuelle des institutions politiques et des institutions sociales, tout en demeurant dans la même croyance religieuse, tout en restant fidèle au droit divin et à celui de la légitimité, qui en est la suite. Ainsi nous avons à-la-fois le principe du mouvement progressif, qui fait marcher la société dans des directions nouvelles, et le principe conservateur, qui modère et régularise le mouvement progressif.

En un mot, notre religion, notre langue, nos mœurs, nous constituent chambre des pairs de la grande société européenne; comme, par les opinions, nous remplissons dans cette même société les fonctions de chambre des communes.

CHAPITRE XI.

SECONDE PARTIE.

Conséquences de l'émancipation de la pensée dans la sphère de la littérature et des arts.

Toute théorie de l'avenir ne peut reposer que sur la juste appréciation du passé; mais aujourd'hui cette première donnée nous manque presque entièrement. La société marche dans des voies insolites, et n'accepte pour règle que des doctrines non éprouvées par l'expérience. Les souvenirs la blessent; elle semble craindre que des principes anciens ou vieillis ne soient *entachés* de féodalité. Elle voudrait cependant conserver encore ses préjugés littéraires: c'est la seule portion de l'héritage de nos pères qu'elle desire maintenir. Tout s'est écroulé autour du trône de la littérature et des arts: ce trône seul ne peut pas rester debout parmi tant de ruines; il faut qu'il s'écroule à son tour.

La nuit du moyen âge ne saurait s'étendre maintenant sur le genre humain, parceque notre marche est devenue trop rapide. Les années suffisent où jadis il fallait des siècles. Le règne de Louis XV, qui fut une sorte d'interrègne sous le rapport des mœurs, le fut aussi sous le rapport des arts: la décadence avait été trop précipitée pour qu'elle pût durer. De même, notre littérature qui, sous ce règne, a jeté encore un si grand éclat, a été envahie, un instant, par une génération éphémère: cette génération fut sans aïeux, elle n'a point laissé de postérité. Les Sénèque et les Claudien de cette courte époque n'offrent déjà plus que des titres de livres aux bibliographes, des noms inconnus dans notre chronologie littéraire. Trop peu d'années nous séparaient de notre grand siècle: pendant que des hommes qui vivaient au milieu de nous avaient vu briller les dernières étincelles de ce siècle fameux, les enfants, dans les écoles, étaient toujours nourris des chefs-d'œuvre qu'il avait produits. Le temps est nécessaire pour entrer dans la barbarie comme pour en sortir: ainsi on peut dire qu'il faut des traditions, même pour parvenir à l'état de décadence, et sur-tout pour s'y maintenir.

Si, d'une part, notre littérature du siècle de Louis XIV est devenue européenne, et a cessé d'être exclusivement la nôtre, nous cherchons, d'une autre part, une littérature nouvelle, qui soit classique aussi, mais classique dans l'ordre de choses qui va naître. Remarquons toutefois que cette littérature nouvelle doit avoir pour caractère particulier d'être européenne, en même temps qu'elle sera tout-à-fait française; car la France ne peut qu'être à la tête des destinées de l'Europe.

Pour commencer par le point qui offre le plus de prise aux conjectures; lorsque notre régime constitutionnel sera affermi, lorsque nos habitudes sociales seront prises, nous imposerons à tous les peuples une éloquence parlementaire inconnue jusqu'à présent. La langue de l'improvisation poétique nous a été refusée, celle de l'improvisation oratoire se perfectionnera : elle est, au reste, plus conforme au génie de notre langue, qui, elle-même, ainsi que nous l'avons fait remarquer, est singulièrement appropriée à l'âge actuel de l'esprit humain. Je suis persuadé que cette sorte d'éloquence aura plus d'éclat, plus de mouvement, plus de puissance, que n'en a jamais eu l'éloquence analogue, chez les Grecs, chez les Romains, chez les Anglais : il y a, dans la contexture et le génie de la langue française, une raison invincible, une logique nécessaire, une clarté constitutive, un sentiment de goût et de convenance, qui apportent peut-être quelques obstacles à la passion désordonnée, mais qui contiennent l'enthousiasme sur les limites où il deviendrait vertige, et qui doivent être très favorables à la discussion calme, solennelle, animée.

La langue et les institutions marchent en même temps : l'une est l'expression des autres. Ce qui arrive toujours arrive encore aujourd'hui : nos institutions commencent à modifier nos discours; c'est une preuve certaine que bientôt elles seront réalisées.

Nous devons renoncer désormais à cette critique verbale qui n'entre point dans le fond des choses, qui s'attache sur-tout aux formes du style, à l'économie d'une composition, à l'observance de certaines règles, à la comparaison superstitieuse avec les modèles, sorte de critique secondaire dont M. de La Harpe est souvent un modèle si parfait. Maintenant cette critique nous a appris tout ce qu'elle pouvait nous apprendre. Il s'agit de pénétrer le sens intime de tant de belles et de nobles conceptions de l'esprit humain. Les mots ne doivent plus nous inquiéter; c'est la pensée elle-même qu'il faut atteindre. Cette critique nouvelle, tout en nous dévoilant des merveilles inconnues, nous montrera la route pour en opérer aussi à notre tour.

L'histoire nous ouvre une carrière immense : c'est presque un monde tout entier à découvrir et à explorer. Oui, la muse de l'histoire est la plus jeune des muses; et elle n'a fait que bégayer jusqu'à présent. Les géologues prouvent fort bien que nos continents sont nouveaux; et c'est depuis bien peu de temps aussi que nous avons perdu les traditions orales; car l'histoire n'est, encore à présent, pour les premières origines de tous les peuples, que ces traditions écrites, la prose substituée à la poésie. Tous les enseignements ont changé, et il est permis d'affirmer que nous avons plus de ressources qu'on n'en a eu jamais pour étudier le génie des peuples anciens. Nous avons signalé déjà quelques uns des travaux préparatoires auxquels se livrent des hommes d'une patience admirable et d'une vaste science. L'art de discuter les témoignages, d'interroger les monuments, de faire parler aux traditions leur véritable langage: voilà plus qu'il n'en faut pour retrouver de grands sujets de gloire. La philosophie éclairée par ses expériences ne dédaignera plus les vieilles doctrines, car les vieilles doctrines sont demeurées dans le genre humain.

On a beaucoup comparé entre eux les historiens anciens et les historiens modernes, sous le rapport du but, de la direction des idées, de l'intérêt. On a dit que les historiens anciens étaient les historiens des peuples, et que les historiens modernes étaient les historiens des princes, des grands de la terre. La manie des parallèles et des comparaisons est une manie de bel esprit. Les véritables historiens, à mon avis, ont été les poètes, parcequ'ils ont été les historiens de l'homme, du genre humain. Il n'y a de pensée élevée que la pensée religieuse, la pensée poétique. Les historiens donc ont voulu, chez les anciens comme chez les modernes, faire briller leurs talents, au lieu de faire briller la vérité. Ils n'ont pas assez dominé les siècles; ils n'ont pas vu les évènements d'assez haut. Bossuet seul, parmi ceux qui ont écrit en prose, donne l'idée du véritable historien. Lorsque les hommes qui se sont arrogé le domaine de l'intelligence ou de l'imagination, et qui ont renoncé en même temps à l'inspiration de la poésie, se sont ainsi avancés sans mission, ils ont cru pouvoir choisir parmi leurs propres pensées. Ils ont dit j'écrirai dans tel ou tel système. Dès-lors on a pu exiger d'eux l'impartialité; ils avaient donné ce droit; mais les poëtes, qui furent les premiers historiens, n'avaient pas besoin de chercher l'impartialité; ils avaient plus que cela; ils avaient la vérité vue de haut, vue dans l'ensemble des choses.

Les temps où régna la parole furent les temps de l'imagination; ceux où régna la pensée indépendante doivent être ceux de la raison. Il semblerait donc que nous n'avons plus de poésie à attendre. Il faut combattre cette erreur: la poésie est éminemment pourvue de raison, mais c'est une raison sensible, animée, dominante. Je n'ai pas besoin de répéter ce que j'ai dit dans la première partie du chapitre précédent, pour peu que mes lecteurs se soient approprié mes idées.

On s'est fort trompé, en dernier lieu, lorsque, sentant que tout finissait, on a voulu nous montrer de nouveaux trésors à exploiter, ou plutôt des richesses anciennes, que nous avions négligées jusqu'à présent, et que l'on nous conseillait de mettre en œuvre. On s'est imaginé que l'homme créait la poésie : la poésie consiste à dire des faits ou des doctrines poétiques par eux-mêmes. Un homme de talent, quel que soit d'ailleurs son talent, ne peut rendre poétique une chose qui ne l'est pas, une chose qui n'est pas déjà de la poésie. La poésie est une langue, et non point une forme d'une langue; la poésie est universelle, et non point locale : c'est la parole vivante du genre humain. Nos annales françaises font partie du domaine de la poésie, comme toutes les histoires des peuples; mais c'est en ce qu'elles tiennent à l'histoire du genre humain. Rien n'est isolé; et les faits de notre histoire ne seraient que des faits isolés, indignes par conséquent de la poésie, s'ils n'étaient pas fondus dans d'antiques et vénérables traditions, répandues parmi les peuples d'un même âge, s'ils ne s'appuyaient pas sur une croyance générale. Homère n'a point chanté, il a laissé chanter la muse; c'est-à-dire qu'il a été l'interprète de la parole. Vos sociétés savantes proposent des prix pour savoir quelle a été l'utilité des croisades ; vous cherchez à expliquer les actions merveilleuses de l'héroïne d'Orléans, qui fut la simple bergère de Domremy ; et vous demandez où sont les sujets pour l'histoire, pour la poésie!

Nous devons regretter sans doute que nous ayons été si peu habiles à user des trésors de la poésie qui nous étaient offerts, à toutes les époques de notre existence sociale. Nous nous sommes dépouillés nous-mêmes de notre propre héritage. Ainsi les antiquités juives, les antiquités chrétiennes, nos temps héroïques modernes, c'est-à-dire ceux de la chevalerie, les sombres et sauvages traditions de nos aïeux les Gaulois ou les Francs, nous avons tout abandonné pour les riantes créations de la Grèce. L'architecture nous a donné le style gothique ; mais les terribles inondations des Sarrasins et des hommes du nord, mais les croisades n'ont pu féconder notre imagination. La voix de nos Troubadours et de nos Trouvères a été étouffée par les chants de l'Aonie. Ce jour religieux qui éclairait nos vieilles basiliques ne nous a point inspiré des hymnes solennels. Nous avons refusé d'interroger nos âges fabuleux ; et les tombeaux de nos ancêtres ne nous ont rien appris.

Mais il faudra bien que la poésie, depuis si long-temps exilée, trouve enfin un asile; car elle existe toujours, puisqu'elle est immortelle. Espérons que notre belle France finira par devenir sa noble patrie.

A présent, nous ne pouvons en douter, il faut chercher la poésie ailleurs que dans des embellissements; au reste, elle n'a jamais été là que pour le vulgaire. Nous devons la prendre où les sages de tous les temps l'ont placée: voilà tout le secret. Un sujet quelconque n'est pour le vrai poëte que ce que la toile est pour le peintre habile. Les sujets anciens et les sujets modernes sont indifférents; car la poésie est par-tout, il ne s'agit que de la faire sortir: sous ce rapport, aucune mine n'est épuisée. Homère fait dire à Alcinoüs ces mots, qui sont une poétique tout entière: « Les dieux ont permis la ruine d'Ilion et « la mort d'un grand nombre de héros, afin que la « poésie en tirât des leçons utiles aux siècles à ve- « nir. » Proposez encore des prix pour l'utilité des croisades! Discutez les prestiges de la vierge qui sauva la France, qui fut brûlée comme sorcière par nos ennemis, et dont la cour de Rome a protégé la mémoire!

Je devrais enseigner ici comment se forment les traditions, comment les systèmes allégoriques prennent un corps, comment des êtres moraux s'individualisent, en quelque sorte, et sont revêtus d'un nom de personnage. Mais je n'ai rien fait si je ne suis point parvenu à donner à mes lecteurs le sentiment de toutes ces choses. Que l'on ne me demande pas une explication précise et textuelle; il est trop évident qu'elle est impossible. La muse épique et la muse tragique tournèrent jadis autour de la guerre de Thèbes et du siége de Troie. Toutes les poésies originales des temps modernes tournent autour de Charlemagne et des croisades. Dites-moi comment cela est arrivé? Un chêne étend ses fortes et vigoureuses racines dans la terre, et sa cime atteint à la région des orages: nul ne sait dans la contrée comment ce chêne a crû; les vieillards disent que leurs pères l'ont vu déja couvert de la rouille des âges.

Les fêtes, quelles qu'elles soient, tiennent à des traditions qui souvent sont très obscures ou tout-à-fait perdues, et ont certainement une origine religieuse. Je ne parle point ici de celles qui contiennent les fastes mêmes de notre religion, de celles dont la célébration est la profession de foi de la société chrétienne. Celles-là ont une origine positive; elles se lient aux dogmes et à l'histoire de la religion. La plupart des autres remontent aux premiers temps du christianisme : c'est ou le patron protecteur de la contrée, ou une Notre-Dame dont la chapelle modeste appelait de toutes parts les pèlerins. Quelquefois des rassemblements, qui furent jadis des fêtes, et qui ne sont plus aujourd'hui que des marchés ou des réunions de plaisirs bruyants, ont un motif dont on suit la trace jusqu'au sein du paganisme, jusqu'au temps où le druide venait en grande pompe couper le gui sacré avec une faucille d'or. Quelquefois enfin la madone chrétienne, à une époque inconnue, avait remplacé la nymphe du ruisseau. Ainsi, sur les bords du Tibre, la triste sœur de Didon, qui avait reçu les honneurs d'un petit temple, dans le lieu où elle était venue mourir, en racontant les premières douleurs de Carthage, avait cédé la place à la vierge secourable aux nautoniers. M. de Maistre remarque fort bien qu'il est hors de la puissance humaine de créer, non seulement des fêtes dont le retour soit périodique, mais même de simples réunions où les peuples accourent d'eux-mêmes, et sans une convocation spéciale, comme aux jeux de la Grèce. On pourrait même dire que nos spectacles tels qu'ils sont, quoique si prodigieusement détournés de leur institution primitive, n'existeraient pas si une pensée religieuse n'avait pas présidé à l'invention de la scène, chez tous les peuples.

Le seul fait littéraire qui, depuis la renaissance, puisse nous donner une idée de la manière dont se forment les traditions, le seul, en même temps, qui fasse concevoir ce que fut le cycle épique chez les anciens, ce sont les poëmes qui ont été destinés à célébrer la gloire de Charlemagne et de ses paladins. Cette fable qui s'est formée pour ainsi dire d'elle-même, dans la nuit du moyen âge, est douée d'une unité merveilleuse. Tous les poëtes qui ont suivi ont créé des événements plus ou moins analogues les uns aux autres, mais tous ont été fidèles à la sorte de vraisemblance du sujet; tous ont été unanimes dans les caractères des personnages qui sont les héros de cette épopée romanesque. Les exploits et les aventures diffèrent, mais la couleur de ces exploits et de ces aventures, mais la physionomie des héros, sont les mêmes. Il y a plus, ils sont tous placés dans la même hiérarchie de rang, relativement à leurs qualités. Ceci, pour le dire en passant, expliquerait assez bien l'unité de l'Iliade et de l'Odyssée, dans l'hypothèse de ceux qui pensent que ces poëmes ne sont pas l'ouvrage d'un seul homme, de l'homme qui s'est appelé Homère, c'est-à-dire le poëte.

Quoi qu'il en soit, maintenant l'allégorie est épuisée, et le génie de l'antiquité cesse de régner dans la poésie. Nos préjugés classiques ont trop long-temps maintenu les mythes païens qui ne pouvaient pas nous offrir des systèmes de composition originale. Un sujet ancien transporté dans nos conceptions modernes doit changer tout entier de sphère d'idées et de sentiments; mais il faut que dans la nouvelle sphère où il est introduit il y arrive avec les mêmes proportions et la même harmonie d'ensemble. Ainsi l'auteur de Veïes conquise, en adoptant la machine de l'Énéide, s'est trompé, car il n'a pas pu emprunter la croyance des peuples. Ainsi l'auteur de la Parthénéide a commis une erreur plus grande encore, car il a placé un sujet contemporain sous l'intervention des divinités de la Grèce. Ces divinités qui furent admises par Sannazar aux couches de la Vierge, et par Le Camoens dans sa contexture épique, vont bientôt être bannies, même des madrigaux, où elles ne sont plus que des lieux communs épuisés. Le sérieux de la pensée exclut de semblables jeux de l'esprit. Le goût, qui n'est autre chose que le tact des convenances, suffit pour achever de détruire les derniers vestiges de cette idolâtrie de l'imagination; et la langue française, docile sur-tout aux régles du goût, commence à refuser son appui à de telles divinités. Plutarque, de son temps, s'étonnait du silence des oracles; il ignorait quel sceau venait d'être apposé sur la bouche des Sibylles. Lorsque le Labarum parut dans le ciel, n'entendit-on pas une voix qui sortait du Capitole, et qui disait: Les dieux s'en vont? Les dieux s'étaient enfuis, mais leurs images étaient restées.

Maintenant une autre voix retentit dans le monde littéraire : Les images des dieux s'en vont.

Un sujet ancien doit, sans doute, admettre les croyances du temps où sa fable est placée; car on ne peut pas être infidèle à la première de toutes les lois, celle qui oblige à peindre un âge de l'esprit humain; mais il faut s'abstenir de faire intervenir comme agents visibles les êtres surnaturels dont la croyance n'existe plus. En un mot, il ne faut pas que le poëte participe à une croyance qui n'est point la sienne, et qui ne peut pas être celle de ses lecteurs. Nous ne pouvons plus nous prêter à de telles suppositions. Jupiter n'a plus de foudre; et la ceinture de Vénus doit rester dans les vers d'Homère, pour les embellir à jamais.

Remarquons encore que toutes les fois que des agents surnaturels appartenant à la croyance des chrétiens sont venus animer nos compositions, nous avons toujours été, en cela même, trop serviles imitateurs des anciens; c'est-à-dire que trop souvent ces agents surnaturels ont ressemblé aux divinités d'Homère ou de Virgile : tant nous avons été fourvoyés dans les voies de l'imitation. Nous avons, de plus, exigé des vers pour reconnaître la poésie, comme si cette langue triée, à laquelle nous ajoutions la rime, constituait essentiellement la poésie; comme si, depuis que la muse épique ne confie plus ses annales mélodieuses à la tradition orale, depuis que ses poëmes ne se chantent plus, il pouvait y avoir une raison pour écrire en vers; comme si enfin il n'y avait pas toujours eu une partie au moins de la poésie française, celle qui affectait l'imitation de la langue grecque, qui trouvait mieux à s'exprimer en prose.

Au reste, ce que nous disions tout-à-l'heure de la réserve avec laquelle il faut user des divinités grecques s'étend non seulement aux divinités indiennes et scandinaves ou calédoniennes, mais encore à ces sortes d'êtres iconologiques et moraux dont la création est toute moderne. Le gardien du cap des tempêtes, le dieu du vertige au milieu des précipices des Alpes, le génie de Rome défendant le passage du Rubicon, sans doute sont de belles inventions d'une muse qui ne prétendait point à la croyance des peuples; mais comment Voltaire a-t-il pu oser nous présenter le Fanatisme et la Politique?

Les règles que je prescris ici devraient être longuement développées : ce serait la matière d'un livre tout entier. Si j'avais à écrire une poétique appliquée à l'âge actuel de l'esprit humain, il faudrait que je discutasse les doctrines de M. de Châteaubriand et celles de M. de Marchangy. Or ce n'est point ici le lieu. D'ailleurs il ne s'agit point de mettre en œuvre des choses qu'on aurait dû mettre en œuvre plus tôt; et l'on ne donne point non plus de préceptes d'avance.

La poésie doit remonter à son berceau, elle doit revenir à ce qu'elle fut à l'origine. N'imitons point les anciens, mais faisons comme eux. Souvenons-nous que cette race éclatante des Homérides a cessé de régner sur nous, et qu'une nouvelle dynastie va se placer sur le trône de l'imagination, qui est vacant. Le sceptre de Boileau est brisé à jamais.

Le génie poétique de la Grèce, dont les préceptes furent appliqués par Horace à la langue latine, et par Boileau à la langue française, ce génie est maintenant épuisé : nous fûmes trop séduits par ses charmes puissants ; mais nous ne pouvons plus rentrer dans cette partie du domaine de l'imagination où nous devions trouver nos propres origines, nos mœurs antiques, nos véritables traditions. Il est impossible de se le dissimuler plus long-temps. Les études littéraires doivent prendre une direction nouvelle, être assises sur d'autres fondements. Lorsque Charlemagne, dans son immense pensée, imposait à l'Europe l'ordre social qui vient de finir, il donnait pour base à l'instruction publique l'enseignement du grec et du latin. Depuis, le latin a toujours dominé dans nos études; et c'est à cette cause, sans doute, que nous devons cet humble sentiment de nous-mêmes qui nous a portés à nous contenter d'une littérature d'imitation. La langue latine n'a plus rien à nous apprendre: tous les sentiments moraux qu'elle devait nous transmettre sont acclimatés dans notre langue; elle n'a plus de pensée nouvelle à nous révéler. Horace et Virgile sont pour nous comme Racine et Boileau. Ainsi les auteurs latins ne doivent plus être qu'une belle et agréable lecture, un noble délassement, et non point l'objet de longues et pénibles études. Bannissons donc dès à présent le latin de la première éducation: les trésors de cette langue seront bien vite ouverts au jeune homme, à l'instant où il quittera les bancs de l'école. Il reste encore des choses à deviner dans Homère, dans Eschyle, dans Platon; mais le grec lui-même sera bientôt épuisé, bientôt il ne contiendra plus de mystère à deviner. Alors il faudra l'abandonner aussi; car il est inutile de donner à l'homme le lait de l'enfant. Le grec, à son tour, sera facilement pénétré par le jeune homme studieux, à l'âge où il pourra de lui-même achever la culture de ses facultés. Le temps est venu de commencer à introduire dans les premiers rudiments de l'éducation l'étude des langues orientales, de se former de nouvelles traditions littéraires. J'ai peine à comprendre comment, avec le sentiment progressif qui travaille les esprits, on reste cependant attaché aux méthodes stationnaires. La vie de l'homme est courte; il faut lui abréger, le plus possible, le temps d'apprendre. Je le répète, le latin est épuisé, le grec le sera tout-à-l'heure. On a senti la nécessité de propager de nouvelles formes d'enseignement pour hâter l'instruction dans les dernières classes de la société; et l'on néglige l'avancement simultané de celles qui sont destinées à marcher les premières. Mais, ainsi que nous l'avons remarqué, il faut de l'accord et de l'harmonie dans tout l'ensemble du système social. Lorsqu'une armée se précipite à la victoire, les grenadiers redoublent le pas pour que les compagnies du centre puissent se mouvoir, et que les autres, à leur tour, trouvent de l'espace. Si toute la poussée vient d'arrière, un grand bouleversement sera inévitable.

Les langues orientales contiennent des trésors que nous commençons à peine à soupçonner. Ceux qui en font à présent l'objet d'une étude spéciale s'y livrent beaucoup trop tard; ils ont perdu le temps de leur première jeunesse à cultiver des lettres sans avenir et sans horizon. Ce n'est point assez qu'un petit nombre de savants s'enfoncent dans les profondeurs du sanscrit, toutes nouvelles pour nous, il faut que la génération contemporaine soit devenue, par l'éducation, habile à comprendre les investigateurs de l'ère qui va s'ouvrir; car l'homme ne sait bien que ce qu'il peut communiquer aux autres:

tant on rencontre à chaque pas le sentiment social, et le besoin de ce sentiment. Il est impossible encore d'apprécier toutes les révélations que nous devons recevoir de langues dont les racines primitives sont des manifestations morales ou intellectuelles plutôt que la représentation d'objets physiques ou l'expression de besoins matériels. Il est impossible de prévoir ce que nous devons apprendre de langues dont les unes sont faites pour l'ouïe, et les autres pour la vue. Il faut que l'esprit humain puisse contempler à-la-fois et la magnifique cosmogonie de Moïse et la haute métaphysique des gymnosophistes de l'Inde.

La parole continuera d'être fécondée par la religion, ainsi que nous l'avons dit; et l'étude des langues où sont enfermées comme dans une arche voilée aux regards les traditions primitives du genre humain, entretiendra ce genre d'activité des esprits, cette continuité de traditions. Ce n'est plus un fait dont on puisse douter que la filiation des langues de l'Orient et des langues de l'Occident; mais il ne nous suffit point de connaître le Nil par ses bienfaits; il faut remonter, s'il est possible, jusqu'à sa source mystérieuse et inconnue.

Ainsi la poésie doit avoir un nouveau point de départ. La langue française qui, seule, entre toutes les autres n'est pas fondée sur les propres origines du peuple qui la parle, attendait peut-être l'âge actuel, l'âge où, inondée de tant de lumières, elle pourrait donner à l'homme, en même temps qu'une métaphysique élevée et pénétrante, la poésie de la raison et du sentiment. La poésie, sans cesser de se consacrer à célébrer les attributs de Dieu, doit entrer davantage dans les affections de l'homme, et sur-tout dans la liberté morale; car, comme nous le dirons tout-à-l'heure, le règne du fatalisme va finir aussi dans les royaumes de l'imagination, et cela seul change beaucoup toutes les données poétiques. L'homme sera toujours à lui seul un fonds inépuisable, la nature peut être mieux connue, mais les sentiments de l'homme seront toujours immenses et sans limites. Les Muses dédaigneuses de la Grèce ne voulaient s'occuper que de royales douleurs, d'éclatants revers. Le système de l'égalité va s'introduire, à son tour, dans la région de la poésie et des arts. Les larmes de l'homme obscur exciteront aussi nos larmes; et déjà la Bible et l'Évangile nous avaient appris à compatir à tous.

Les Allemands nous ont donné l'exemple de conceptions poétiques puisées dans des intérêts privés. Tels sont Hermann et Dorothée de Goëthe, et la Parthénéide de M. Bagghesen. M. de Chateaubriand a pris pour centre d'une véritable épopée deux personnages sans nom; mais il ne s'est pas encore entièrement affranchi du vieux préjugé classique ; car Eudore descend de Philopœmen, et Cymmodocée, d'Homère. L'exemple que l'illustre auteur des Martyrs a donné, en prenant un simple particulier pour héros d'une épopée, est un grand fait littéraire. Les Puritains d'Écosse sont, dans cette hypothèse, un véritable roman historique. M. de Châteaubriand et l'auteur des Puritains ont, chacun dans une carrière bien différente, ouvert un nouveau chemin. Je les cite ensemble, à cause de l'analogie, mais sans les confondre ; car M. de Châteaubriand s'est élevé à la dignité de l'épopée, et ce ne sera pas moi qui contesterai à son bel ouvrage le nom de poëme.

La plupart des observations que nous venons de faire sur la littérature s'appliquent aux arts : les arts aussi sont de la poésie. C'est le génie pittoresque qui a succédé au génie statuaire. Le nu tout seul, qui ne fut jamais dans les convenances de nos mœurs modernes, établit une grande différence pour la sphère d'inspiration ; et je remarquerai, à ce sujet, que les traditions classiques nous avaient égarés aussi dans la carrière des arts ; nous avions renié nos mœurs, et oublié notre climat, nous voulions à toute force nous transporter sur les bords de l'Ilissus et sous le ciel de la Grèce. Le nu s'applique seulement aux sujets mythologiques ; ce que vous voyez, ce sont des êtres au-dessus de l'homme, qui doivent être encore l'homme tout entier, mais l'homme idéalisé par l'apothéose. Supprimez l'apothéose, et vous êtes obligé d'abandonner le nu. Les peintres qui ont cru pouvoir adopter le nu se sont étrangement trompés; car, dans les tableaux, les personnages n'ont plus ce voile de l'immobilité et de l'absence de la couleur. L'idéal, pour la peinture, doit se concentrer sur la noble figure de l'homme, et abandonner le reste du corps. Les vêtements, il faut l'avouer, s'allient mal avec l'art statuaire; de plus, cet art est monumental et public : on élève des statues aux héros, aux grands hommes; mais si vous ne pouvez vous identifier avec la pensée de l'apothéose, il faut que vous renonciez au nu. L'art pittoresque s'applique davantage aux détails de la vie privée : il a moins d'idéal, puisqu'il n'a pas cette sorte d'immobilité qui indique un être élevé au-dessus des passions humaines; il est donc plus approprié à toutes les conditions de l'état social.

Le génie romantique et le génie pittoresque sont deux frères qui viennent succéder au génie statuaire et au génie classique, vieux monarques dont nous devons encore honorer les cendres augustes quoique nous ne vivions plus sous leurs lois. La soumission au joug classique fut long-temps une soumission volontaire et qui par conséquent ne gênait point la liberté. L'esprit humain, toujours indépendant, ne veut plus de ce joug, qui fut de son choix, et qui maintenant ne pourrait dégénérer qu'en une servile imitation.

En un mot, le génie classique est usé comme toutes les autres traditions. Il a jeté dans l'empire de l'imagination toutes les idées et tous les sentiments qu'il devait y jeter. Sa mission est accomplie.

Mais avant de passer à une autre partie de la discussion, je ne puis m'abstenir de remarquer combien les travaux actuels de M. Raynouard méritent d'exciter tout notre intérêt. L'espèce d'abandon où nous avons laissé jusqu'à présent les monuments de notre langue romance tient à cet inconcevable dédain de nos propres origines, que j'ai si souvent déploré dans cet écrit. Quoiqu'il soit en effet trop tard pour tirer de telles recherches le fruit que nous eussions pu en tirer à une autre époque, néanmoins elles ne seront pas bornées au seul mérite de remplir une lacune importante dans l'histoire littéraire du moyen âge; elles serviront encore à lier les unes aux autres les traditions des langues.

M. d'Agincourt a consacré sa longue et honorable carrière à remplir une lacune du même genre dans l'histoire des arts; et ses travaux auront, par la suite, un résultat analogue. Déjà M. Quatremère de Quincy vient d'agrandir pour nous l'horizon même des arts chez les anciens. Par la restitution spéculative du Jupiter Olympien de Phidias, il comble en quelque sorte, dans la pensée, l'intervalle que l'interruption des traditions avait laissé entre les productions du génie statuaire et celles du génie pittoresque.

Nous sommes arrivés à un temps où la science doit aider à l'instinct, et le diriger. En toutes choses, il faut que nous remontions à l'origine, et que nous rassemblions les matériaux, pour compléter les annales de l'esprit humain.

Ne disons donc point ou que tout est fini, ou que nous devons rentrer dans les voies de l'imitation classique, telle que nous l'avons conçue jusqu'à présent. Le phénix consumé sur son bûcher mystérieux va renaître de ses cendres immortelles.

Les arts de l'imagination doivent rester la noble décoration de la société.

CHAPITRE XI.

TROISIÈME PARTIE.

Conséquences de l'émancipation de la pensée dans la sphère des idées politiques.

Le règne de Charlemagne est marqué par Bossuet comme la fin des siècles anciens. L'ère de Charlemagne, à son tour, vient de finir. Sans existence positive avant ce grand homme, fortement organisé sous ses successeurs, ébranlé par les croisades, frappé à mort par Louis XIV, le régime féodal vient d'être remplacé par le gouvernement constitutionnel, par le système représentatif, enfant lui-même de nos plus anciennes traditions, de nos traditions que l'on pourrait appeler primitives. Mais il ne s'agit plus ici d'un simple changement de forme, il s'agit d'un changement dans les éléments mêmes de la société. L'ère de Charlemagne fut une ère nouvelle pour toute l'Europe; et c'est pour toute l'Europe aussi que se préparent de nouvelles destinées.

Si, dans la littérature et les arts, le génie pittoresque a succédé au génie statuaire; dans la société, l'énergie du sentiment moral et la force d'expansion du principe intellectuel sont devenues deux puissances tout-à-fait distinctes. Les limites de la liberté ont été reculées pour l'homme. Les questions relatives au gouvernement des associations humaines s'offrent sous des aspects tout-à-fait différents. Le système de l'utilité sera banni des relations sociales; ce système qui engendre le machiavélisme, et qui met faussement le salut du peuple avant la justice, doit être livré au discrédit. La société a été imprégnée des principes qui doivent la conserver quoiqu'ils ne soient plus textuellement exprimés dans les actes de notre législation. La mère a enfanté avec douleur, ses enfants doivent vivre de leur vie propre.

Un nouveau droit public doit sortir des nouveaux rapports entre les peuples. La guerre, qui fut un moyen de civilisation et de perfectionnement pour le genre humain, ne peut plus avoir ce noble et honorable but; et il est permis d'espérer que ce terrible engrais de sang ne sera plus nécessaire pour fertiliser les vastes champs de l'intelligence: le courage, le dévouement, la générosité, le génie lui-même, trouveront peut-être d'autres emplois non moins admirables sans entraîner tant de calamités.

L'esprit de conquête, réduit à sa cruelle nudité, du moins sera déshérité de toute gloire.

Le duel, reste de nos anciennes mœurs gauloises et de nos mœurs chevaleresques, qui servit quelquefois à redresser de véritables torts, qui nous sauva peut-être des atroces représailles du stylet, le duel se retirera peu-à-peu devant l'institution du jury, destinée par sa nature même à redresser tous les torts envers les particuliers comme envers la société, à laver toutes les taches de l'honneur le plus susceptible.

La peine capitale ne peut être tolérée dans l'organisation sociale qui va naître. Je n'en donnerai que deux raisons. Tous les citoyens devant être appelés à coopérer aux jugements criminels, vous ne pouvez éviter que quelques uns de ceux qui seront obligés de remplir ces redoutables fonctions n'aient, avec le développement des opinions actuelles, une répugnance invincible à prononcer le sinistre arrêt qui va priver de la vie un de leurs semblables, et le jeter ainsi tout-à-coup en la présence de Dieu; vous ne pouvez éviter que quelques uns de ces citoyens d'une haute conscience ou d'une conscience timorée, secouant, comme on est disposé à le faire, le joug de l'autorité, et se croyant ainsi le droit d'examiner les limites du pouvoir de la société, lui refusent ou lui contestent celui d'ôter irrévocablement le repentir au coupable, et peut-être, chose affreuse à penser! la persévérance à l'innocent; car c'est une grande dégradation pour un innocent condamné que de nier la justice. Il est évident que le juré qui ne voudra pas appliquer la peine de mort, dans les cas prévus par la loi, sera obligé de trahir sa propre conscience, de mentir à l'évidence du fait, ce qui est un très grand mal, parceque c'est une sorte d'immoralité qu'on ne se reproche point. Voici l'autre raison. Le spectacle public de la mort d'un coupable fait descendre dans les basses classes un instinct de cruauté qui ne saurait plus être assez contenu. D'ailleurs on ne peut ni rétablir l'ignoble supplice de la corde, ni conserver cet atroce mécanisme qui versa comme un automate le sang de tant de martyrs. La mort est à l'égard de l'homme un mandat d'amener, décerné par le Souverain Juge dans le moment où il veut interroger face à face une créature intelligente, et lui tracer de nouvelles destinées : Dieu, dans de certaines circonstances, prévues par sa sagesse, a pu déléguer à la société le droit de décerner ce mandat de comparution; mais il peut le retirer quand et comme il lui plaît. Or, s'il est vrai que les inconvénients dont nous venons de parler existent, et que ces inconvénients soient inhérents à nos mœurs et à nos institutions, il est vrai aussi que Dieu a retiré à la société le droit de vie et de mort; ainsi que nous l'avons remarqué plus d'une fois, Dieu ne s'explique souvent sur la société que par l'ordre social lui-même.

Un grand ressort des temps anciens, qui fut nécessaire à l'organisation primitive de la société, et qui ne peut plus être pour nous qu'une grande erreur, le sentiment exclusif de la nationalité doit disparaître; il ne peut tenir devant les hauts sentiments de l'humanité; il restera l'amour du sol natal et l'attachement aux institutions de la patrie, seuls sentiments vrais, naturels, indestructibles comme le cœur de l'homme. Nous ne refuserons pas de comprendre les mêmes sentiments chez les autres peuples; et nous ne haïrons pas ces peuples, uniquement parcequ'ils sont autres que nous. Les peuples continueront de différer par les mœurs, mais ils tendront toujours à se rapprocher par les opinions. Le patriotisme a quelque chose d'injuste et de factice, outre qu'il est intolérant, terrible et trop souvent cruel. N'envions point aux Romains leurs Brutus envoyant un fils à la mort ou poignardant un père; n'imitons point les Athéniens jaloux, coupant le pouce aux malheureux Éginettes, parcequ'ils étaient trop habiles rameurs; n'exigeons point de nos femmes l'horrible insensibilité des femmes de Sparte. D'un autre côté, les grandes vertus et les grands talents appartiennent au monde : ainsi on ne doit plus que plaindre cette ostentation malheureuse de sept villes de la Grèce qui se disputèrent la naissance d'Homère, au lieu de s'être disputé le soin de nourrir le merveilleux vieillard.

Le bien-être social descendra graduellement à toutes les classes de la société ; car il y aura toujours des classes, et l'on ne peut concevoir la société sans cela ; mais les individus de toutes les classes pouvant s'avancer sans obstacle dans la hiérarchie, elles se recruteront les unes dans les autres, jusque dans les classes inférieures, qui elles-mêmes rempliront leurs cadres par le simple effet de la population. Tous les hommes marcheront à-la-fois, mais chacun à son rang, sous peine de ne pouvoir marcher. Tous ne peuvent pas être rois, tous ne peuvent pas être appelés dans les conseils des rois. Le laboureur doit continuer de semer le blé, pour nourrir le tisserand qui lui donne de la toile, le maçon qui construit le grenier où sera serrée la récolte.

Si nous descendions aux détails, nous aurions à examiner ici les sources de la mendicité, les causes qui l'ont produite et consacrée en quelque sorte chez les peuples modernes, les raisons qui doivent la faire disparaître à présent ; nous aurions encore à jeter un coup d'œil sur le régime des hôpitaux, sur la nécessité où nous sommes peut-être, dans l'état actuel de la civilisation, d'introduire de grands changements dans l'administration générale des secours aux indigents; nous aurions enfin à pénétrer dans l'intérieur de nos manufactures pour voir comment il serait possible de conserver la santé de nos ouvriers, de relever en eux l'intelligence et le sentiment moral affoiblis par un travail trop mécanique, de les rendre à l'intensité des affections de famille, de leur donner la prévoyance de l'avenir: mais ce ne serait point véritablement de mon sujet, puisque je dois m'abstenir d'appliquer mes observations à aucun objet en particulier.

Le système de patronage et de clientelle, qui fut la base des premières institutions romaines, et qui fut un des élémens du régime féodal, à cette différence près que le régime féodal, au lieu d'avoir pour lien de simples relations civiles, et de produire des effets uniformes, reposait sur des bénéfices militaires, et sur une hiérarchie dans la vassalité, le système de patronage et de clientelle, disons-nous, est hors de toutes les convenances sociales actuelles. La société continuera d'exister par l'échange mutuel des services entre les hommes et les classes; mais ce ne peut plus être qu'un échange libre, une sorte de servitude volontaire, s'il est permis de parler ainsi.

Que l'homme toutefois n'espère pas se soustraire

ni aux lois et aux charges de la société, ni à ce formidable fardeau de la solidarité, dont nous avons déjà parlé plusieurs fois. J'oserais affirmer que les liens de la société sont une image vivante des liens de la solidarité, car, ainsi que nous l'avons dit, tout est symbole dans cette vie.

L'esclavage attachait à la patrie, en ce que hors de la patrie, jadis, on ne trouvait que la condition d'esclave. Quand on avait cessé d'être citoyen d'Ilos, il fallait se résoudre à donner aux enfants de Sparte le spectacle dégradant de l'homme ivre. La guerre de Spartacus n'avait aucune analogie avec les actes de rébellion chez les peuples modernes.

Le commerce et l'industrie ont été des moyens d'affranchissement. C'est par-là que les esclaves de Rome avaient la perspective de la liberté. Les peuples ont été de même. La guerre civilisait; le commerce affranchissait. La puissance affranchissante, c'est-à-dire le commerce, reste seule avec une mission. L'épée du guerrier, si elle n'est pas employée à protéger, doit être brisée maintenant.

L'homme n'a pas le choix de sa patrie; et s'il s'exile lui-même pour éviter de vivre sous des institutions qui lui déplaisent, alors il est sans liens, il est étranger sur la terre.

Les différents climats nous sont connus, et offrent toutes leurs productions à tous les hommes des autres climats. Ainsi le commerce nous rend citoyens de tous les pays; et le dogme de la confraternité de tous les hommes qui habitent la terre nous est enseigné par le besoin que nous avons les uns des autres. Nous ne devons plus faire comme ces farouches républicains qui se privèrent de l'usage du sel pour ne pas avoir à en demander à leurs voisins. Il ne faut pas que l'homme se suffise à lui-même; il ne faut pas non plus que les peuples se suffisent à eux-mêmes.

L'ancienne jurisprudence donnait droit de vie et de mort aux pères sur leurs enfants; et, comme tout marche en même temps, l'ancien droit public donnait la même latitude de pouvoir aux métropoles sur les colonies. Les républiques de la Grèce ne manquèrent jamais d'user de ce droit terrible: elles exterminaient leurs colonies indociles. A mesure que les droits des pères ont été restreints, les droits des métropoles l'ont été aussi. Maintenant il ne faut pas s'y tromper, l'émancipation des colonies doit suivre la règle de l'émancipation des enfants. Dès qu'un fils est chef de famille, il est soustrait à la puissance paternelle. L'Europe luttera en vain contre l'ascendant d'un tel principe, elle doit renoncer à retenir ses colonies dans les liens d'une obéissance filiale, qui serait regardée comme une servitude. Ici se présente encore une question que je ne puis traiter; celle des directions nouvelles à donner à la société pour l'emploi d'une population surabondante, dans les hypothèses que nous venons d'établir.

J'ai promis de dire quelques mots de la fatalité, croyance superstitieuse et cruelle, qui doit finir par succomber sous l'influence du sentiment moral perfectionné. Un des signes de ce système, c'est de donner de petites choses pour preuves ou pour conditions d'événements importants. Il fallait, pour que Troie fût prise, que le Palladium fût enlevé, que les flèches d'Hercule servissent dans les combats, que les chevaux de Rhésus fussent dérobés. Un oracle condamne Énée à manger ses tables pour qu'il parvienne à fonder un empire en Italie. Les poëtes anciens sont pleins de ces sortes de présages. Le vol des oiseaux, les entrailles des victimes, le tonnerre à droite ou à gauche, une parole fortuite, toutes ces choses firent de la théologie. Les superstitions populaires n'ont pas une autre origine; et, encore à présent, l'homme est, plus qu'il ne croit, enfermé dans ces liens ridicules, comme Rousseau le dit fort bien pour lui-même.

Ainsi pendant que, d'un côté, notre destinée était asservie à la marche des astres, de l'autre elle tenait à la chute d'une feuille, au vol d'un oiseau, à la rencontre d'une bête dans la forêt. Les fascinations du serpent nous atteignaient comme la faible colombe. L'homme était emprisonné à-la-fois dans des toiles d'araignée et dans des filets d'airain.

Hérodote, qui a été appelé le père de l'histoire, a écrit dans le système de la fatalité. Les poëtes tragiques ont le plus souvent marché dans cette ligne; mais on pourrait dire, relativement à eux, que, lorsqu'ils sont entrés dans un tel ordre de choses, ils ont adopté l'idée d'une fatalité aveugle, pour rehausser la vertu de l'homme luttant au sein de l'esclavage. Cette pensée est visible sur-tout dans Sénèque. Lorsque nous avons emprunté aux anciens leurs sujets tragiques, nous n'avons pas hésité de les placer sous le jour sinistre de la fatalité. Cette austère école de Port-Royal devait contribuer encore à diriger nos conceptions littéraires dans cette tendance, quoiqu'elle fût en effet hors des sentiments chrétiens. Il serait même permis d'absoudre jusqu'à un certain point à cet égard la croyance générale des peuples. Bacon le premier a aperçu, dans la Némésis des anciens, l'empreinte du dogme de la Providence. Herder a trouvé dans ce beau symbole la juste rétribution et la répression de l'orgueil. Homère, plus près des traditions primitives que les tragiques grecs, fait fléchir la rigueur du Destin devant la volonté de Jupiter. Or la volonté de Jupiter, c'est la justice. Il a été difficile, dans tous les temps, d'accorder la liberté de l'homme et la prescience de Dieu : cet accord a été difficile surtout pour les peuples chez qui le flambeau des traditions n'a pas été directement transmis.

Mais si l'homme peut secouer enfin le joug de la fatalité, il n'échappera point cependant au malheur; car le malheur est une chose trop morale et trop utile pour qu'il nous soit ôté. Ah! si vous pouviez supprimer le malheur, vous ne pourriez supprimer aussi la mort, qui viendrait toujours interrompre tant de félicités, après nous avoir successivement privés des êtres les plus chers. Non, l'homme, tant qu'il est sur la terre, est fait pour tout mettre en commun avec ses semblables; songez donc à perfectionner l'homme plutôt qu'à le rendre heureux, car vous n'y parviendriez pas. Mais soignez le bonheur de la société, parceque la société n'existe que dans ce monde; l'homme qui vit au-delà peut attendre sa récompense. Faites que la société soit heureuse, et veillez à ce que l'homme accomplisse ses devoirs, soit docile aux épreuves qui lui sont imposées. Ceci n'est autre chose que la pensée chrétienne elle-même : c'est le christianisme qui a promulgué toute vérité.

Ce qu'on a appelé la force des choses constitue aussi, je le sais, une sorte de fatalité; mais lorsque la société nouvelle sera définitivement assise sur ses véritables bases, la force des choses viendra de moins loin, aura moins d'intensité, et les rênes seront plus flottantes. Les opinions ont toujours changé parmi les hommes, par des modifications lentes et successives. Désormais les opinions n'auront plus le temps de se consacrer : celles qui continueront d'exister n'existeront point par une puissance de perpétuité ; mais elles seront adoptées de nouveau à chaque instant de la vie sociale. Continuellement renouvelées, elles subiront continuellement l'examen de la raison ; elles seront continuellement adaptées aux convenances variables de la société. Enfin les hommes et les choses, s'il est permis d'employer une telle expression, seront continuellement passés au scrutin.

Ainsi l'émancipation de la pensée a dû produire l'extension des limites de la liberté dans les institutions sociales.

ADDITION
AU CHAPITRE X
DE L'ESSAI
SUR LES INSTITUTIONS SOCIALES.

« J'ai imprimé, l'année dernière, une édition à petit nombre de l'Orphée, qui forme le quatrième volume de la présente publication. »

La préface de cette édition provisoire était terminée par un *postscriptum*, que je crois devoir en détacher, pour le placer ici, avec quelques changements, comme addition au chapitre X.

La question traitée dans ce chapitre se présentera encore par la suite; toutes celles qui viennent d'être exposées se présenteront aussi de nouveau, sous différentes formes; mais je ne ferai plus ni des unes ni des autres l'objet d'une discussion séparée. Maintenant il faut que ma pensée se suffise à elle-même, pour se développer, ou pour se modifier au besoin, à mesure que j'avancerai.

ADDITION

AU CHAPITRE X

DE L'ESSAI

SUR LES INSTITUTIONS SOCIALES.

⁂

Une note de M. Damiron, placée par lui dans son ouvrage sur la philosophie du dix-neuvième siècle, et un article inséré dans le Globe m'obligent à ajouter ici quelques mots. Mais, avant tout, je dois remercier M. Damiron et l'auteur de l'article du Globe du souvenir si plein de bienveillance qu'ils ont accordé à l'Essai sur les Institutions sociales, publié en 1818. Je saisis également cette occasion pour prier M. le baron d'Eckstain d'agréer l'expression de ma reconnaissance pour la manière dont il veut bien quelquefois entretenir ses lecteurs, de mes divers écrits.

Je n'entends pas reprendre en sous-œuvre toutes les parties de l'Essai sur les Institutions sociales, mais seulement la partie qui se rapporte à la question de l'institution du langage.

ADDITION AU CHAPITRE X.

Les philosophes qui dans cette question ont pris pour cause initiative, pour impulsion originaire, la révélation de la parole, ont toujours été mal compris, ou se sont mal expliqués, ce qui a donné lieu à de trop faciles accusations de paralogisme. On leur prête la conception, j'oserai dire ridicule, d'admettre que la parole ait été enseignée à l'homme par des notions grammaticales sur les diverses parties du discours. Dieu aurait été un pédagogue, et l'homme un marmot. Je croyais avoir assez nettement posé les conditions d'un problème aussi sérieux pour croire avoir évité une telle confusion d'idées, une telle parodie de la Bible. Toutefois je ne me plains point; il faut qu'il y ait eu de ma faute: et tout-à-l'heure nous verrons bien où le terrain a manqué sous nos pas. Mais j'espère surtout que ma pensée jaillira des nouveaux développements contenus çà et là, soit dans les Prolégomènes de la Palingénésie sociale, soit dans cette Addition, soit dans la Formule générale, objet du cinquième volume.

Les lois, qui furent traditionnelles avant d'être écrites; les préceptes religieux ou moraux, les connaissances primitives, sources des traditions; les formes de l'intelligence humaine, l'intuition des vérités nécessaires, la faculté de pénétrer l'essence des êtres et des choses, pour imposer les noms: l'insufflation divine pour imprimer le mouvement à la sensation et à la pensée : c'est dans tout cela que j'avais cherché les éléments de la parole ; c'est cet ensemble que j'avais signalé comme étant la révélation du langage. Ce que j'avais voulu induire, et non prouver, c'était l'identité de l'homme et de la parole ; c'était le moi humain s'éveillant en présence du monde extérieur. Tous mes lecteurs cependant ne se sont pas trompés sur ma théorie de la parole. Plusieurs ont compris qu'il s'agissait de savoir s'il y avait simultanéité dans la manifestation des facultés humaines, ou s'il y avait succession. Un de mes amis, fort occupé lui-même de philosophie, me fit parvenir, dans le temps, des objections qui s'adressaient bien directement à la théorie que j'avais conçue, et non à celle de je ne sais quel drame où Dieu interviendrait pour faire épeler l'homme. Je pourrais, sans doute, aujourd'hui reproduire ces objections, afin de les discuter : ce serait une occasion que j'aimerais à saisir de rendre hommage à la mémoire d'un homme qui eût pu laisser un nom s'il eût voulu se mettre en rapport avec le public, et dont d'inexprimables chagrins ont causé la mort prématurée ; mais il faudrait discuter de nouveau les grandes et immenses questions relatives à l'institution du langage, à la formation des sociétés, aux traditions, aux castes : au point où j'en suis, je dois abandonner à ma pensée le soin de se compléter elle-même, et ensuite de se défendre.

Je me contenterai de fixer, en peu de mots, le véritable sujet de dissentiment qui existait entre l'ami dont je parle et moi.

Aristote avait reconnu que les règles premières de nos jugements étaient données par la logique et par les formes absolues du langage; Kant a déduit de ces formes absolues les notions *a priori* de l'entendement.

De Brosses a analysé avec une admirable sagacité les fonctions de l'instrument vocal; il a pris rang, pour cette prodigieuse analyse, parmi les esprits du premier ordre : mais enfin il n'a défini et expliqué que l'instrument, et non la faculté.

Court de Gébelin a voulu se rendre compte de la loi qui préside à la formation des différentes parties du discours, à leur construction grammaticale, à leur réunion en propositions; et, à son tour, il a bien mérité de la science.

Mais il est impossible de ne pas sentir une lacune dans cet enchaînement de faits qui ne sont point liés les uns aux autres, d'où ne peut résulter encore la connaissance ni l'appréciation de cette haute faculté que nous nommons la parole.

Mon ancien contradicteur, esprit très distingué, croyait que la lacune dans l'investigation de tant de

ADDITION AU CHAPITRE X.

faits importants consistait en ce que les langues avaient été considérées comme peintures, comme expressions de nos idées et de nos rapports perçus; et qu'elles n'avaient point été considérées comme résultats, pour remonter de là aux puissances de l'intelligence. Restait donc à savoir, selon lui, comment le son émis par un organe, reçu par un autre organe, passe à l'état de signe abstrait et général, en vertu de la faculté fondamentale du moi, l'absolu, qui tient à notre nature d'être infini; comment nous obtenons ainsi la série de l'ordre des signes vocaux ou oraux, laquelle se substitue successivement à l'ordre des signes visuels et tactiles.

Or le problème ainsi posé n'avait pas été résolu par moi, pas plus que par d'autres philosophes; je ne puis le nier; mais ce n'était pas là le problème que j'avais l'intention de résoudre, car c'est identiquement celui de l'union de l'âme et du corps: il y a un terme qu'aucune psychologie ne saurait franchir.

Tout ce que l'on peut faire, c'est de poser le problème, d'en présenter toutes les conditions; et je crois l'avoir fait.

Il est un autre reproche sur lequel j'ai besoin de m'expliquer; c'est celui de n'avoir pas osé m'élever dans la sphère vaste et religieuse par excellence de l'infini, au lieu de rester fixé dans la sphère étroite et funeste du fini.

Tels sont les termes de l'accusation : comme elle est très grave, sur-tout aujourd'hui que la théorie brillante de l'infini s'est fait au milieu de nous un si éloquent interprète, je dois mettre quelque prix à me disculper.

Une première remarque va jeter un jour décisif sur toutes les questions de ce genre.

Il me paraît évident que la révélation et l'infini sont deux mots différents pour exprimer une même chose : religieusement et historiquement, c'est la révélation ; philosophiquement et idéalement, c'est l'infini.

L'accusation portait donc à faux : je ne m'étais point perdu dans le fini ; s'il est une préoccupation qui m'ait dominé, c'est bien plutôt la préoccupation religieuse.

J'avais fait assez d'efforts pour ne pas sortir de la thèse spéculative et purement philosophique; mes efforts avaient été complètement inutiles. Le philosophe ignore qui me gourmandait n'a pu lui-même m'offrir le moyen de dégager l'inconnue; c'est qu'en effet cela n'était pas possible : Ancillon y avait échoué.

Si depuis j'ai été porté dans la sphère libre et indépendante de l'infini, c'est par mes études sur les origines de la langue latine; en d'autres termes, par le sentiment des déductions historiques. Encore là fallait-il aboutir à la révélation, qui est toujours la grande inconnue, le dernier résultat de toutes les éliminations.

Par tout ce qui a été dit plus haut, il est facile de comprendre que l'infini, ou le spontané, ou l'intuition, ou la forme primitive de l'intelligence humaine, ou la parole, sont ce que j'appelais la révélation.

Les vieux monuments de la langue latine, sous ce rapport, nous raconteront, plus tard, comme la Bible.

J'en ai l'intime conviction, toute étude approfondie et consciencieuse d'une langue ancienne, n'importe laquelle, sera toujours adéquate à la tradition générale.

Ainsi donc, en changeant de route, en prenant un autre guide, je suis arrivé au même lieu. Mon expérience devrait enseigner à commencer par perfectionner sa faculté d'intuition pour l'appliquer ensuite à une langue particulière, puis, de là, conclure pour toute langue, pour l'institution de la parole, identique à l'homme social et à l'homme individuel.

Maintenant je dois aborder une autre question, qui me fut faite par le même philosophe. J'avais signalé, toujours dans cet ordre d'idées, un phénomène que je croyais être le caractère métaphysique, le signe le plus énergique de l'époque actuelle, de l'âge où nous sommes de l'esprit humain.

A mesure que nous avançons dans la civilisation, à mesure que notre éducation sociale se perfectionne, en un mot à mesure que le genre humain se développe, la pensée va s'affranchissant, de plus en plus, des liens de la parole : tel est, en effet, le résumé de ma théorie de la révélation du langage.

Il est de mon devoir de présenter, dans toute sa sévérité, l'objection de mon antagoniste. Je me servirai de ses propres expressions ; seulement je les condenserai un peu, pour qu'elles tiennent moins de place.

« Plus la civilisation se perfectionne, plus la
« pensée devient esclave des signes oraux et vocaux,
« c'est-à-dire de la parole, moins nous avons de
« pensées sans employer cet ordre de signes : les
« signes oraux sont tout pour nous ; nous finissons
« par ne plus évoquer les idées (les rapports rendus
« concrets et fixés), et par ne plus opérer le rappel
« des images et des sentiments qu'avec le secours de
« ces signes. »

« Dans l'origine, les mots ont tous été imitatifs
« ou analogiques, et destinés à peindre ou à rappeler
« une relation physique. Par une transformation
« opérée en vertu des lois merveilleuses de l'ana-

« logie, l'on s'est servi de ces mêmes sons vocaux
« pour représenter soit nos perceptions intellec-
« tuelles, soit les rapports intellectuels, les volontés,
« les actes de l'esprit, que faisaient naître nos sensa-
« tions et nos besoins. L'abbé Morellet, dans son
« Traité de l'imitation musicale, a parfaitement dé-
« veloppé la marche de l'esprit humain dans l'em-
« ploi de ces modes analogiques.

« Tant que l'on conserve, comme cela a lieu dans
« les langues primitives, la double intelligence du
« sens physique et de son analogie avec le sens in-
« tellectuel, les mots restent des peintures à double
« fonction; les langues sont figurées et poétiques.
« Avant la création de ces mots, ou pendant les dif-
« férentes époques successives du perfectionnement
« de la parole, on pense souvent avec des images; un
« grand nombre de perceptions de rapports a lieu,
« et ces perceptions sont des idées, des pensées
« réelles, qui demeurent indépendantes de la pa-
« role, faute de mots pour les rendre concrètes, les
« fixer, les exprimer.

« Ce phénomène a dû se manifester chez les peu-
« ples neufs, tout comme chez les autres peuples;
« c'est un phénomène analogue à celui que l'on
« peut supposer dans les enfants et dans les sourds-
« muets. Mais à mesure que les mots se créent, que
« les conjugaisons et les déclinaisons s'établissent,

« enfin que les formes grammaticales s'organisent,
« les idées, les pensées (liaisons d'idées), passent dans
« le domaine de la parole, se fixent dans l'ordre des
« signes vocaux;

« Et la pensée devient, de plus en plus, dépen-
« dante de la parole.

« La pensée alors n'est plus évoquée que par cette
« nature de signes; la perception d'un rapport rap-
« pelle immédiatement son signe oral représentatif;
« et la perception et le signe se confondent ensem-
« ble, sont simultanément perçus.

« En Europe, où nos langues ne sont que des
« langues dérivées, la valeur des mots qui peignent
« à-la-fois le rapport physique, ou l'être physique,
« avec le rapport analogique intellectuel, s'est pres-
« que totalement perdue. Cet événement avait eu
« lieu dans les langues primitives; mais il est bien
« plus promptement survenu dans les langues dé-
« rivées. Non seulement nous n'avons plus de pen-
« sées sans qu'il s'y lie des signes oraux simulta-
« nément perçus avec elles, mais pour nous s'est
« évanoui dans l'ordre intellectuel le sentiment de
« l'analogie physique du mot. »

Or cet événement que, dans une telle hypothèse, j'aurais confondu avec celui que j'ai voulu signaler, c'est cet événement que j'aurais pris pour l'émancipation de la pensée des liens de la parole.

ADDITION AU CHAPITRE X.

Si j'eusse dit, toujours dans cette hypothèse, que les mots ne sont plus l'expression nette, significative de nos idées, de nos perceptions de rapports intellectuels; que l'analogie de ces rapports intellectuels avec les êtres physiques et les rapports physiques n'est plus sentie; que le langage a cessé d'être figuré, pour former comme une classe de signes purement abstraits lorsqu'ils frappent notre entendement, j'aurais dit une grande vérité.

Ici, il faut être juste, la patience échapperait s'il ne s'agissait pas de répondre à un homme qui fut si éclairé, et que la religion de l'amitié prend sous sa sauvegarde; la patience échapperait, car c'est encore l'événement que j'ai retracé, mais mal saisi, mal raconté, mal caractérisé. N'est-il pas évident que l'abstrait se dégage du concret, et que chacun est tenu de faire sa langue pour la conformer à sa pensée?

« D'ailleurs, ajoute mon contradicteur, quand on
« reporte son attention sur les mots et les expressions
« considérés en eux-mêmes, dans nos langues déri-
« vées, l'on parvient souvent et facilement à en
« découvrir la nature physique et matérielle. Un
« ouvrage curieux serait le tableau de ces concor-
« dances. De Brosses, Court de Gébelin, les éty-
« mologistes, s'en sont quelquefois occupés; mais
« nous ne possédons rien de complet ni de systé-

« matique sur cette partie de la métaphysique du
« langage : on éclaircirait, par un pareil tableau,
« d'une manière lumineuse, les recherches psycho-
« logiques. »

Ce tableau, à mon avis, remplirait la lacune qui existe entre le président de Brosses et Court de Gébelin, mais laisserait subsister la lacune bien autrement importante qui resterait toujours entre ces deux grands grammairiens et Aristote, Kant et Ancillon.

Quoi qu'il en soit, celui qui, au sujet de l'institution du langage, m'accusait de m'être placé en dehors de la sphère de l'infini, en était bien plus éloigné qu'il ne le croyait. Et cependant il avait reconnu l'absolu dans le moi de l'homme exprimant par le son un rapport entre l'être physique et l'être métaphysique, et faisant passer ce son émis à l'état de signe abstrait.

Comment se fait-il alors qu'il ait professé la formation successive de la parole, la coordination graduelle des éléments dont toutes les langues se composent? comme si l'intelligence humaine n'était pas tout d'une pièce! comme si le moi humain n'était pas toujours et n'avait pas été toujours identique à lui-même!

Ceci néanmoins s'explique très bien. Celui qui se croyait l'antagoniste du fini plaçait l'infini dans l'homme même. Ainsi l'homme aurait commencé par s'inventer; puis il aurait inventé le monde; puis il aurait inventé Dieu. Mais alors il resterait toujours à trouver la lumière qui fit que l'homme put s'apercevoir une première fois; le moteur qui dut le porter inévitablement à sortir, une première fois aussi, de lui-même.

L'homme est progressif, et non successif.

Il y a gradation dans l'échelle animale, et même on ignore où elle commence; il y a saut lorsqu'on arrive à l'homme: la Genèse consacre pour l'homme une création à part.

Chaque essence animale souvent y est désignée par un nom collectif; mais les individus en sont séparés; l'homme seul est un.

Il faut donc chercher la gradation intellectuelle de l'homme dans l'espèce humaine; cette gradation s'est manifestée dès l'origine : j'apporterai en preuve le système contenu dans la langue latine, où j'ai trouvé, ainsi qu'on le verra, le dogme enveloppé et simultané de la déchéance et de la réhabilitation; ce dogme est le véritable lieu de l'infini pour l'espèce humaine.

Selon moi, prétendre faire commencer le langage par l'interjection et l'onomatopée, c'est comme prétendre faire commencer la religion par le fétichisme; encore serait-ce le fétichisme entendu dans le sens que lui donnent les auteurs d'un pareil système; car le fétichisme, dans son véritable sens, n'est autre chose que la croyance en l'esprit enchaîné, par un lien magique, dans le signe grossier; et ce n'est qu'ainsi que ce signe est pourvu de puissance.

Qui a mis dans les mots cette force logique, qui est à elle seule un destin?

Qui a conservé dans le verbe l'infinitif, qui est un aoriste général, et qui témoigne de l'infini, lieu primitif de toutes les langues?

Qui a fait que la langue latine, par exemple, contient toute une psychologie, tout un ordre social? Comment se fait-il que cette psychologie soit une des expressions de l'Orient? Comment se fait-il encore que cet ordre social nous soit révélé par des mots, et qu'il nous ait été si long-temps voilé par l'histoire? Un tel phénomène attirera souvent toute notre attention.

J'ai cité un exemple général, je vais citer un exemple particulier.

Le mot quelquefois ne signifie pas la chose, mais la chose oblige le mot à être vrai; car il est dans sa nature d'être une expression vraie, ou destinée à devenir vraie. Ainsi le mot *hostis* des XII Tables désigne une sorte d'existence sans nom dans nos langues modernes: c'est l'individu frappé d'une in-

ADDITION AU CHAPITRE X.

capacité absolue d'entrer jamais dans la communion civile. Ensuite ce mot a signifié, selon les progrès de l'ordre social, étranger, hôte, ennemi. N'est-il pas vrai que toutes ces diverses acceptions sont contenues et comme enveloppées dans l'acception primitive? n'est-il pas vrai que l'on trouverait toute une série de faits découlant du principe inconnu qui a produit ce mot?

L'histoire d'un grand nombre de mots serait aussi féconde en enseignements.

Je ne veux pas disséquer ce mot jusqu'au bout, mais je ne puis m'abstenir de remarquer que, soit M. Lévesque, en le comparant avec des mots de l'ancien slavon et de l'ancien grec, soit MM. Lennep et Scheid, dans leur savant *Etymologicum*, ont trouvé qu'il implique l'idée d'exclusion, d'expulsion. Je ne puis m'abstenir de remarquer sur-tout que ni les uns ni les autres n'avaient en vue d'expliquer le fameux texte des XII Tables. Cette confirmation de mes théories me paraît un fait assez considérable.

Il a été un temps où le mot faisait le sens, et un autre temps où le sens faisait le mot : voilà tout le problème de l'institution et de la génération du langage.

La lettre tue, et l'esprit vivifie : c'est là toute la doctrine de l'affranchissement de la pensée.

L'Institut royal de France avait proposé pour sujet du prix qu'il devait adjuger en 1825, « d'exa-
« miner si l'absence de toute écriture, ou l'usage
« soit de l'écriture hiéroglyphique ou idéographi-
« que, soit de l'écriture alphabétique ou phonogra-
« phique, ont eu quelque influence sur la forma-
« tion du langage chez les nations qui ont fait usage
« de l'un ou de l'autre genre d'écriture, ou qui ont
« existé long-temps sans avoir aucune connaissance
« de l'art d'écrire; et, dans le cas où cette question
« paraîtrait devoir être décidée affirmativement, de
« déterminer en quoi a consisté cette influence. »

La même question a été remise au concours en 1825 et 1826. Le concours de 1826 n'ayant pas répondu aux espérances de la commission chargée d'examiner les mémoires, le prix fut prorogé à 1828; et de nouveaux développements furent ajoutés au programme, pour mieux expliquer les conditions du problème à résoudre.

J'ignore les termes du programme et des développements qui ont été jugés nécessaires; je sais seulement que le prix a été partagé entre M. le baron Massias et M. Schleyermacher, bibliothécaire à Darmstadt, et que ces deux concurrents ont donné chacun une solution différente. M. Massias fait imprimer son mémoire; M. Schleyermacher fera sans doute imprimer le sien.

J'avoue que j'ai besoin de connaître ces deux mémoires pour saisir la question proposée, qui sans doute a reçu son sens de celui que lui ont donné les deux concurrents couronnés.

M. Fabre d'Olivet a voulu montrer une *langue dérivée tout entière du signe*: c'est là l'objet de sa Grammaire hébraïque, publiée en 1815.

M. Fabre d'Olivet est-il parvenu à asseoir une opinion aussi extraordinaire sur des bases incontestables? Pour expliquer comment il a pu prétendre à établir une telle opinion, comment il est arrivé à un tel résultat, il faudrait discuter ses idées sur les langues en général, sur la langue sacrée des Égyptiens en particulier, sur le génie hiérographique contenu, selon lui, dans l'hébreu; et je n'ai point assez de science, ni assez d'espace. Je n'ajouterai rien à ce que j'en ai dit plus haut, page 233. Ce qui me rappelle ce grand travail de M. Fabre d'Olivet, c'est la question proposée par l'Institut, et sur-tout les termes dans lesquels elle est proposée.

M. Fabre d'Olivet avait dit ailleurs: « Il n'y a rien de conventionnel dans la parole. »

Oui; mais une loi existe, et il s'agit de savoir s'il est possible de la découvrir.

FIN DE L'ADDITION AU CHAPITRE X.

LE VIEILLARD

ET

LE JEUNE HOMME.

..... Omnia fata laborant
Si quidquam mutare velis. ....
Luc., Phars., VI.

AVANT-PROPOS

DE LA PREMIÈRE ÉDITION IMPRIMÉE EN 1819.

L'Essai sur les Institutions sociales, que j'ai publié vers la fin de l'année dernière, est une exposition du problème social actuel. Les Entretiens que je publie aujourd'hui en sont une seconde exposition, mais toujours avec les mêmes données. Je n'ai plus à remonter aux principes primitifs de toute société, à établir la filiation des idées qui lient le nouvel ordre de choses aux traditions anciennes; mais ici les conséquences, plus formellement exprimées que dans l'Essai, recevront quelquefois une application plus directe et plus positive. Je puis donc à présent laisser reposer cette métaphysique mystérieuse, qui, reculée trop avant dans le secret de nos facultés individuelles et sociales, n'est pas à l'usage du grand nombre. Établie sur ce qu'il y a de plus général et de plus élevé dans le sentiment social identifié avec le sentiment religieux, ce n'est pas de sitôt qu'elle deviendra populaire. La vérité est une, immuable, et non sujette à changer, mais elle a besoin de revêtir une forme différente, selon qu'elle doit être présentée à des esprits différents. J'ai voulu, dans ces Entretiens, donner à ma pensée une expression qui puisse être comprise par plus de lecteurs. Il me reste encore une tentative à faire pour répandre parmi les diverses classes de la société ce que je crois être le sens intime des destinées sociales : tel est l'objet d'un autre ouvrage où les poétiques aventures d'Orphée serviront de cadre à une troisième sorte d'interprétation des dogmes qui, selon moi, forment la base de toutes les associations humaines. Ensuite j'aurai dit:

Sans doute, je ne puis m'assurer pleinement dans mes propres idées ; toutefois, s'il m'est permis de leur accorder quelque confiance, c'est par la contemplation de tout ce qui se passe sous nos yeux. Six mois du temps actuel valent bien des années d'un autre temps.

LE VIEILLARD

ET

LE JEUNE HOMME.

PREMIER ENTRETIEN.

Mon fils, et il m'est permis de vous appeler de ce nom depuis que vous n'avez plus votre vénérable père, mon fils, vous portez dans votre sein une secrète inquiétude qui vous dévore. Mais, chose étrange! le sentiment qui d'ordinaire agite l'homme à votre âge, ce sentiment qui double l'existence, qui embellit l'avenir, ce sentiment vous laisse paisible. Ne dirait-on pas que, dégoûté de toutes choses, la vie n'a plus rien de nouveau à vous offrir! Vous avez à peine quelques souvenirs fugitifs, et déja vous trouvez qu'ils vous suffisent, que vous n'avez pas besoin d'en recueillir d'autres. L'amour n'est point venu troubler votre ame; vous n'avez point encore vécu avec vos semblables, vous ne connaissez point les hommes: les livres, mais les livres seuls vous ont tout appris. Vous cherchez la solitude comme l'infortuné qui a essuyé mille maux, qui a épuisé toutes les illusions, qui a connu la vanité de toutes les promesses de l'espérance. Caractère bien singulier de l'époque où nous sommes placés! Le jeune homme n'a pas le temps de former des affections; il franchit sans l'apercevoir le moment fugitif où elles devaient naître en lui : le sourire de la beauté n'atteindra point son cœur, n'enchantera point son imagination. Eh quoi! il lui faut les sentiments et les passions de l'âge mûr; il ne se plaît que dans les pensées austères et sérieuses. C'est ou l'ambition qui déjà lui présente sa coupe amère, ou la cause de la patrie qui le plonge dans de graves méditations au-dessus de ses jeunes facultés. Ce n'est point encore assez : il veut embrasser d'un coup d'œil toutes les destinées du genre humain. Tous les peuples deviennent ses amis, tous les hommes sont ses frères, les opprimés de tous les pays et de tous les temps ont droit à sa profonde commisération. Le sentiment égaré de l'amour erre dans l'univers entier pour chercher quelque aliment à sa flamme dévorante. Les plus hautes conceptions des sages, qui pour y parvenir ont eu besoin de vivre de longs jours, sont devenues le lait des enfants.

Ainsi donc, mon fils, l'aurore n'ouvre ses rideaux de pourpre que pour éclairer vos pas solitaires, et non point pour vous pénétrer d'une innocente et naïve admiration. Votre vue dédaignerait presque le tableau si varié, si riche, si merveilleux de la création en vain déployée devant vous. La nuit ne vient que pour vous donner le signal d'allumer la lampe studieuse qui doit vous aider à prolonger vos veilles précoces. Les fleurs sont sans parfums pour vous; pour vous les nuages n'ont point de rêveries : la poésie elle-même, cette fille aimable du ciel, ne peut doucement vous distraire dans les heures silencieuses que vous consacrez à l'étude.

Je veux essayer, mon fils, de guérir en vous une si triste maladie, état fâcheux de l'ame, qui intervertit les saisons de la vie, et place l'hiver dans un printemps privé de fleurs.

Allez, croyez-moi, l'homme peut faire sa destinée; mais il ne peut rien sur les destinées du genre humain : Dieu, dans ses conseils éternels, saura bien se passer de vos pensées mûries avant le temps. Croyez-moi, la société a été imposée à l'homme, non comme un moyen de parvenir au bonheur, mais comme un moyen de développer ses facultés. Cessez donc de rêver certaines perfections chimériques : ce ne sont point les différentes formes de gouvernement qui importent le plus à chaque individu. Toutes remplissent l'objet de leur destination;

toutes sont appropriées aux besoins de l'homme, selon les différents âges de la civilisation.

Cependant, mon fils, je suis loin de vous blâmer; nous vivons dans une atmosphère où nous respirons malgré nous, et à notre insu, mille pensées incertaines, mille inquiétudes vagues. Le sol chancelle sous les pieds; une grande attente travaille les hommes. Les jeunes gens, qui sont nés dans cette atmosphère orageuse, qui se sont élevés sur ce sol chancelant, ne peuvent passer par les mêmes sentiments que leurs pères venus dans des jours sereins : ils ont respiré de trop bonne heure l'air de l'angoisse et de la douleur.

C'est ainsi, mon fils, qu'en jetant les yeux autour de vous, vous avez vu la société ancienne se débattre dans l'agonie de la mort. Vous avez pris pitié de l'auguste victime; votre ame généreuse a fait comme Caton; vous vous êtes déclaré, contre le sort, du parti du vaincu. Je ne veux point vous ôter votre noble compassion, mais je veux vous dépouiller de vos inutiles regrets, adoucir l'amertume de vos plaintes. Vous n'envisagez qu'avec effroi l'avenir; vous dites sans cesse: « Que va devenir « le genre humain? Je vois la civilisation s'enfon- « çant, chaque jour de plus en plus, dans un gouffre « où je ne puis apercevoir que de vastes débris. »

Vous dites encore: « L'histoire m'apprend que

« des sociétés policées ont péri, que des empires ont
« cessé d'exister, que des éclipses funestes se sont
« étendues, durant plusieurs siècles, sur l'huma-
« nité tout entière; et je remarque à présent des
« analogies qui me font trembler. Ce qui est arrivé
« dans le monde m'est un pressentiment de ce qui
« nous est réservé. Devons-nous retourner aux âges
« de la barbarie, ou nous perdre de nouveau dans
« la nuit du moyen âge, après avoir passé par tous
« les périodes de dégradation qui ont marqué la
« décadence de l'empire romain ? »

« Vit-on jamais, ajoutez-vous, vit-on jamais une
« société humaine subsister sans être sous la pro-
« tection de la religion ? Quand a-t-on vu, en effet,
« le nom de Dieu exilé du préambule et de la con-
« texture de toutes les lois ? Quand a-t-on vu la juri-
« diction religieuse solennellement déclarée incom-
« pétente pour toutes les affaires humaines ? » Et
ici, vertueux jeune homme, ce qui ajoute à l'intensité de votre douleur, c'est que pour vous-même
votre sentiment religieux n'a pu s'arrêter qu'à des
croyances générales qui se déploient en liberté dans
votre ame, sans donner du repos à votre cœur.

Voilà donc ce que je vous entends répéter chaque
jour, et à chaque instant du jour. Eh bien! moi aussi
j'ai cru quelque temps que tout était fini pour notre
vieille Europe. Oui, lorsqu'aux premiers orages de

la révolution française, qui ont grondé sur vous, à votre insu, car vous n'étiez qu'un enfant, je voyais tous les liens de la société se dissoudre, toutes les institutions nager dans le sang, ah! ce fut alors qu'il fut permis de croire à la fin de toutes choses. Et cependant il y avait sur la terre de trop nobles sentiments pour que Dieu voulût briser son ouvrage. Cette honorable France, qui fut de tout temps la patrie de la gloire, et qui était devenue la patrie des plus généreux dévouements, des plus hautes vertus; cette honorable France n'avait pas mérité de périr. Quoiqu'en apparence elle fût parvenue au dernier degré de l'humiliation et du malheur, c'était encore elle qui était réservée à conserver toute civilisation; c'était encore elle qui, en sortant de ce sommeil de sang et de larmes, devait diriger les destinées nouvelles de la grande société européenne. Ses ennemis étonnés ne riaient point en branlant la tête, comme il a été dit de Tyr et de Sidon, parcequ'ils sentaient que le sceptre de la puissance n'était pas échappé de ses mains, et qu'elle ne leur avait pas été livrée comme une proie.

Après des temps si terribles, un homme sorti d'une des îles de la Méditerranée, qui n'était point né Français, dont le berceau avait été couvé par le vent d'Afrique, un homme nouveau apparut tout-à-coup comme un génie créateur. On ne l'avait point vu s'avançant vers la célébrité: il y était arrivé avant qu'on eût eu le temps d'apercevoir sa marche rapide. Grand capitaine, négociateur habile, doué de cette force de prestige qui agit sur tous à-la-fois comme si c'était un seul, il sut parvenir au pouvoir suprême par une activité prodigieuse, par de vastes triomphes, par un caractère de fer; il sut, de plus, tourner au profit du despotisme toutes les illusions de la liberté, tous les vertiges de l'anarchie, toutes les espérances de l'avenir, tous les regrets du passé, tous les vœux pour le retour aux principes d'ordre et de morale. Un instant les peuples trompés crurent en lui; un instant ensuite les vieux rois pâlirent sur leurs trônes ébranlés. Celui-là eût arrêté les progrès de l'esprit humain, si la nation dont il avait usurpé l'empire, confuse de s'être ainsi livrée sans défense, ne s'était pas enfin retirée de lui. Deux fois il a ressaisi en vain le pouvoir; deux fois il est resté seul avec ses soldats; et tout ce qu'il a pu inventer de tromperies, tout ce qu'il a pu improviser de prodiges n'a pas suffi pour le sauver. Cette honorable France, qui n'avait pas mérité de tomber sous le fer des plus vils assassins, n'avait pas mérité non plus d'être à jamais asservie en asservissant les autres nations.

Mais quand a-t-il été plus évident que la Providence veillait sur nous, que lorsque nous avons vu tous les efforts de l'Europe se borner deux fois à renverser le colosse aux pieds d'argile?

Écoutez, noble jeune homme, écoutez les enseignements d'un vieillard; ne dédaignez pas les conjectures de celui qui vous a devancé dans la carrière des chagrins et des ennuis. L'étude et l'expérience unies dans une vie longue et courageuse m'ont appris plus de choses que n'a pu vous en révéler encore votre imagination, toute sérieuse, toute prématurée qu'elle est; plus que vous n'avez pu en puiser dans des livres remplis de doctrines spéculatives, ou dans l'histoire des temps antérieurs, si peu semblables au nôtre. Vous assistez, mon fils, à un grand spectacle dont je ne verrai pas la fin; mais il me semble que je la prévois; et je puis affirmer en toute vérité que je trouve dans ma conviction intime un parfait repos sur l'avenir. La providence de Dieu n'abandonnera jamais au hasard le soin des destinées humaines; et l'homme continuera de vivre en société jusqu'à la fin des temps. Or il est impossible que la société n'ait pas toujours en soi la raison de son existence. Ne dites donc plus que c'en est fait de la société. Puissé-je dissiper toutes vos alarmes, faire évanouir toutes vos terreurs! Puissé-je vous prouver que le sentiment moral n'est point affaibli, que la société ne s'est point affranchie de la pensée religieuse, que nous sommes arrivés à une ère nouvelle de l'esprit humain, ère destinée à faire sortir toutes les conséquences des principes de morale, d'humanité, de sociabilité émis jusqu'à présent dans le monde, principes devenus sacrés et indestructibles depuis qu'ils sont connus, principes qui ne peuvent plus recevoir de restriction depuis que tous sont appelés à les invoquer.

Les hommes qui n'ont d'abord considéré la révolution française que comme un orage destiné à passer se sont fort trompés; et, malgré tout ce qui a dû faire revenir d'une telle erreur, elle s'est perpétuée : c'est encore cette première erreur qui est la cause de mille faux calculs. Sans doute il y a des circonstances qui auraient pu ne pas être les mêmes; sans doute il eût été possible d'éviter certains malheurs; et sur-tout les crimes qui ont souillé cette révolution ne nous étaient pas imposés par une fatalité aveugle, qui voulût nous faire acheter de nouvelles prérogatives au prix de la honte et du remords. Mais il est inutile d'apprécier ici toutes ces choses. Il est inutile de discuter les fautes qui ont été commises, soit par des résistances intempestives, soit par une précipitation et une impatience furieuses pour parvenir à un but inconnu. L'important, mon fils, c'est de reconnaître que nous sommes arrivés, comme je vous le disais tout-à-l'heure, à une ère nouvelle de l'esprit humain. Ceux qui ne sont point encore parvenus à entrer dans cette idée s'exposent à d'étranges méprises, à de tristes mécomptes, à de grandes douleurs. Parmi ceux-là les uns croient que nous pouvons rétrograder vers les institutions anciennes, en les modifiant toutefois pour les approprier à quelques habitudes contractées durant l'interrègne social; les autres pensent que tout étant à refaire, c'est le moment le plus favorable pour établir des systèmes politiques fondés sur des théories généreuses, mais tout-à-fait idéales; pour faire enfin des essais de gouvernement, des expériences sur la direction des peuples. Il en est encore qui croient que c'est la révolution qui a créé le nouvel ordre de choses, que c'est dans l'esprit même de la révolution qu'il faut chercher les éléments de la stabilité. Les uns et les autres sont dans une erreur différente qui produit les mêmes effets, parcequ'ils méconnaissent également la marche inévitable de l'esprit humain. Tous se trompent, et tous, en se trompant, prolongent les souffrances de la société. On n'a jamais rétabli les institutions vieillies par le temps; jamais non plus on n'a fondé des institutions *à priori*; enfin une révolution n'est point une cause, elle ne peut être qu'un effet. Les différentes erreurs que je viens de vous signaler viennent toujours de la même source, de ce qu'on est beaucoup trop porté à exagérer la puissance de l'homme.

Quant à vos opinions et à vos sentimens, ils ne sont d'aucun danger; mais ils ont de graves inconvéniens pour le petit nombre de ceux dont ils attristent l'ame. Ils conduisent au découragement et à l'abnégation de toute volonté, puisqu'ils nous privent de l'espérance, le premier des biens. Vous craignez, mon fils, que, parceque la société ancienne a péri, toute société ne soit détruite. Vous prophétiseriez volontiers sur notre malheureuse France le terrible fardeau dont Ézéchiel et Isaïe chargèrent jadis, au nom du Dieu des vengeances, l'opulente Tyr, l'orgueilleuse Babylone. Notre sort sera pareil à celui de Jérusalem, lorsqu'elle eut perdu les traditions de la foi. Pourquoi les rues de Sion ne pleurent-elles pas à cause de tout le sang innocent dont elles ont été inondées? Demain, sans doute, nos villes désertes et veuves de leurs citoyens seront remplies d'étrangers, qui siffleront avec insouciance, assis sur les ruines de nos édifices; cette fois ils branleront dédaigneusement la tête, en passant devant les débris de trophées et de monumens, inutiles témoins de notre funeste gloire.

Il faut que je vous apprenne, mon fils, que les temps actuels n'ont aucune analogie avec les temps dont le souvenir est si présent à votre imagination effrayée. Voici ce que je crois : l'épée des conquérants est brisée. Voici ce que je crois encore : l'interruption de la vie sociale ne peut être que fort courte; elle ne peut durer assez pour constituer la mort. Enfin, noble jeune homme, je crois que nul peuple n'a des destinées à part et séparées des autres peuples; que tous ensemble doivent subir le même sort, comme des passagers montés sur le même vaisseau. Je dis que l'épée des conquérants est brisée : oui, parceque les lumières sont égales entre les peuples, parceque la lumière partie d'un centre s'étend à l'instant même sur toute la circonférence. Je dis que l'interruption de la vie sociale ne peut se prolonger, parceque le temps marche avec une telle rapidité qu'une génération ne peut achever de croître dans l'ignorance des idées qui lient les générations entre elles. Je dis que nul peuple ne peut avoir des destinées isolées, parceque nul peuple ne peut être livré à l'esclavage par un autre peuple. Ce n'est pas en vain que l'Évangile a été prêché sur toute la terre. La morale de la société n'est autre chose à présent que la morale même du christianisme. Cet homme qu'une île de la Méditerranée nous avait donné, et qui paraissait né à une autre époque de la civilisation, voulut méconnaître cette vérité. Il s'était placé en dehors de la société pour la dominer, comme dans les temps où les hautes facultés de l'intelligence, n'étant le partage que d'un très petit nombre, ne pouvaient pas être atteintes et mesurées par une multitude ignorante et barbare. Il nous avait rendus les instruments de cette ambition des hommes anciens, ambition si puissante et si énergique, et qui le plus souvent n'avait à agir que sur des masses inertes, alors que l'épée des conquérants fut quelquefois appelée à civiliser le monde, à placer les nations sous un même joug, pour fondre les peuples et établir la communication des idées. Ces alternatives de civilisation et de barbarie étant désormais impossibles, c'est une donnée entièrement nouvelle pour l'esprit humain.

Méditez ces choses, mon fils; un autre jour nous reprendrons notre entretien. Mais examinez avec maturité, examinez avec la noble bonne foi de votre cœur généreux, examinez les circonstances actuelles sous le jour que je viens de vous les présenter: l'époque où nous vivons est, ainsi que je vous l'ai si souvent répété, un âge de crise pour la société, une ère nouvelle de l'esprit humain. Si vous pouvez une fois entrer dans cette pensée, elle vous rassurera. Ensuite nous examinerons ensemble les caractères de cette époque nouvelle. Nous ne craindrons point de porter notre attention sur le passé, et nous nous lancerons hardiment dans quelques investigations de l'avenir. Le présent nous occupera fort peu, parceque le présent s'enfuit à mesure qu'on veut y attacher ses regards; le présent d'ailleurs n'est plus gros de l'avenir; il ne contient rien en soi. C'est une démolition qui s'achève, c'est une ruine qui devient plus ruine encore. Le passé, qui nous a légué des leçons et des avertissements, le passé finit de mourir; mais il ne meurt point comme le patriarche rassasié de jours, qui pour dernier acte de sa vie bénissait ses enfants éplorés. Le passé finit de mourir; mais il meurt dans les angoisses, et en quelque sorte dans l'opprobre, égorgé comme le vieux Priam au pied des autels domestiques, après avoir lancé un trait inutile contre son farouche vainqueur. Il n'entend autour de lui que la menace et l'outrage.

Voilà, généreux jeune homme, voilà ce qui déchire votre noble cœur. Eh! croyez-vous donc que moi-même je sois insensible à une telle calamité? Mais Dieu, qui a institué la société, a voulu qu'elle fût ainsi faite: il a mis en elle quelque chose d'inexorable qui ressemble à la fatalité des poëtes tragiques. Elle ne peut supporter la présence de ce qui n'est plus en harmonie avec son existence actuelle, comme le corps repousse tout aliment qui n'est pas doué d'assimilation. La nature morale se nourrit de destruction et de mort aussi bien que la nature physique. Le grain de blé qui pourrit dans la terre avant de produire de fécondes moissons est un emblème universel. Mais si les individus souffrent ici-bas, n'ont-ils pas la vie future?

DEUXIÈME ENTRETIEN.

« Je ne prétends point, mon fils, discuter avec vous sur la meilleure forme de gouvernement, ni sur l'essence des différentes sortes de gouvernements qui ont régi les hommes en société. Toute discussion à cet égard poserait sur des principes arbitraires et relatifs. Je pense moi, et vous-même, sans doute, vous pensez ainsi, qu'une seule forme de gouvernement est possible chez un peuple, à une époque donnée de ce peuple, dans ses rapports avec l'état général de l'esprit humain. Un gouvernement ne s'institue point, il sort du sein des choses; il se développe selon de certaines conditions. Le monde moral, non plus que le monde physique, ne connaît point de génération spontanée. Gardons-nous donc de nous perdre dans de vaines théories, irréalisables par cela même qu'elles ne sont pas; jetons seulement un coup d'œil sur les deux grands systèmes qui divisent les publicistes, je veux dire le droit divin et le contrat primitif.

« Vous ne concevez pas, noble jeune homme, vous en qui le sentiment religieux est si puissant, vous ne concevez pas le partage des opinions à cet égard. J'ai été long-temps aussi à le concevoir; mais je me suis dit que rien n'existe sans raison de son existence, et alors je suis parvenu à comprendre ce qui auparavant était inexplicable pour moi. Ceux qui nient le droit divin, et qui déclinent ainsi le haut domaine de Dieu sur les sociétés humaines, ne font autre chose que nier un sentiment dont ils sont dépourvus; ils pensent que les partisans de cette croyance si éminemment sociale croient à la nécessité d'une révélation directe et immédiate pour l'établissement d'une société. Ils feignent d'ignorer que la Providence a mille moyens de s'expliquer. Dieu ne parle pas toujours parmi les foudres et les éclairs du Sinaï, ou par la bouche de ses prophètes. Cyrus est appelé le christ de Dieu; Attila se donne à lui-même le nom de fléau de Dieu. César disait au matelot effrayé de la tempête: « Ne crains rien, tu « portes César et sa fortune. » Attila disait au pilote de son vaisseau : « Fais-moi aborder n'importe sur « quel rivage, pourvu qu'il y ait des peuples à pu- « nir. » Ceux donc qui refusent de porter le joug du droit divin ne savent pas qu'ils s'en imposent un autre bien plus inflexible et bien plus pesant. Ils se déclarent soumis à une puissance aveugle qui a des chaînes d'airain et des coins de diamants : c'est la force des choses sans direction morale; c'est le destin. Ils n'en sont pas venus à comprendre le respect de Dieu pour la liberté de l'homme, fondement de toute moralité. Ils ont oublié cette belle sentence d'un poëte (Juvénal), en parlant des rapports des Dieux avec l'homme :

Carior est illis quam ipse sibi.

Où nous conduit le dogme insensé de la souveraineté du peuple? S'il était admis à la rigueur, on verrait bientôt le sabre s'emparer du droit d'élection. Les soldats nommaient les empereurs, et le peuple était obligé de les accepter. Les Francs aussi élevaient leur empereur sur le pavois, mais la patrie de ce peuple était dans les camps, et le fer était l'interprète des jugements de Dieu : les ancêtres de ce peuple adorèrent jadis une lance. Les janissaires font et défont l'ouvrage de leur fureur. Lorsque le pouvoir se puise dans les chances des armes, et que le scrutin est une insurrection, c'est bientôt arrangé : une heure après on n'y connaît plus rien; il reste une lance debout, qu'il faut adorer. Mais autrement de quel droit une portion du peuple imposerait-elle un souverain à l'autre portion? car pouvez-vous espérer une paisible unanimité? N'ai-je pas vu en 1793 écrire, dans les papiers publics, que la moitié plus un a le droit de tuer la moitié moins un, lorsque cette moitié est dissidente? Ces terribles dialecticiens de la terreur ne reculaient pas timidement devant les conséquences de leurs principes. Si en 1814, après la chute éclatante du soldat heureux qui régnait par le droit des baïonnettes, quoiqu'il fût le délégué de la souveraineté du peuple, on eût voulu agir en vertu de la doctrine orageuse qui l'avait jeté sur le trône sanglant de Louis XVI, qui lui avait presque donné l'ancien héritage de Charlemagne, je le demande, qui aurait eu le droit de convoquer la nation? qui aurait eu le droit de prescrire les formes dans lesquelles le peuple aurait eu la faculté de s'assembler? qui aurait eu sur-tout le droit de prescrire les limites dans lesquelles aurait dû être restreint l'exercice de cette grande prérogative? Tout ne devait-il pas être nouveau? et alors n'aurait-il pas fallu commencer par consulter la nation sur la forme de gouvernement qu'elle voulait, comme fit Samuel avant de donner un roi au peuple juif? Qui aurait pu enfin se permettre l'exclusion de certaines classes de Français, et dire: Tels sont citoyens; tels ne le sont pas? Ceux qui auraient été en dehors du ban n'auraient-ils pas eu raison de protester par l'insurrection? Non seulement on n'aurait pu exclure aucun Français du droit de concourir à l'élection du souverain, mais on n'aurait même pu en exclure aucun du compétitorat à la couronne; car, dans nos anciennes coutumes, la seule condition indispensable pour monter sur le trône de France était d'être né Français: tel fut, en effet, le fondement de la loi salique. Et encore, dans le cas inévitable du partage des voix, qui eût jugé? Juste ciel! où irions-nous avec un pareil système? Ne savons-nous pas que le peuple n'obéit qu'aux passions du moment? Aussi le peuple juif ne fut point épouvanté de l'image de la royauté telle que la lui présentait Samuel. Ce qu'il voulait, avant tout, c'était de ne plus être gouverné immédiatement par Dieu. Aussi ce même peuple appelait, plus tard, sur sa tête et sur celle de ses enfants, le plus terrible des anathèmes, parceque sa volonté était soulevée contre le Juste. Aussi le peuple d'Athènes tantôt condamnait Aristide au bannissement, tantôt faisait ordonner la mort de Socrate. Où Catilina puisa-t-il les forces qui faillirent entraîner la chute de la république romaine? Un ministre des cent jours n'a-t-il pas dit: « Il est « temps de flatter les passions de la multitude? »

Considérons de plus, mon fils, que le pouvoir ne se transmet point virtuellement: il est de l'essence du pouvoir de ne point sortir des mains de celui qui l'a par sa nature propre, de celui qui l'a primitivement, de celui de qui il émanerait s'il était susceptible d'être délégué. La volonté de celui-là ne suffit point: il ne dépend pas de lui de se dessaisir du pouvoir, quelque effort qu'il fasse pour cela. Un roi est précipité du trône; il n'en descend point. Le trône est usurpé, il n'est point cédé. Toute transaction est nulle, ou pour mieux dire toute transaction est impossible. Les abdications que l'on trouve si rarement dans l'histoire ne prouvent rien contre cette assertion. Ceux qui ont abdiqué n'ont pu laisser le pouvoir que là où il était auparavant, là où il devait arriver naturellement après eux, là où il avait toujours été. Ils n'ont pas transmis le pouvoir, parceque le pouvoir ne leur avait pas été transmis: il était resté uni à l'ordre imprescriptible de la société dans laquelle ils vivaient. Sitôt que cet ordre présente quelque chose de douteux, et ne s'est pas expliqué de lui-même, il faut que la société enfante laborieusement une institution fixe. Ce ne sont point les jurisconsultes qui tranchent de telles questions; il n'y a point de tribunaux entre les peuples et les rois; il n'y a point de juges pour terminer les différents des rois entre eux. Il n'y a ni droits acquis à faire valoir, ni équité naturelle à consulter: tout se décide d'une bien autre manière. Alors on a ou les malheurs de Charles VII, ou les troubles sanglants de la ligue, ou la guerre de la succession.

Ainsi donc, si le peuple était souverain de droit, il lui serait impossible d'aliéner sa souveraineté.

Rousseau a reconnu ce principe après Machiavel. Que serait-ce d'ailleurs qu'un souverain qui exercerait son pouvoir sur lui-même? Avec la souveraineté du peuple il n'y aurait point de balance de pouvoir, puisqu'il n'y aurait qu'un pouvoir dans la société; or il y aurait despotisme. Le peuple pourrait se repentir souvent; et conçoit-on bien ce que seraient les fréquents repentirs d'un peuple? L'expression de son changement de volonté pourrait-elle être autre chose que le meurtre et l'incendie? Non, la souveraineté faite pour dominer ne peut partir de bas. Le souverain doit être au-dessus du peuple, mais il faut qu'il soit dans l'esprit de ce peuple : sans cela il n'y aurait pas obéissance ou soumission; il y aurait servitude.

Au reste, il est bon de remarquer, mon fils, une chose à laquelle vous n'avez peut-être pas fait encore attention, c'est que le régime féodal a dû nous accoutumer à l'hypothèse du contrat primitif. Notre ancienne constitution politique, toute formée de cessions successives et de transactions avec de grands vassaux, pleine de priviléges pour des familles, pour des villes, pour des corporations, pour des provinces, et où le pouvoir allait continuellement se briser contre des prétentions plus ou moins consacrées, contre des digues élevées par les siècles; notre ancienne constitution semblait renfermer en elle-même l'idée du contrat primitif. Nos institutions si éminemment protectrices, si éminemment modératrices du pouvoir, par conséquent si peu arbitraires, formaient bien une vraie patrie; mais cette patrie n'existait que pour les classes privilégiées, c'est-à-dire pour celles qui avaient des droits à faire valoir. Et dans les classes privilégiées les grands se regardaient comme ayant été les co-partageants de l'autorité souveraine, la plupart même se vantaient d'avoir fait nos rois.

Une des conditions que l'Auteur de tout pouvoir a mise à l'intronisation d'un chef de dynastie, c'est le consentement des peuples. Or ici c'est un des grands mystères, et une des grandes merveilles de l'organisation sociale. Il faut que le peuple dise *oui*; et cette condition indispensable est consacrée dans le rituel de la cérémonie auguste du sacre. Le peuple dit *oui* par une voix secrète mais puissante, qui est toujours entendue, qui est infaillible parcequ'elle n'est pas l'expression tumultueuse de la volonté d'un instant. Un souverain qui règne contre le vœu du peuple, qui règne par des lois sans analogie avec les besoins et les idées de ce peuple, ne régnera pas long-temps: sa race ne pourra prendre de racine dans le sol social: celui-là est frappé de réprobation; il est le véritable usurpateur. Dieu qui a fondé la société a voulu que le lien de la société fût l'amour; loi admirable que l'on ne connaît point assez; et c'est parcequ'on ne la connaît point que l'on s'est si mal à propos élevé contre le droit divin. Mais, hâtons-nous de le dire, ce ne sont point les suffrages pris un à un qui constituent cette sorte d'unanimité que l'on entend par le consentement des peuples : elle repose, silencieuse et inattaquable, dans cette unité morale qui forme une nation, et dont le prince est destiné à être le représentant. C'est donc cette unité morale qui consent, c'est-à-dire qui sent en même temps, qui confond ses sentiments dans un seul. Il ne peut y avoir ni discussion sur l'emploi des moyens, car la lumière arrive d'elle-même; ni partage de voix entre des compétiteurs égaux, car le choix ne peut être douteux. Dans cette haute théorie seulement la voix du peuple est la voix de Dieu.

Je sais, mon fils, que la plupart des publicistes actuels refusent d'entrer dans la discussion des principes primitifs de la société. Moi-même je serais tout disposé à ne considérer la société que comme un fait, et à partir de l'existence de ce fait. Néanmoins, puisque les doctrines sont diverses, il faut bien remonter à la pensée qui fait que ces doctrines sont diverses. Il ne s'agit point ici de systèmes métaphysiques. Mais malheureusement les idées que l'on se forme sur l'origine du pouvoir influent à-la-fois et sur l'exercice de ce pouvoir, et sur l'obéissance qu'on lui doit : que le prince soit le délégué du peuple ou le représentant de la société, tous les rapports changent de nature. Malheureusement encore il est nécessaire d'affermir dans l'homme l'instinct social, qui tend toujours plus ou moins à se dépraver après des révolutions.

Il est convenable que dès à présent j'établisse un principe dont les applications nous seront très utiles par la suite.

L'homme naît dans la société ; la société, telle qu'il la trouve, et non telle qu'il l'a faite, est toujours une des conditions de son existence. Il n'a donc naturellement de droit qu'autant que la société lui en donne. Le prétendu état de nature, antérieur à toute société, ne peut se prouver ni historiquement ni spéculativement. Il n'y a donc point de droit naturel considéré indépendamment de la société. L'homme n'a que des devoirs à accomplir, et non des droits à réclamer : tous les droits émanent de la société. La liberté naturelle, inhérente à l'homme, c'est la liberté morale ; encore ne se développe-t-elle que par la société elle-même. La société seule ayant des droits, il en résulte que les individus qui la composent n'ont que ceux qui lui ont été concédés par elle. La propriété résulte de la société, et n'est point un droit naturel. Faute d'avoir reconnu ce principe, J. J. Rousseau a rencontré sur sa route mille insurmontables difficultés. Il voulait à toute force remonter au droit naturel; et lorsqu'il se croyait sur le point de le saisir, le droit naturel, objet de tant de recherches, disparaissait tout-à-coup comme un vain fantôme. Il avait trop de bonne foi, et trop de rectitude dans l'esprit, pour se déguiser le côté faible de ses idées, pour mentir à sa conscience: il aimait mieux alors subir le blâme des inconséquences où il tombait, et qu'il sentait fort bien. Il reste dans son tourment, et il y laisse ses lecteurs.

Ainsi donc toutes les restrictions apportées à l'exercice de la liberté des individus, non seulement sont des restrictions naturelles et légitimes, car la société seule est juge de ses besoins et des lois qui peuvent la conserver; mais elles ne nous paraissent des limites que parceque la société nous apprend l'étendue et les prérogatives de la liberté. Cette portion de liberté dont il est permis à l'homme de jouir sous la protection des lois sociales, ce n'est point parcequ'il se l'est réservée qu'il peut en user à son gré, c'est parcequ'elle lui a été accordée par la société; cette autre portion de liberté dont il se croit privé, ce n'est point une portion qu'il ait aliénée: elle n'existe qu'hypothétiquement, et dans un ordre de choses sans réalité; il ne l'a point cédée, puisqu'il ne l'a jamais eue; elle n'est pas en lui. Ce n'est point un sacrifice fictivement volontaire, puisque c'est le résultat de sa nature propre. En un mot, il acquiert la portion qu'il a; et la portion qu'il n'a pas, il ne l'a pas encore eue. Il ne conçoit l'existence de la seconde que par la première; et s'il s'avance graduellement dans la plénitude de la liberté, ce ne peut être que par les développements de l'état social, par les concessions de la société elle-même. Ainsi la liberté politique est une chose tout-à-fait relative; la liberté morale seule est absolue.

Que ceci nous apprenne à être circonspects dans les jugements que nous portons sur les différentes formes sociales. Les progrès de la société sont naturels; et ce n'est que par-là que les hommes peuvent arriver à l'émancipation, qui ne sera, au reste, jamais que conditionnelle et limitée, parceque nos destinées ne s'accomplissent pas toutes dès cette vie.

TROISIÈME ENTRETIEN.

On est disposé, dans ce temps-ci, à confondre deux choses fort différentes, l'hérédité et la légitimité. L'hérédité est un droit de convention qui suppose le pacte primitif, et qu'on est censé avoir admis comme une garantie de la stabilité, pour ne pas courir, à chaque règne, les chances d'une révolution. Par conséquent elle est fondée sur l'utilité des peuples. La légitimité suppose le droit divin : elle place les peuples sous la tutèle plus immédiate de la Providence, et les princes sous le haut domaine de Dieu, modérateur de toutes les sociétés humaines. Par conséquent elle est fondée sur un principe religieux et moral. D'après la manière dont nous sommes parvenus à entendre le droit divin, il ne doit plus effaroucher autant les partisans des idées nouvelles; car nous ne parlons que de l'origine des choses, et nous sommes loin d'exclure les modifications que le temps peut apporter aux constitutions d'un peuple. Le prince, quoiqu'il gouverne en vertu du droit divin, et précisément parcequ'il gouverne en vertu de ce droit, ne cesse pas de représenter la société dont il a été établi le chef; il ne peut donc pas cesser d'obéir à toutes les transformations que subissent les principes sociaux, selon les différentes phases de la civilisation. Dieu qui a donné à l'homme l'instinct social a donné en même temps à la société l'instinct du perfectionnement et de la durée; parcequ'il a voulu que l'homme dût à la société et son intelligence et son sentiment moral. Mais, ne perdons point de vue ce principe, un prince légitime est toujours, et doit toujours être le représentant de la société dont il est appelé à diriger les destinées. C'est à-la-fois le signe et le but d'une véritable mission. S'il y manquait, la société serait opprimée, ce qui ne pourrait durer. Tel est l'arrêt sans appel qui a vaincu Bonaparte. Il ne représentait la société, qui était une société nouvelle, que parceque lui-même était un homme nouveau; et cela ne suffisait point. Un souverain n'est point un homme; c'est une chose; c'est une institution, c'est la royauté. Un souverain, comme souverain, n'a point de liberté: chez lui la volonté d'affection doit continuellement être en garde pour ne laisser parler que la volonté royale. Les prérogatives de la royauté sont douées d'une grande force et d'une énergie irrésistible, car ce sont l'énergie et la force de la société; et elles agissent indépendamment de celui qui en est investi. Le souverain est le premier sujet des lois; et les lois qu'il fait ou qu'il promulgue ne peuvent être que l'expression de la volonté générale: sans cela, elles seraient frappées de désuétude à l'instant même. Ceci est vrai dans les gouvernements absolus; à plus forte raison dans les gouvernements constitutionnels. Nous n'appliquons point nos raisonnements au pouvoir despotique, parcequ'il n'est qu'une exception aux lois naturelles de la société.

Chez nous la légitimité a survécu aux institutions anciennes, qui ont péri. Voilà pourquoi la Charte a pu être donnée par le roi; voilà pourquoi cette Charte, qui est notre seul pacte social, n'établit point le mode et les conditions de la successibilité au trône. L'auguste auteur de la Charte, héritier du seul droit social qui eût survécu, n'a pas eu besoin de stipuler pour ses successeurs ce qui n'avait pas eu besoin d'être stipulé pour lui.

Jusqu'à présent, mon fils, je crois que nous sommes tout-à-fait d'accord; mais je vais me servir de principes qui répugneront peut-être à vos croyances religieuses et poétiques. Cependant, noble jeune homme, mes idées n'excluent point la pensée religieuse, ne sont point incompatibles avec le sentiment poétique. Mes opinions, ainsi que les vôtres, reposent dans une arche mystérieuse et sacrée.

Une dynastie, comme je viens de vous l'expliquer, représente la société tout entière, telle qu'elle est. Une dynastie s'élève du sein de la société pour en être l'emblème, et à-la-fois pour la diriger. Les destinées d'une dynastie et d'une société sont intimement unies, et n'ont qu'un même intérêt. L'usurpation saisit avec violence les rênes du gouvernement, ou s'en empare avec astuce; mais elle est sans mission. La dynastie légitime sort naturellement de l'état des choses. Ainsi l'usurpation conduit au despotisme; la dynastie légitime, ou, en d'autres termes, la dynastie naturelle, toutes les fois qu'elle use du despotisme, est contraire à son essence même: elle pêche contre Dieu, en ce qu'elle est infidèle à sa mission. La souffrance de la société est bien plus grande alors; car c'est une souffrance qui n'est point accidentelle, et qui attaque l'intimité de l'existence sociale.

Vous le savez, mon fils, la vraie religion ne peut être que la confirmation de la religion naturelle: ce que je vous explique ici est la religion sociale, naturelle. Vous voyez que je n'appuie le droit divin sur aucune révélation immédiate; seulement je n'abandonne point les destinées humaines aux chances contingentes du hasard, au jeu fortuit des événements, au caprice et à l'instabilité de la volonté de l'homme.

A l'origine, ce sont les princes qui forment les

nations; ce sont donc les princes qui sont les législateurs d'une société naissante. Mais une société qui se renouvelle doit suivre d'autres régles. Si l'intervention divine a dû être manifeste dans le premier établissement, il y a, dans la rénovation, une chose quelconque existante, et qui dispense de cette intervention directe. Il n'est plus nécessaire de créer l'unité morale, qui fait que telle nation est elle. Alors un peuple est parcequ'il est. La raison de son existence est en lui-même. Il est avec ses mœurs actuelles, avec ses opinions inquiètes, avec ses préjugés ébranlés, avec ses besoins nouveaux. Des conquérants ont pu imposer aux peuples conquis des lois sans rapport avec ces peuples; mais alors ils ont perdu leurs conquêtes. Les Romains laissaient aux vaincus les lois et les usages qu'ils avaient avant la conquête. Le législateur sans mission fait des lois qui ne sont pas l'expression de la volonté générale, parcequ'il n'a pas été doué de cet instinct élevé qui la fait connaître, et alors ses lois ne peuvent subsister.

Il suit de tout ce que je viens de dire qu'à une société nouvelle il faut une dynastie nouvelle; car il faut que le signe représente la chose. Il n'y a point de signe arbitraire, et qui puisse être de convention dans la stricte rigueur des termes. La société ne peut pas être dirigée dans un sens contraire à ses destinées; et ses destinées sont en elle-même. Mais aussi, à une société nouvelle il faut un législateur qui domine le siècle, pour le mieux voir, pour l'embrasser tout entier; qui soit étranger aux passions mobiles de la multitude, pour ne pas les partager, ni en être ému; et à ses intérêts, pour ne pas leur obéir aveuglément; qui tienne aux hommes par le sentiment général de l'humanité, et qui néanmoins en soit séparé par la faculté éminente d'appartenir à l'ensemble des choses. Le législateur ne peut prendre sa mission en lui-même, ni dans la société à laquelle il doit donner des lois conformes, non à l'apparence, mais à la réalité des mœurs et des opinions. Dans les deux hypothèses, sa parole serait sans autorité, sa conduite serait incertaine ou arbitraire. Enfin il faut qu'il soit dans la haute sphère où il se trouve placé, et non point qu'il y arrive. Il doit être ce qu'il faut qu'il soit, bien plus par la force de sa situation que par la force de son génie, sans toutefois exclure l'ascendant du génie.

Louis XVIII seul pouvait résoudre le problème social actuel; seul il pouvait être le lien entre nos mœurs restées traditionnelles, et nos opinions qui avaient subi de si grands changements. Cette rare prérogative d'être le seul n'est-elle pas déja une grande preuve de sa mission? Il a donc, en quelque sorte, fondé une dynastie nouvelle, en fondant lui-même des institutions en harmonie avec la société nouvelle. Clovis reçut de l'empereur Anastase la pourpre romaine, les titres de patrice, de consul et d'auguste. Il revêtit la toge illustrée par les Flaminius, les Paul Émile, les Scipion, et unit ainsi le prestige des souvenirs anciens avec la vigueur d'une monarchie dont les destinées commençaient. Pour Louis XVIII, le prestige des souvenirs anciens reposait sur sa tête; Dieu n'a fait que le montrer au peuple; il l'a montré par un murmure sourd d'espérance, de desir, de réconciliation; le nom sacré du père de la patrie a été à peine prononcé, que le peuple aussitôt s'est ressouvenu de saint Louis, de Henri IV, de Louis XIV; il s'est ressouvenu du magnanime Louis XVI, ne voulant pas rester en arrière de son siècle, et précipité du trône avant la maturité de ses sages et vertueuses pensées. L'exil fut comme la préparation aux destinées futures, comme une épreuve pour la nouvelle mission imposée par la Providence à cette race auguste, qui nous avait donné tous les rois de l'ordre de choses qui finissait. La nation et son chef avaient été retrempés par le malheur; la société et le représentant de la société avaient à jurer les mêmes serments sur le tombeau des mêmes martyrs, par le sang des mêmes victimes expiatoires. Cette unité morale que j'ai essayé de vous faire comprendre, noble jeune homme, a consenti du consentement le plus manifeste et le plus unanime qui fut jamais, puisqu'il n'avait été ni prévu, ni préparé, et qu'il ne fit qu'un avec le cri du retour. Les mœurs, qui furent si longtemps opprimées, reprirent subitement leur pente naturelle: car si Louis XVIII n'avait pas retrouvé le vieil héritage des mœurs reposant au fond de la nation française, il n'aurait pas pu gouverner; la Charte donnée par lui n'aurait été qu'une parodie de la réalité des choses, une dérision du sentiment social.

Nos rois, qui furent de preux chevaliers, qui se déclaraient les premiers gentilshommes de leur royaume, obéissaient à la forme de civilisation alors existante. Henri IV, ne dédaignant pas de se faire compter au nombre des bourgeois de Paris, s'avançait vers une popularité qui présageait déja une grande modification dans l'esprit des peuples. Louis XVIII ne se présentait ni comme le premier gentilhomme du royaume, ni comme bourgeois de Paris; il n'eut besoin que de se dire Français, parceque la nation française, qui s'était substituée tout entière à la classe privilégiée, et qui en avait affecté les droits, avait déclaré par-là même qu'elle était noble tout entière. Le représentant de la société, qui ne fait qu'un avec elle, avait consenti, c'est-à-dire avait senti en même temps. Ainsi la nouvelle noblesse de la nation devint la noblesse nouvelle du monarque. Ce pacte des pensées et des sentiments n'eût pas été écrit dans la Charte, s'il n'eût pas existé auparavant. La Charte a été le procès-verbal d'un fait.

Le droit divin, comme pensée sociale, est une émanation du sentiment religieux; la société, plus fortement imprégnée du sentiment religieux que ne le sont les individus, est venue affirmer de nouveau le droit divin, que les individus contestaient ou adoptaient sans le comprendre.

Les hommes qui voudraient à présent ou un changement de dynastie en conservant les institutions, ou un changement d'institutions avec la dynastie actuelle, seraient également insensés : nos institutions et la dynastie ont étendu ensemble toutes leurs racines sur le sol nouveau de la société. Il faudrait donc remuer encore dans toute sa profondeur ce sol si long-temps ébranlé et qui commence à se raffermir.

Il est impossible, en effet, de ne pas être frappé de la tranquillité actuelle. On peut l'attribuer à deux causes. Le peuple se regarde comme désintéressé dans les questions qui s'agitent en ce moment, parcequ'il regarde l'ordre nouveau comme irrévocablement établi. Une tendance aristocratique, qui est dans la nation, peut à présent chercher à se développer en liberté, parceque le peuple ne craint plus pour ses droits nouveaux.

Je ne saurais, au reste, trop insister, mon fils, sur le peu que sont les hommes. Les opinions elles-mêmes n'ont pas toute la puissance qu'on leur attribue. La grande force, la force irrésistible est dans les situations sociales.

QUATRIÈME ENTRETIEN.

Faute de connaître bien les temps où nous vivons, on a fort mal apprécié l'esprit et le but de quelques unes de nos institutions.

La noblesse n'existant plus, il est certain que la chambre des pairs ne représente ni une classe privilégiée ni des intérêts aristocratiques. Elle n'est point une magistrature avec juridiction de personnes, ou de lieux, ou de choses. Elle a des prérogatives, mais ces prérogatives se concentrent dans son sein. Les conditions d'éligibilité ne sont puisées ni dans des droits antérieurement acquis, ni dans la propriété, ni dans l'obligation d'avoir rempli telles ou telles fonctions, comme elle ne confère aucun droit, aucun privilége qui s'étende hors de la chambre. C'est la volonté du roi qui fait les pairs; mais l'acte de cette volonté, une fois produit, est irrévocable. L'indépendance de la chambre repose sur l'inamovibilité, sur l'hérédité. Elle n'est point co-partageante du pouvoir suprême. Elle ne représente donc qu'un principe social, l'esprit de conservation et de perpétuité des traditions. Si la chambre des députés, qui est continuellement renouvelée, représente par son essence la mobilité des opinions et le mouvement progressif de la société, la chambre des pairs, qui ne reçoit pas un mandat révocable ou temporaire, qui n'est point en contact immédiat avec la nation, la chambre des pairs existe, non pour arrêter ce mouvement progressif, mais pour le modérer, pour lui imprimer une sage et prudente direction : c'est le pendule régulateur du mécanisme constitutionnel. Ainsi, sous un certain rapport, la chambre des pairs, qui tient ses pouvoirs du roi, c'est-à-dire de l'autorité permanente et immobile, la chambre des pairs, quoique indépendante et subsistant par elle-même, doit néanmoins porter le caractère indélébile qui lui est imprimé par son origine. Elle doit être impassible, c'est-à-dire au-dessus des passions du moment. Elle est l'avenir de la société. Enfin la chambre des pairs tient aussi quelque chose de cette institution que l'on voulut introduire au commencement de la révolution, je veux dire le *veto*.

Le roi, dans les moments difficiles et douteux où la voix de l'opinion ne se fait pas entendre bien distinctement, peut casser la chambre des députés, et consulter ainsi la nation, par l'appel de nouveaux mandataires. Il peut également augmenter la chambre des pairs lorsqu'il voit que l'esprit de tradition dégénère, ou est sur le point de dégénérer en un esprit stationnaire ou rétrograde, ou seulement lorsqu'il peut craindre que cette chambre ne soit pas assez l'organe du *veto* royal. On ne doit pas hésiter de le dire, puisqu'on a méconnu cette vérité, la faculté de nommer des pairs ne peut recevoir aucune limite, puisque sans cela le roi, dépositaire suprême des traditions sociales, n'aurait aucun moyen de défense contre la chambre haute, toujours retranchée derrière le rempart de son inamovibilité. Ceux qui craignent que le roi ne puisse abuser de cette faculté se trompent fort; car il ne pourrait abuser au détriment du corps social sans que ce ne fût à son propre détriment. Le souverain d'un peuple ne peut vouloir que la conservation des institutions, puisque lui-même fait partie de ces institutions, qui toutes se tiennent.

En un mot, la chambre des députés représente les opinions, dont la marche progressive est toujours rapide; la chambre des pairs représente les mœurs, qui ont aussi une marche progressive, mais plus lente. Il faut que le roi ait toujours les moyens nécessaires pour veiller à ce que chacune des deux chambres représente bien ce qu'elle doit représenter. Le roi étant, en dernier résultat, l'interprète légal et l'expression même de la volonté générale, étant, par sa nature et sa situation, le représentant immuable et sacré de la société, doit être investi de tous les moyens qui peuvent lui révéler les besoins de cette société, le mettre en contact avec elle. Le roi, c'est la volonté; les chambres sont la raison de vouloir.

Je ne prétends point, mon fils, vous expliquer dans ses détails le mécanisme admirable de cette organisation constitutionnelle, devenue si nécessaire depuis que les peuples ne peuvent plus être gouvernés par des maximes et des traditions. Ceci nous mènerait trop loin, et n'est pas même dans la sphère de méditations où nous nous sommes placés. Mais il vous est facile déja de comprendre que la prérogative royale n'est pas aussi restreinte que l'on serait porté à le croire. Le gouvernement constitutionnel pourrait se définir un gouvernement fondé sur l'opinion; car tout cet appareil si simple et si compliqué en même temps n'est, ainsi que nous l'avons remarqué, qu'une méthode ingénieuse pour consulter à chaque instant l'opinion, et néanmoins pour la consulter sans s'y asservir aveuglément, pour la dégager des passions qui peuvent l'obscurcir, pour la diriger elle-même, pour n'en recevoir des leçons ou des avertisements que lorsqu'elle a été formée et mûrie, soit par les discussions des chambres, soit par la liberté de la presse. La liberté de la presse, ce grand et mobile interprête des sentiments et des passions de tous, ayant besoin, à son tour, d'être réprimée dans ses écarts inévitables lorsqu'elle ne trouve pas en elle-même sa propre répression, il y aura devant les tribunaux de nouvelles discussions qui jetteront du jour sur les questions les plus difficiles, non prévues; et, d'une part, il se formera, par l'indépendance du corps judiciaire, une autre sorte de traditions complémentaires, pendant que, d'une autre part, les jurés, appelés dans les causes relatives à la liberté de la presse, perpétueront dans la société l'esprit de ces mêmes traditions complémentaires unies aux traditions fondamentales. C'est ainsi que les lumières sociales se perpétueront dans tous les éléments de la nation; c'est ainsi qu'il se formera une grande et noble puissance fondée tout entière sur la conscience publique.

Mais si l'opinion est contenue dans de justes limites, celles d'une grande moralité, le pouvoir du roi est contenu par ces mêmes limites : il a de plus celle de la responsabilité des agents qu'il emploie. Ces agents ne pouvant jamais exécuter aveuglément la volonté royale, puisqu'ils en sont comptables sans trouver en elle aucun refuge, il s'ensuit qu'ils ont le droit de la discuter avant de l'émettre. Les règles de cette responsabilité ne sont pas encore fixées; le principe seul est admis, mais il est déjà une force des choses. Et cependant le roi, toujours enveloppé de son inviolabilité, ne peut se tromper, puisque la volonté royale n'est point celle d'un homme. Il ne peut cesser un instant d'être le représentant de la société, puisqu'il n'est pas sans cela. Il ne répand que des bienfaits : le droit seul de faire grace, qui est le droit de ne pas être *trop juste*, est une exception à l'impossibilité où il se trouve d'abandonner à l'arbitraire sa haute volonté.

On s'est beaucoup agité, en dernier lieu, au sujet de la loi actuelle des élections; et nul n'a fait contre cette loi la véritable objection qu'il y avait à faire, c'est qu'elle ne repose pas sur la nature même des choses; que les restrictions imposées à la faculté élective dérivent d'une clause qui pouvait être ou ne pas être, ou être différente; que par conséquent cette loi porte tous les caractères d'une loi faite de *main d'homme*, ce qui est contraire à l'essence d'une loi constitutive. Je vous présente cette objection, noble jeune homme, parceque toutes les autres sont tirées de considérations étroites, et ne méritent pas même d'être examinées. Mais, en remontant plus haut, je trouve la raison de cette restriction apportée à la faculté élective. Le législateur qui a donné la Charte a créé, par la plénitude de la puissance royale, par la dictature suprême et momentanée de sa mission de fondateur d'une société nouvelle, une force de choses qui n'existait pas. Il a pu choisir le grain de sable dont il était permis à la mer orageuse de la démocratie de s'approcher, et contre lequel devaient se briser les flots de l'élément populaire. C'est un des prodiges de l'organisation sociale qu'il intervienne toujours un pouvoir au-dessus de la société même, lorsque le besoin s'en fait sentir, et qui cesse en même temps que le besoin. Le doigt de Dieu est là. Une autre chose, non moins merveilleuse, c'est que le pouvoir se donne à lui-même des limites qu'ensuite il ne peut plus franchir, image de Dieu imposant à l'univers des lois qui doivent subsister toujours.

Le législateur ne fait donc que promulguer l'état de la société; les lois ne sont donc que l'expression de cet état. L'assentiment qui résulte de leur accord avec la volonté générale fait qu'elles peuvent s'exécuter librement : c'est ainsi qu'elles deviennent fécondes, et susceptibles de créer à leur tour des mœurs et des opinions. Nulle puissance alors ne peut les briser sans briser la société elle-même. Est-ce la multitude, toujours si inconstante et si mobile, si peu habile à voir dans l'avenir, et en qui ne repose que l'instinct du moment, est-ce la multitude qui peut imprimer à une institution un tel caractère de permanence et de durée? La raison de la loi se puise, comme la raison de l'existence d'une dynastie, dans un ordre d'idées que la multitude ne cherche point à pénétrer; mais la chose virtuelle, une fois réalisée, attire tous les respects de la multitude, parcequ'elle reconnaît sa pensée intime. Les peuples aiment à se reposer dans la stabilité. La société sait ce qu'elle veut; les individus pris un à un l'ignorent; la société connaît ses besoins; les individus en sont peu instruits. Tant que la véritable manifestation n'a pas eu lieu, il y a trouble, inquiétude, malaise.

Mais, pour en revenir à la loi des élections, elle est le corollaire le plus rigoureux et le plus littéral de la Charte. Sans cela qui aurait eu la puissance de restreindre la faculté électorale à 300 fr. d'impositions, ou même à trois journées de travail? qui aurait eu la puissance de fixer une limite quelconque, de placer ce grain de sable qui se rit de la violence des flots? Le pouvoir au-dessus de tous les pouvoirs de la société, le pouvoir essentiellement temporaire qui avait donné le pacte social n'existait plus, soit pour y ajouter, soit pour le modifier. Ce qu'il y a de remarquable c'est l'assentiment qu'a reçu une loi qui semblait déshériter une partie de la nation. Or l'assentiment accordé à cette loi n'est autre chose que la confirmation de l'assentiment accordé à la Charte. La multitude ne sait pas créer l'ordre, mais elle a un admirable instinct pour l'adopter. Ainsi la loi des élections n'est point, comme elle peut le paraître au premier coup d'œil, une loi faite *à priori*, une loi qui trace une ligne arbitraire, mais une loi fondée sur la force même des choses, et qui a reçu la meilleure de toutes les sanctions, celle de l'assentiment des peuples. Les contradictions qu'elle a éprouvées, et les efforts qui ont été faits pour la défendre, lui ont en quelque sorte donné l'autre sanction, celle de l'expérience et du temps.

Tout l'édifice social avait péri, il fallait bien l'asseoir sur une base nouvelle; et pour niveler et affermir le terrain sur lequel devait s'élever l'édifice nouveau, il fallait bien l'intervention de ce pouvoir qui est au-dessus de la société. Voudriez-vous à présent renverser les constructions déja faites pour arriver au tuf, pour bouleverser encore le terrain qui porte les fondements d'un édifice sitôt condamné aux ruines? Seriez-vous sûr, après une si hasardeuse expérience, de retrouver l'appui dont vous ne pouvez vous passer, cet appui doué de tant de force, parceque sa force vient de plus haut, cet appui sans lequel votre force à vous, qui est tout humaine, est entièrement nulle?

Le principe de la loi des élections étant un principe politique, et non un principe moral, l'exécution de la loi sera sujette à quelques inconvénients jusqu'à ce que le principe moral s'y soit joint, par la tendance toute naturelle des instincts sociaux. Quelques uns de ces inconvénients sont apparus à l'instant même, et ont jeté une sorte de terreur dans les esprits. On n'a pas fait attention que le principe moral, essentiellement conservateur, ne pourrait s'unir au principe politique que lorsque les passions du moment seraient calmées. Les choix hostiles qui ont signalé quelques unes de nos élections ne viendront plus nous alarmer lorsqu'enfin il sera évident que le principe politique n'a plus besoin d'être défendu, lorsque enfin on aura le sentiment de sa stabilité.

Apprenez, noble jeune homme, qu'une idée une fois entrée dans la société ne peut plus en être exclue, comme lorsqu'un principe a été adopté il faut en subir toutes les conséquences. Ainsi l'élection immédiate ne peut plus être ravie à la nation française, et tous les résultats de l'élection immédiate doivent être admis. Il est certain que si l'on était parvenu à rétablir deux degrés d'élection, ce mode n'aurait pu subsister : le germe contenu dans la loi qu'il se serait agi de réformer, ce germe n'aurait pas péri; il aurait profondément travaillé tous les éléments de la société. Peut-être alors n'auriez-vous pas tardé d'entendre sortir du sein de la masse électorale du premier degré un cri terrible et unanime pour demander la plénitude de la prérogative dont elle n'aurait eu que la préparation. On aurait vu alors une révolution où l'oligarchie aurait été obligée de reculer devant la démocratie, car cette dernière se serait appuyée sur un principe existant dans la société. Les centuries auraient voulu être égales entre elles.

Quoi qu'il en soit, cette loi devenue la force des choses a créé le véritable sol social. Ainsi, mon fils, c'est sur le corps électoral considéré dans son ensemble que doit s'asseoir le trône légitime et constitutionnel.

Ce que nous venons de dire ne peut contrister le sentiment de l'égalité, puisqu'il n'y a pas de classe privilégiée, et que tous peuvent s'avancer vers la somme de propriété foncière ou industrielle qui a été assignée. La propriété a changé de mains et surtout a changé de nature, ce qui constitue bien une société nouvelle. La propriété industrielle a été affranchie, en ce sens qu'elle est devenue plus accessible pour tous, et qu'elle n'est plus un obstacle à s'élever dans la hiérarchie sociale. Il y a eu une bien autre révolution dans la propriété foncière : parmi les hommes, les uns ont cessé d'être attachés à la glèbe pour l'arroser de leurs sueurs dans toute abnégation de l'avenir; les autres ne peuvent plus tirer de la glèbe toutes leurs prétentions aux distinctions sociales. Il n'y a plus ni terres nobles ni terres roturières. En outre, la propriété a subi une grande division : elle gravite vers un partage égal, qui n'aura jamais lieu, mais qui donne l'espoir à tous. Il ne s'agit plus de donner la poule au pot de Henri IV; il s'agit de faire que le plus grand nombre possible ait sa maison, son jardin, son champ.

Peut-être un jour reconnaîtra-t-on l'utilité d'admettre d'autres signes de la prérogative électorale; peut-être celui qui aura rendu des services dans de certains emplois, ou qui aura illustré sa patrie par de belles actions, d'importantes découvertes, des écrits remarquables, sera-t-il admis à faire partie du corps électoral ou du corps des candidats à la Chambre des députés. Alors nous aurions en France ce qu'on appelait à Rome les citoyens classiques, *classici cives*, citoyens désignés par l'opinion comme des modèles de toutes les supériorités morales et intellectuelles, et auxquels nous donnerions un rang politique, une existence sociale. La composition des jurés, qui n'est point encore faite, sera sans doute l'acheminement à ce progrès tout naturel de nos institutions. Mais ce qu'il était bon de faire avant tout, c'était de constater l'affranchissement de la propriété, parceque dès qu'un fait existe il faut s'empresser de le reconnaître pour éviter toute lutte, toute contention. En un mot la liberté, c'est la justice.

Au reste, il y a une telle moralité attachée à la propriété, qu'il ne faut pas trop s'effaroucher de voir que la société nouvelle se fonde uniquement sur la propriété. Une fois que les institutions seront bien assises et bien affermies, il sera permis de chercher les titres au droit de cité ailleurs que dans les registres des contributions. S'il est vrai, comme nous l'avons déja dit, que le droit de propriété soit une concession de la société, il est vrai aussi que c'est la première de toutes. Ainsi la société affranchie a bien pu prendre pour première base la propriété affranchie.

CINQUIÈME ENTRETIEN.

L'espèce humaine a marché d'affranchissement en affranchissement. L'esclavage n'existe plus que dans les débris des civilisations anciennes. Le régime féodal, qui avait ressaisi la portion de l'espèce humaine émancipée par le christianisme, a réellement été aboli par Louis XIV. Je ne puis m'abstenir d'avouer que la féodalité est peut-être l'institution sociale la plus forte qui ait jamais existé, puisqu'elle était rivée dans le sol même, et qu'elle enchaînait tous les rangs les uns aux autres. Ce qui prouve en effet toute sa force, c'est qu'elle ait pu résister si long-temps à l'ascendant du christianisme, c'est qu'il n'y ait pas eu assez d'une succession nombreuse de rois pour affaiblir sa puissance. La grande occupation de la troisième race a été de lutter sans cesse contre elle corps à corps, comme le peuple romain a lutté pendant plusieurs siècles contre le patriciat. La révolution française, toute terrible et toute sanglante qu'elle a été, n'a pu achever la destruction de cet arbre vigoureux si profondément enraciné dans la terre. Ce qui avait été épargné, ce qui avait résisté à tant d'orages, ce qui avait survécu au prince le plus absolu de la monarchie, a essayé de ressusciter sous une autre forme. Cette séve des siècles est venue tourmenter les racines qui avaient échappé au fer et au feu. Mais le chêne de Dodone, consumé par la foudre et la caducité, ne rendait plus d'oracle; la mission de la féodalité était finie. Au reste, comme puissance fortement constituée, elle a été protectrice, parceque le fort est toujours protecteur : ainsi la société doit beaucoup au régime féodal. La portion du peuple, qui était dans les liens de la servitude, mais qui connaissait la dignité de l'homme par l'Évangile, devait parvenir tôt ou tard au bienfait de l'émancipation. Sans doute il fallait, si toutefois il est permis de sonder les vues de la Providence, sans doute il fallait qu'auparavant cette grande masse fût imprégnée de principes moraux et religieux; car si elle eût été livrée à son propre instinct, comment aurait-elle pu être contenue? Si donc l'on voulait nous rendre nos institutions anciennes, il faudrait nous rendre en même temps nos anciennes mœurs, nos tournois, notre culte pour les femmes, nos habitudes chevaleresques, notre naïve ignorance, tous les prestiges éclatants qui servaient à cacher nos misères, à dissimuler nos secrètes douleurs. Que dis-je? ce serait à la haute classe, à la classe privilegiée, qu'il faudrait rendre toutes ces choses. Mais à la classe qui a produit le tiers-état, à la classe qui porte le poids du jour, ne faudrait-il pas lui rendre l'abjection d'où elle est sortie, et, avec cette abjection, tous les sentiments et toutes les pensées de la servitude? ne faudrait-il pas enfin lui rendre ce qui faisait qu'il était peut-être indispensable qu'elle restât dans les liens dont à présent elle est délivrée? et sur-tout ne faudrait-il pas rendre à toutes les classes la jeunesse de la foi, la vivacité, j'ai presque dit le fanatisme du sentiment religieux? Lorsque les croyances spéciales et positives ne sont plus à l'usage de tous les individus, lorsque le sentiment religieux est venu se réfugier dans le même sanctuaire que le sentiment social, alors il devient bien nécessaire que la société n'impose plus au grand nombre ces sortes de sacrifices dont la religion peut seule adoucir l'amertume, ou faire supporter l'humiliation. Alors, pour tout dire en un mot, la religion n'a plus autant à s'occuper du bonheur de l'homme sur la terre, parceque la société peut s'en occuper davantage; elle n'a plus à relever le courage, la patience, le sentiment de soi-même dans des hommes déshérités des prérogatives sociales, puisque les prérogatives sociales sont pour tous, ou du moins sont accessibles à tous. Dans les anciennes républiques, la liberté des citoyens se fondait sur l'esclavage, et encore les citoyens étaient très peu libres. Ceci embarrassait à-la-fois Montesquieu et Rousseau; ils n'avaient pas à cet égard les lumières que fournit l'état actuel de la société; ils n'avaient pas vu comme nous la société se faisant.

Mon fils, il faut que la vérité sorte de ma bouche; et, quelles que soient vos répugnances, vous ne pouvez refuser d'entendre un vieillard. Ce n'est pas depuis bien long-temps que le sentiment de l'humanité commence à s'étendre. Vous n'avez point fait cette remarque, noble jeune homme, parceque tout ce qu'il y a de généreux dans le temps où nous vivons a dû naturellement passer dans votre ame. Réfléchissez cependant : combien voyons-nous en effet de classes d'hommes mises hors de l'humanité par des sociétés très perfectionnées? Les Ilotes, à Sparte, n'étaient point des hommes; on pouvait les tuer impunément. A Athènes, il y eut dans le sort des esclaves une amélioration qu'il est juste de remarquer. L'esclave qui était trop maltraité par son maître pouvait demander à être vendu à un autre maître; mais toujours il était vendu comme un vil bétail. Souvenez-vous, mon fils, du sort des esclaves à Rome; souvenez-vous des combats de gladiateurs; et gémissez avec moi en pensant combien cette image de Dieu, empreinte sur le front de tous les hommes, a souvent été avilie et méprisée. Sous la loi paternelle de Jésus-Christ, on a vu des hommes, et l'on en voit encore, descendre dans l'arène ancienne pour y disputer leur vie contre des animaux furieux. Juste ciel! le sang des martyrs versé dans les amphithéâtres n'a donc pas été une expiation suffisante! Enfin c'est sous la loi de Jésus-Christ, c'est sous des princes chrétiens qu'il y a eu une gent taillable et corvéable, que la servitude de la glèbe a été connue; et les serfs du Mont-Jura n'ont été affranchis que la veille du jour où le tocsin de 89 fit entendre son glas funèbre. Souvenez-vous de l'espèce de légèreté et d'insouciance avec laquelle une femme dont vous aimez tant à lire les lettres, une femme à qui l'on ne peut refuser ni les graces de l'esprit, ni les sentiments du cœur, une femme qui fut l'un des ornements du siècle le plus poli de la monarchie, parlait des exécutions cruelles de la Bretagne. Souvenez-vous que les amis de l'humanité avaient eu à peine le temps de se réjouir de l'abolition de la torture, lorsqu'ont commencé les Vêpres Siciliennes de la révolution. Combien de Parias ou de Guèbres, de toutes les sortes, ont produit dans l'opprobre leurs générations asservies d'avance! Vous sentez bien, mon fils, que je n'entends point rappeler ici les proscriptions, ni les massacres de populations entières, ni les suites terribles du droit de conquête; il serait trop long et trop douloureux de retracer tous les crimes et tous les excès qui ont été la suite de cette absence du sentiment de l'humanité pour une partie de l'espèce humaine: je ne veux signaler que cette tendance des esprits, qui portait tout naturellement à exclure de sa pensée habituelle certaines classes d'hommes, qui portait à les faire considérer comme pétris d'un autre limon, comme animés d'un autre souffle de vie, comme étrangers à nos affections. Mais il est certain que ce sentiment d'humanité, en s'appliquant à tous les hommes qui composent une même société, qui vivent sous les mêmes lois, sous l'empire des mêmes mœurs, s'étendra graduellement au-delà de la société restreinte et spéciale, hors des murs de la cité, hors des limites de la patrie. Il n'y aura plus plusieurs patries sur le même sol; et cette confraternité domestique enseignera la pratique de la confraternité générale. Dès-lors il y aura parmi les peuples un patriotisme moins exclusif; ce qui constituera un nouveau droit public, soit pour la paix, soit pour la guerre, un nouveau droit public pour les colonies, un nouveau système d'économie politique relativement à la balance du commerce et aux prohibitions : ce qui entraînera l'abolition de ces droits d'aubaine, restes étranges du code des naufragés dans la Torride. Dès-lors la tolérance protégera tous ceux qui professent un culte différent. Dès-lors on s'accoutumera à ne pas jeter hors de l'humanité les coupables mêmes dont la société aura à se défendre. Dès-lors on cessera d'opposer à l'abolition de la peine de mort les mêmes arguments que l'on a si long-temps opposés à l'abolition de la torture.

Oui, le sentiment de l'humanité est une chose nouvelle, dans le sens que je viens d'expliquer. Le malheur n'est plus à lui seul une note d'infamie, car le malheur, lors même qu'il est mérité, excite à présent tout notre intérêt; et sans doute un jour, encouragé par cette bienveillance attentive qui refusera de flétrir le malheureux, l'homme ne courra plus autant le risque d'être perverti par les revers. Le sentiment moral n'aura plus à se prémunir que contre la prospérité; et les chances de ce danger sont et seront toujours moins nombreuses.

Que tout ceci ne soit point cependant une raison pour couvrir d'anathèmes les anciens états de la société; ils étaient ce qu'ils devaient être. On ne peut pas accuser les hommes lorsqu'ils ne pratiquent pas une vertu qu'ils ne connaissent point, dont ils n'ont point le sentiment. Il fallait du temps pour que la morale de l'Évangile, pour que le sentiment chrétien, fussent identifiés avec le sentiment social perfectionné. Les paroles d'un Dieu mort pour racheter la noble créature de Dieu, pour partager avec elle le fardeau de la solidarité, ces paroles de paix et de vie qui s'adressaient à tous, venaient consoler l'homme exclus de la société par la rigueur des institutions, mais ne l'avaient point fait entrer dans la société. L'esclave, le serf de la glèbe, le paysan taillable et corvéable, l'artisan dont le salaire était calculé pour la plus stricte et la plus indispensable subsistance, l'indigent, le prolétaire, tous étaient les fils de Dieu aussi bien que l'enfant né dans la pourpre, ou sur les marches du trône; mais ils n'étaient pas les frères de tous dans la communauté sociale. A cette époque, la distinction des classes mettait une barrière, non seulement pour les emplois, pour les distinctions, pour les hiérarchies, mais même pour le genre des affections. Au reste nous n'avons encore, à cet égard, aucun juste reproche à faire aux temps anciens qui ne retombe plus ou moins sur nous-mêmes, tant que nous ne serons pas entièrement entrés dans l'adoption du sentiment le plus général, le plus universel, le plus complet de l'humanité. Une seule exclusion les fait toutes comprendre. La moindre expression d'indifférence ou de dédain qui résulte d'un préjugé, et non d'un sentiment raisonné; qu'elle n'attaque qu'un petit nombre ou qu'elle embrasse un grand nombre, tient toujours à ce fond d'aristocratie que les progrès de la société ont tant de peine à détruire, et sert à nous expliquer ce qui était autrefois. Sans doute à présent l'incendie du Palatinat ne pourrait plus être ordonné; et, dans le temps de la terreur, la Convention, qui reculait si bien vers la barbarie, ne put parvenir à organiser la guerre sans merci. Mais n'avons-nous pas encore le duel, reste du jugement de Dieu, quand le jugement de Dieu a disparu de nos préjugés? N'est-on jamais tenté, tout en proclamant l'égalité des droits, de ne pas proclamer l'égalité des égards et de la considération, de regarder encore quelques uns de ses semblables comme si le regard d'une personne quelconque pouvait encore tomber de haut sur une autre personne? Désormais cette politesse française, l'un de nos plus aimables attributs, ne doit-elle pas être le partage de toutes les classes?

A l'époque dont nous parlions tout-à-l'heure, la religion, qui prit toujours le faible sous sa protection, qui voulut toujours effacer les distances, adoucir les injustices, les oublis et les dédains de la société, la religion dut fonder les hôpitaux pour donner un asile à la misère, pour garantir du désespoir, pour arracher à l'infamie des personnes du sexe, pour sauver d'innocentes créatures d'une mort plus ou moins certaine; mais, par les progrès de la société, les hôpitaux doivent peu à peu cesser d'exister, comme les lazarets et les léproseries ont cessé d'exister dans les lieux où la lèpre a épargné à l'homme ses ignominieux ravages, dans les lieux où les hommes sont parvenus à se garantir du redoutable fléau de la peste, dans les lieux enfin où, accidentellement apportées du dehors, ces deux terribles maladies ne sont plus endémiques. Les hôpitaux ont dû remplacer également et certaines nobles coutumes qui ne peuvent s'allier qu'avec la simplicité des mœurs primitives, telles que l'hospitalité des anciens; et certains usages atroces, tels que l'infanticide légal; et certaines lois oppressives et dégradantes, telles que l'esclavage, qui assurait au moins la subsistance des misérables. La religion recueillait ainsi l'héritage de toutes les civilisations précédentes; elle réparait les maux inévitables qui résultent de l'inégale répartition des fortunes, de l'inégale répartition des facultés de l'intelligence. Maintenant les hôpitaux, faits pour une seule classe, blessent le sentiment de l'égalité : d'ailleurs le bien-être social tendant à s'étendre de plus en plus, il y aura toujours graduellement moins d'hommes à qui ils seront utiles. Ce tableau de l'entassement de tant de misères dans un seul lieu blessera toujours de plus en plus nos regards. Notre dédaigneuse indifférence aime sans doute à se reposer du soin de soulager tant de maux sur l'admirable dévouement des sœurs de la Charité; mais notre dette est-elle acquittée?

Je sais que la paresse et l'imprévoyance seront toujours mères de la pauvreté, et de tous les malheurs qu'entraîne la pauvreté; mais elles seront plus rares, à mesure que le bienfait de l'émancipation se fera plus sentir, et sera mieux apprécié; à mesure que le bien-être social sera à l'usage du plus grand nombre, les répugnances pour cette dernière ressource de la misère augmenteront : nul ne voudra s'abstenir des soins de sa propre famille, lorsque la maladie viendra interrompre le travail de ses mains; nul ne voudra mourir dans le lit de la pitié publique. Il faudra bien alors que la société trouve d'autres moyens de secourir les infirmes, les indigents; et elle les trouvera, car la société ne peut manquer à elle-même.

La religion dut prendre aussi sous sa protection les êtres délaissés de toute compassion humaine, ces êtres que la justice des hommes, si courte et si imprévoyante, flétrissait ou faisait mourir; mais la société, maintenant qu'elle est devenue essentiellement chrétienne, s'occupera elle-même de l'amélioration du sort des détenus. Elle finira sans doute aussi par renoncer au droit de mort.

Souvenez-vous, mon fils, du profond dédain que conserva toujours Bonaparte pour l'espèce humaine.

Ce n'étaient pas certaines classes qu'il excluait de l'humanité; mais l'humanité tout entière était par lui mise hors de l'humanité. Un tel dédain était sans doute dans sa nature intime, dans la ténébreuse profondeur de son égoïsme; mais ce qui avait dû contribuer à le fortifier en lui, c'était l'inaltérable servilité de ceux qui l'entouraient, servilité qui se faisait d'autant plus remarquer qu'elle était plus opposée aux mœurs, qu'elle était plus en contradiction avec les opinions manifestées du siècle. Et ici, mon fils, je ne puis m'empêcher de justifier encore à cet égard une des époques les plus glorieuses de notre monarchie, et que l'on est si souvent tenté d'accuser : il s'agit du règne de Louis XIV. On ne fait pas assez attention que dans un temps où les démarcations sociales sont profondément enracinées dans une nation, chacun a le sentiment du rang où il se trouve placé, chacun aussi a le sentiment de sa subordination et de son infériorité relativement aux classes plus élevées. Le rang suprême, dans une telle contexture d'idées, était hors de toute proportion, et de toute analogie. Le regard du souverain tombait de trop haut. La même raison que j'expliquais tout-à-l'heure, qui faisait que le sentiment général d'humanité n'existait pas, faisait aussi que le sentiment de la dignité de l'homme, abstraction faite du rang que chaque homme occupait, ne pouvait pas exister non plus. Le tiers-état ne demandait point à être affranchi de la dure nécessité d'assister aux états-généraux dans une attitude humiliante, il demandait que les autres ordres y assistassent également à genoux. Tout se tient dans les mœurs d'une nation. Ce qui n'était pas servile sous Louis XIV, parcequ'on n'y attachait pas les idées de servilité, pouvait fort bien être servile sous Bonaparte, parceque le fond des idées était changé, et parceque c'était à des égaux que les bassesses étaient commandées. Il faut toujours juger les hommes d'après les idées qui sont répandues dans le temps où ils vivent, et d'après les idées qu'eux-mêmes attachent aux choses. Tout homme qui ne se respecte pas lui-même ne peut pas être respecté par les autres. Ainsi je n'entends point justifier la bassesse pour un temps, et la blâmer pour un autre temps; je n'entends point justifier non plus l'insensibilité pour de certains malheurs dans un temps, et la blâmer pour un autre temps. Mais si vous voulez être juste pleinement, faites entrer en ligne de compte dans les motifs de vos jugements les mœurs et les idées, les opinions et les sentiments de chaque époque de la civilisation; prenez dans son entier un âge de la société, un âge de l'esprit humain. Ne séparez point l'individu de tous les résultats du temps où il vivait. Vous qui êtes si susceptibles de sentiments fiers et humains, savez-vous ce que vous auriez été sous Louis XIV? savez-vous si vous n'auriez pas parlé aussi légèrement que madame de Sévigné des exécutions de la Bretagne? savez-vous même si vous n'auriez pas demandé votre part dans les confiscations des biens des condamnés pour haute trahison? savez-vous si vous auriez trouvé dans votre cœur cette humanité générale et universelle, cette pitié pour toutes les conditions, qui n'était pas alors dans la société? Admirons Pélisson écrivant pour le surintendant Fouquet un plaidoyer qui surpasse en éloquence la célèbre oraison pour Ligarius; admirons La Fontaine faisant sur la disgrace de ce favori la plus belle élégie qui existe dans aucune langue; mais contentons-nous d'admirer ceux qui donnent de si honorables exemples de vertu, sans toutefois flétrir de notre mépris ceux qui n'étaient qu'au niveau de leur temps. N'exigeons pas que les idées d'un siècle soient devancées par les hommes dont nous discutons la conduite, lorsque nous-mêmes nous avons tant de peine à suivre le nôtre. Les hommes, sauf quelques rares exceptions qu'encore on pourrait faire rentrer dans la règle générale, les hommes doivent tout apprendre de la société; les progrès de la société ne peuvent être que graduels, et nous ne devons juger les hommes que d'après la société. Au reste, Louis XIV fut un si grand prince qu'il était bien permis à la louange de l'exalter; et Pélisson et La Fontaine n'ont pas craint de le faire.

Que si je voulais, à mon tour, examinant la conduite et les paroles de tant de juges sévères et implacables, me livrer à la satire des hommes qui ont levé l'étendard des temps nouveaux, je ne manquerais sans doute pas de tristes sujets de récrimination; je n'aurais pas de peine à trouver, parmi les plus fougueux détracteurs de nos anciennes gloires, de nos vieux souvenirs nationaux, parmi ceux qui sont le plus disposés à s'élever contre le despotisme de Louis XIV, des hommes qui ont flatté toutes les tyrannies de la révolution. Les uns trouvaient leur excuse dans leur attachement à l'ancien ordre de choses, et dans les habitudes qu'ils avaient contractées de bonne heure, d'être toujours soumis au pouvoir; les autres, dans l'éclat de tant de victoires, et dans ces parodies de grandeur, unies à une gloire si réelle. Les uns mettaient du dévouement à s'abaisser devant la tyrannie pour faire arriver de temps en temps jusqu'à elle les plaintes de l'opprimé; les autres étaient seulement sous ce charme de séduction qui émane de la puissance, qu'inspire plus ou moins le déploiement d'une grande force. L'enivrement du pouvoir est dans ceux sur qui il est exercé aussi bien que dans celui qui l'exerce. Ainsi toutes ces récriminations ou pourraient être injustes, ou, dans tous les cas, seraient une déplorable satisfaction pour des mânes augustes livrés aux outrages des enfants du siècle. Une fois pour toutes, déclarons-nous solidaires pour nos contemporains; et croyons aussi que nos ancêtres furent solidaires entre eux.

Je ne l'ignore point, les exemples de servilité et d'adulation que je pourrais citer seraient hors de l'esprit du temps. Je crois que, du moins en théorie, le sentiment de la dignité de l'homme est plus généralement répandu : je crois, par la même raison, que le sentiment de l'humanité reçoit moins de restriction. Le progrès sur-tout est bien sensible depuis quelques années. Ne dirait-on pas que le despotisme de Bonaparte, en rassemblant les peuples de l'Europe sous un seul joug, a fait pour le développement de ces deux sentiments ce que les conquêtes des Romains firent pour l'Évangile? ne dirait-on pas que ce joug a été brisé aussitôt que le commerce des idées a été bien établi? Le Maître des destinées humaines le voulait comme moyen, et il sait rendre bons tous les moyens. Enfin, avant nous, ces deux sentiments n'existaient que par la religion : depuis ils sont entrés dans la société, à mesure que la société s'est plus pénétrée de l'esprit du christianisme.

SIXIÈME ENTRETIEN.

Jusqu'à présent, mon fils, je n'ai point encore abordé directement la question qui est la plus importante de toutes. Cependant, si vous m'avez bien compris, vous devez être déjà entré assez avant dans ma pensée. Mais enfin il faut creuser au fond, car c'est au fond qu'est cette pierre indestructible et immuable sur laquelle repose l'édifice social. Je devrais peut-être auparavant vous demander compte de votre propre croyance, vous demander ce qu'est devenu entre vos mains l'héritage de vos pères. Dieu, la morale, un avenir infini, sont des pensées qui sont devenues votre pensée, sont des sentiments qui sont vous-même. Vous savez bien que si c'est ainsi, c'est parceque vous êtes né, parceque vous avez été élevé dans une croyance. Que dit maintenant à votre ame cette voix qui la première vous enseigna la morale, et vous parla d'un avenir infini ; qui la première éveilla en vous la grande pensée d'un Souverain Être existant par lui-même, et donnant la vie à tout ce qui existe ; qui la première éveilla en vous le sentiment de vos destinées immortelles?

Quelles sont vos espérances, vertueux jeune homme, et quel est le but de votre vie passagère? Dans quelle sphère vous réfugiez-vous pour échapper à tous les ennuis du cœur, à tous les tourments de l'imagination? Et votre père qui vous a légué une mémoire irréprochable, et votre mère la plus digne des femmes, où sont-ils pour continuer de veiller sur leur fils bien-aimé? Les cherchez-vous encore dans vos songes? Est-ce le silence de leur tombeau qui est votre oracle, lorsque la règle du devoir ne vous paraît pas assez distinctement tracée? Et moi, mon jeune ami, quels sont les avertissements, dites-moi, que je puis attendre de mes cheveux blancs?

Ah! je le sais aussi bien que vous, je le sais sans avoir besoin de vous interroger davantage, sans avoir besoin d'attendre votre réponse, c'est pour vous-même que vous êtes agité de craintes; le malaise qui est en vous est un fardeau dont vous croyez pouvoir alléger le poids en le rejetant tout entier sur la société. Vous n'avez plus la croyance qui fait que vous n'êtes point sans croyance; et cette croyance elle-même a conservé dans votre cœur un sanctuaire secret d'où elle ne sera jamais entièrement bannie; et cette croyance elle-même continue de subsister en vous, parcequ'elle est la cause de toutes les croyances qui se sont identifiées avec vous; et cette croyance elle-même vous dirige dans les circonstances importantes, et s'empare de vous, de ce qui vous appartient, de ce qui devient vous. Vous n'avez point de croyance fixe et positive; votre sentiment religieux, très intime et très profond, n'a point d'expression extérieure; en un mot, vous n'êtes pas sans religion, mais vous êtes sans culte. Vous voudriez être affranchi de vos doutes; ne trouvant pas la certitude en vous, vous voudriez la trouver dans la société; vous voudriez enfin que la société vous imposât une croyance ferme et dogmatique. Quelquefois néanmoins il vous semble que vous êtes tout près d'entrevoir la vérité; et alors la religion de vos pères vous apparaît, non plus comme une foi vive et pure qui vous donne du repos, mais comme une foi qui vous accuse; quelquefois aussi elle devient une superstition aveugle et irrationnelle qui vous saisit et s'empare de toutes vos facultés pour leur infliger de cruels supplices. C'est un grand malheur, mon fils, de ne point trouver d'appui autour de soi; car l'homme tout seul ne sait ni sentir ni penser. Mais la société ne peut vous donner ce que vous exigez d'elle. Et d'abord, écoutez bien ceci, l'homme ne fait point sa religion, l'homme ne se donne point une religion. Ensuite, écoutez encore ceci, il n'y a point de religion fondée sur le mensonge : toutes sont l'expression du sentiment religieux, de la pensée divine communiquée à l'homme; toutes ont cela de semblable, que toutes n'ont de puissance que par la foi, toutes ont une sorte d'analogie avec les différentes langues, qui sont une image plus ou moins parfaite de la parole immatérielle et incréée. Maintenant la société existe par la force du principe religieux qui est en elle, mais elle ne peut transmettre que la morale religieuse dont elle est imprégnée, sans pouvoir transmettre la religion elle-même. Cette mission lui a été retirée par des raisons que nous tâcherons tout-à-l'heure d'exposer. Ne veuillons donc pas établir en religion ce qui n'existe point, ou relever ce qui n'existe plus: car nous ne ferions qu'une hypocrisie vaine et sans durée.

Beaucoup d'hommes de ce temps-ci sont comme vous, mon fils; mais ils déguisent leurs doutes, et ils affirment au-delà de leur croyance réelle. Ils agissent de bonne foi; mais ils ne sont pas dans la rigoureuse vérité. Ils font comme ces soldats qui suivent un chef, ou qui encouragent à le suivre, quoiqu'ils soient loin d'avoir pénétré ses desseins. Ils mourraient, s'il le fallait, pour une croyance qui n'est pas la leur: le sacrifice de leur vie leur serait compté néanmoins comme aux martyrs de la foi. Celui qui jadis fut puni pour avoir voulu soutenir l'arche, quoiqu'il ne fût pas lévite, ne le fut sans doute que parceque la confiance devait être sans bornes; l'ordre sacerdotal était alors le dépositaire des destinées sociales.

Les hommes qui, comme vous, manquent d'une croyance positive, la demandent, comme vous, à la société; mais ils n'ont pas tous votre candeur, et ils demandent cette croyance pour les autres, comptant assez sur eux-mêmes pour penser qu'ils peuvent s'en passer; ils la demandent avec amertume; ils semblent l'exiger et la commander avec tyrannie. Leurs paroles sont passionnées comme si c'était l'expression du fanatisme; et cependant la conviction n'habite pas au fond de leur cœur. Mais ce qui donne de l'autorité à leurs discours, c'est que leur voix se mêle à celle des hommes vraiment religieux dans les croyances spéciales, comme ils le sont eux-mêmes dans les croyances générales, des hommes enfin qui, trouvant le repos dans ces croyances positives, voudraient que la société y trouvât aussi le repos. Dévorés du zèle de la vérité, quelques uns de ces hommes vraiment religieux, de ces hommes qui ont conservé intacte la foi de leurs pères, cherchent à la propager au milieu de nous, comme si elle était réellement éteinte. Les peuples chrétiens sont traités par eux à l'égal des peuples idolâtres. Alors le voile qui cache à tous les yeux le Saint des Saints est un voile de deuil; et, dans sa sévère et vertueuse indignation, le prêtre des auciens jours est tout près de briser les tables du Sinai.

Uni dans les mêmes pensées et dans les mêmes sentiments que les hommes dont je viens de parler, comme eux, vous ne concevez pas, mon fils, que les institutions sociales puissent subsister sans la sanction des institutions religieuses. Aucune société humaine, en effet, n'a existé sans cet appui sacré. Nous allons donc contre l'expérience des siècles, et notre gouvernement n'est qu'un funeste paradoxe. Comme vous, mon fils, comme ces hommes persuadés, ou qui voudraient l'être, ou qui, pour des motifs différents, feignent de l'être, comme vous et comme eux tous, j'ai long-temps pensé que cette tolérance de toutes les religions n'était que de l'indifférence; et cependant il m'était impossible de ne pas apercevoir combien avait de racines profondes le sentiment religieux dans tous les cœurs. Le tourment même dont il est la cause me révélerait son existence; car la religion est pour les uns comme la morsure du scorpion qui cause mille secrètes douleurs pendant qu'elle est pour les autres un baume qui rafraîchit. La parole de Dieu se sert aussi de plusieurs organes différents: aux uns, c'est le charbon ardent qui purifie leurs lèvres; aux autres, c'est un rayon de miel qui donne de la douceur à leurs discours. La parole de Dieu tantôt se plaît à inspirer l'ignorant, le faible, l'infirme; tantôt elle ne dédaigne pas le prestige des lettres humaines, les arguments de la science, les charmes de l'esprit et de l'imagination. Quelquefois elle persuade par la bouche de ceux qui ne sont pas persuadés; quelquefois elle bénit les peuples par la voix de celui qui, dans l'excès de sa douleur, s'avançait pour les maudire.

Quoi qu'il en soit, voyant ce qui est, j'ai dû vouloir m'expliquer à moi-même le singulier phénomène d'un état où le culte public se cache, pour ainsi dire, dans les ombres d'un culte secret, d'un état hors de toute tutèle religieuse immédiate, d'un état, en apparence, sous le poids de ce qu'on appelait jadis l'interdit spirituel. Et voici ce que m'a montré la série de mes réflexions.

Maintenant que le christianisme a pénétré dans les éléments les plus intimes de la société, la société continue d'exister par la force même du principe religieux qui est en elle. Il ne peut plus y avoir de morale que la morale chrétienne; morale publique et morale religieuse sont une seule et même chose. On ne pourrait concevoir à présent une morale qui ne fût pas la morale chrétienne; toute autre serait incomplète, et par conséquent ne serait pas. La société ne rétrograde jamais. L'organisation sociale, fortement imprégnée de christianisme, n'est donc plus, en quelque sorte, qu'une conséquence du christianisme, un fruit du christianisme, oserai-je le dire? une transformation du christianisme. Ainsi la société peut subsister par son énergie propre.

Ne craignez pas d'aller plus loin dans la route que nous venons de nous ouvrir. La société en ce moment est, s'il est permis de parler ainsi, plus religieuse que les individus; et ceci est facile à expliquer. La société nouvelle n'a pas une religion nouvelle, et les dépositaires des traditions religieuses, restés sous le joug de toutes les tyrannies de la révolution, ne se sont pas recrutés dans les rangs de la société nouvelle. Exilés de nos institutions par la violence des événements qui se sont succédés et par la précipitation des hommes passionnés qui ont voulu être plus novateurs que le siècle, les dépositaires des traditions religieuses n'ont encore su qu'arroser de leur sang le sanctuaire qu'ils n'ont pu défendre de mille profanations. Ils se sont laissé égorger sur les marches de l'autel, en même temps que d'autres se faisaient égorger sur les marches du trône. La portion de puissance qu'ils tenaient du précédent ordre social s'est échappée de leurs mains; et l'ordre social nouveau s'est établi sans leur intervention. Occupés à verser le baume sur tant de plaies, à consoler tant de misères, ils n'ont point eu le temps de faire les études qui les auraient initiés dans les doctrines sociales nouvelles. Peut-être même, grand Dieu! quelques uns ont-ils été avilis par les outrages; car l'outrage non mérité dégrade aussi l'homme. Quoi qu'il en soit, ils sont restés en arrière, ou plutôt on les a forcés de rester en arrière lorsque la société s'avançait. Enfin ils n'ont point pu faire comme Moïse; ils n'ont pas pu se rendre savants dans les sciences des Égyptiens, pour se rendre habiles à diriger les peuples au sortir de la maison de servitude. Ainsi la société est plus religieuse que les individus, parceque la société ne peut pas ne pas être religieuse, et que sous le christianisme elle ne peut pas ne pas être chrétienne; et parceque les individus, de qui vous ne connaissez point la pensée intime, mais seulement l'acclamation confuse de ce qu'ils sentent au moment même, ont toujours peur qu'on ne les oblige de retourner aux institutions qu'ils viennent de quitter. Cette crainte tient à ce que, pour le plus grand nombre, les prêtres n'ont point cessé de représenter l'ancien ordre social; mais si une fois cette crainte est écartée, si une fois les institutions que veulent les peuples sont bien affermies, si une fois enfin ils ont en eux le sentiment de la stabilité, chaque individu, sans demander inutilement à la société les lumières de la foi, les raisons de croire, s'abandonnera avec confiance à tout l'ascendant de son instinct religieux, chacun selon son cœur, et selon les formes spéciales dans lesquelles il aura placé ses affections accoutumées; car un culte n'est que l'expression extérieure du sentiment religieux, et n'est pas le sentiment lui-même. Sans doute l'expression est nécessaire au sentiment comme la parole est nécessaire à la pensée; mais l'expression existe indépendamment de la société.

Vous le savez, mon fils, jamais il n'y eut de révolution politique sans qu'elle n'ait été précédée, ou sans qu'elle n'ait été accompagnée d'une révolution religieuse. La révolution française a cela de particulier, que la révolution religieuse est impossible, parcequ'elle est inutile. D'une part, le christianisme est la perfection de toute institution religieuse; il n'y a donc rien de nouveau à attendre: d'une autre part, le principe du christianisme est entré dans l'essence même de la société; la société, pour me servir d'une parole trop hardie sans doute, mais qui rend ma pensée quoiqu'elle soit au-delà, la société n'a donc plus rien à demander au christianisme, plus rien à lui offrir. Enfin le génie chrétien est devenu le génie social : nous n'entendrons plus répéter cet absurde et méprisant adage, qu'il faut une religion au peuple, comme si la religion n'était pas bonne pour tous; et dans le temps où l'on parlait ainsi le peuple n'était pas tous.

La religion dirige l'homme intérieur, la partie

de l'homme qui doit subsister après cette vie. La société dirige l'homme extérieur, et développe ses facultés pour qu'il en fasse un bon ou un mauvais usage; mais le règne de la société finit pour l'homme avec sa vie. La société est temporaire, la religion est éternelle. La société est faite pour l'homme collectif, pour l'être solidaire; la religion est faite pour l'homme individuel, pour l'être qui doit avoir un jour sa propre destinée. La religion est un but, la société un moyen. Ce sont donc deux puissances tout-à-fait distinctes, qui par leur nature ne sont point faites pour se prêter un mutuel appui. Ainsi la religion doit diriger les individus, et non la société; mais pour que la société pût se passer de la direction religieuse, il fallait qu'elle fût suffisamment imprégnée du principe religieux, fondement de toute morale, ce qui ne pouvait arriver que par le christianisme. Il fallait enfin que ce qui est fût, c'est-à-dire que le principe religieux et le principe social fussent une même chose; car sans cela la société n'aurait plus été un moyen pour faire parvenir l'homme au but de son existence future. La croyance religieuse de la société, car elle doit en avoir une, se compose de toutes les croyances particulières des individus qui en font partie. Il en résulte une croyance générale qui devient aussi la croyance particulière de quelques individus.

Or la société européenne ne peut avoir d'autre croyance générale qu'une croyance qui repose sur le christianisme. N'attendez donc ni changement dans la religion, ni apparition d'une religion nouvelle. La France a une croyance générale qui repose aussi sur le christianisme, mais le christianisme uni aux dogmes catholiques. En un mot, les cultes chrétiens sont l'expression du sentiment religieux de l'Europe, et le culte catholique est l'expression de ce même sentiment pour la France.

On a dit que pour qu'un état pût protéger toutes les religions, il fallait qu'il n'en adoptât aucune. L'état n'adopte point de religion; ce n'est point une affaire de choix; il en a une qui se compose de toutes les religions particulières. C'est un point de fait. La Charte en ceci n'a fait autre chose que constater ce qui est; car autrement ce serait un non-sens. Vu l'état actuel de la société, la déclaration de la Charte ne constitue point un privilége en faveur du culte catholique; elle énonce seulement que l'expression du sentiment religieux du peuple français est la religion catholique, ce qui est de toute vérité.

C'est ainsi que s'explique le principe de la tolérance, qu'on a trop souvent confondu avec l'indifférence, et qui est le grand besoin des peuples.

SEPTIÈME ENTRETIEN.

A ces époques de fin et de renouvellement, surtout lorsque le passage d'un état à un autre a été subit, lorsque, par l'imprévoyance des chefs des peuples, les opinions ont devancé les mœurs, qui elles-mêmes ont devancé les institutions, alors il y a toujours des hommes qui restent en arrière de la civilisation, qui refusent de croire au nouvel ordre social. Aux uns, ce sont d'anciennes prérogatives qui leur sont enlevées, et qu'ils regrettent plus ou moins; aux autres, c'est comme une douce patrie à laquelle ils ont dès l'enfance voué toutes leurs affections, et dont ils se sentent tout-à-coup exilés avec violence. Il ne s'agit point alors de savoir si la société nouvelle est également protectrice de tous les droits de l'homme social, si elle est également protectrice de toutes les nobles facultés de chacun de ses membres; il ne s'agit pas même de savoir si elle fait à tous des concessions plus grandes, et s'il n'y a pas une amélioration réelle pour l'avenir dans toutes les destinées individuelles. Ces sentiments de regret sont comme l'amour du sol natal, et ne sont pas plus raisonnés que lui. Le Suisse n'échangerait pas ses montagnes contre les plus riantes vallées, contre les plaines les plus riches, contre les rives les plus fécondes des fleuves. Le Lapon aime à tourner autour des glaces du pôle, et il ne lui vient point dans la pensée de chercher un climat plus hospitalier. Les Gaulois, dit-on, refusèrent long-temps le blé, aliment nouveau qui ne pouvait leur faire oublier le faîne du hêtre ou le gland du chêne. Le serf du Jura ne voulait point du bienfait de l'émancipation, qui lui était présenté par le plus vertueux des monarques. Alors on entend ce cri retentir parmi les tribus: « Dirons-nous aux ossements de nos pères : Ossements de nos pères, levez-vous et marchez avec nous? » Ah! ne méprisons point cette religion des souvenirs qui va si bien au cœur de l'homme! Mais le temps dédaigne toutes ces affections fondées sur l'intérêt ou l'habitude, fondées sur les plus nobles qualités de l'être moral. Il faut que la société marche dans l'accomplissement de ses destinées; il faut même qu'elle y marche au travers du sang et des larmes, si cela est nécessaire. Dieu n'a pas donné la société à l'homme comme un lieu de repos, comme une tente au milieu du désert, comme un oasis parmi les sables qui ressemblent à une mer orageuse.

Il me resterait, mon fils, à vous expliquer comment à une société nouvelle il faut de nouvelles traditions dans les sciences et dans les arts. L'esprit humain, à la voix de Descartes, a secoué le joug de l'autorité. Bacon, qui ouvrit la route à Newton, introduisit dans l'étude des sciences une méthode pour écarter les obstacles et les préjugés, et pour rendre les routes accessibles au plus grand nombre. Notre littérature, qui ne fut point fondée sur nos propres origines, demandait depuis long-temps à secouer le joug de l'imitation qui lui fut imposé, et qu'elle ne portait plus volontairement. L'égalité s'est introduite dans les domaines de l'intelligence et de l'imagination. Moins d'hommes ont des facultés immenses, parceque plus d'hommes ont des facultés dont ils peuvent user. La renommée n'a point assez de places pour tous ceux qui sont appelés à ses solennités; et l'on pourrait presque dire des domaines de la gloire ce que Bossuet disait des domaines de la mort. César n'oserait plus gourmander ses soldats indociles avec des mots tels que ceux-ci: *Humanum paucis vivit genus*. Les muses devenues plébéiennes célèbrent les actions des simples particuliers, au lieu de ne consacrer à la mémoire, comme autrefois, que les noms des grands de la terre. Les arts sont au service de tous, et ne dédaignent pas de décorer l'habitation du plus simple citoyen. Les sentiments de l'homme sont toujours l'apanage de la poésie ; mais il suffit de les éprouver pour qu'ils puissent être peints : l'intérêt se puise dans la situation, au lieu de se puiser dans le rang. Il n'est plus nécessaire d'être un demi-dieu pour monter le navire Argo ; il n'est plus nécessaire d'être roi ou fils de roi pour manier la rame ou le gouvernail : tous peuvent prétendre à tout. L'avenir qui doit résulter d'un tel ordre de choses, si nouveau sur la terre, ne peut être entrevu.

Cependant, mon fils, je ne vous promets point le bonheur pour la société : ce grand développement des facultés de tous les hommes ne produit point le bonheur, car il en résulte le développement de courtes ambitions, de basses jalousies, de vanités ridicules. Il y a long-temps qu'il a été dit : « La science est une grande affliction de l'esprit. » Ainsi la science s'étendant à toutes les classes rendra peut-être toutes les classes malheureuses. Moralistes, vous avez maintenant une mission nouvelle à remplir ; vous avez à montrer que la science n'élève point l'homme, et qu'elle seule ne produit pas une amélioration réelle.

L'esprit de l'homme s'applique avec autant de persévérance et de profondeur à de petites choses qu'à de grandes. Qui sait combien de fois l'intelligence tout entière d'Archimède, de Newton, de

Leibnitz, fut employée à supputer oiseusement ou les poutres d'un plancher, ou les gouttes d'eau contenues dans un vase? Et ce calcul si pleinement vain et ridicule les absorbait autant que le problème de la couronne ou l'invention du binôme. Que cette vaste intelligence des plus beaux génies veuille embrasser un grain de sable ou se perdre dans les ellipses des planètes, il n'y a aucune différence: c'est toujours un abyme. Après cette vie, nous serons tout étonnés de ce que nous n'avons pas compris des choses qui seront alors pour nous si simples. Newton et le pâtre le plus ignorant seront sur le même niveau, sous le rapport intellectuel. C'est ainsi que nous nous jouons de nos jours avec les propositions d'Euclide; c'est ainsi et bien plus encore, car aucune science ne voudra reconnaître de limite. Ce qui subsistera seul, ce sera le sentiment moral.

Ne peut-on pas conclure de là que tout est égal pour l'exercice de l'intelligence humaine, et qu'il n'y a ni grande ni petite conception de l'esprit? Qu'est-ce en effet que cette intelligence que le froissement d'un papier dérange, que le vol d'une mouche contre une vitre peut distraire des plus hautes méditations? Les destinées du monde seront-elles donc suspendues pendant le temps que cet homme puissant qu'on croit les tenir en ses mains sera interrompu dans la série de ses pensées par le bourdonnement importun du plus vil insecte?

Ce qu'il y a de réel, c'est le sentiment moral. Rien ne dérange, rien ne distrait le sentiment moral : l'univers peut s'écrouler sur l'homme de bien. L'homme n'est ce qu'il est que par le sentiment moral. Ce qui continuera l'existence de l'homme après cette vie, c'est le sentiment moral.

Apprécions dès à présent à leur juste valeur l'esprit, le talent, l'intelligence : honorons le sentiment moral, puisque c'est par lui que nous sommes immortels.

Il y a quelque chose de factice dans la plupart des talents modernes. Ce quelque chose de factice ne fait que s'augmenter. Cela vient de ce que nous nous sommes, à l'origine, placés dans la sphère de l'imitation. Il faut que nous nous hâtions d'en sortir.

Les lettres, il faut l'avouer, sont bien loin encore d'être au niveau de la société. Les Romains abandonnaient la pratique des arts, et même les études littéraires, aux esclaves et aux affranchis ; ce n'est que très tard que les ingénus ont ambitionné à leur tour ce genre de distinction. Le langage des muses de l'OEnotrie ou du vieux Latium était inconnu dans la ville des Scipion et des Auguste. Voilà pourquoi les Romains n'ont eu, ainsi que

nous, qu'une littérature d'imitation, c'est-à-dire
une littérature qui n'était pas fondée sur leurs
propres origines. La guerre ou les affaires publiques
furent seules dignes d'occuper l'esprit de ces maîtres
du monde; et les esclaves et les affranchis ne pouvaient pas entrer par la pensée dans un ordre social
auquel ils étaient étrangers. Ce qui s'est passé ailleurs est analogue à ceci. Les citoyens de notre ancien ordre de choses, ceux qui composaient la classe
privilégiée, ceux enfin qui avaient véritablement
une patrie, dédaignèrent long-temps toutes les cul-
tures de l'esprit et de l'imagination. Ainsi ceux-là
seuls qui jouissaient des bienfaits de la société ne
se mirent point en état de nous donner une littérature nationale; les autres ne pouvaient nous la
donner. Les hommes aiment les distinctions; sitôt
qu'ils en ont une naturelle par la naissance, ils sont
trop disposés à n'en point chercher d'autre, ou à
n'en chercher que dans les devoirs qui leur sont
imposés par la naissance. D'ailleurs les lettres et les
arts sont une décoration de la société, dont elle ne
sent le besoin que lorsqu'elle est arrivée à un état
fixe et stable.

La situation actuelle nous offrirait quelques remarques assez curieuses, si nous voulions entrer
dans de plus grands détails; mais il faut se borner.

Chez les anciens, les talents dépourvus du sentiment moral ne craignaient pas de s'en montrer dépourvus : ils restaient naturels. Cela est arrivé rarement, mais enfin cela est arrivé. Aussi, parmi eux, l'expression du sentiment moral est toujours vraie, et par conséquent douée d'ascendant sur les autres. La puissance de fascination était inconnue; et la magistrature du génie était toujours une magistrature bienfaisante.

Chez nous, nul talent n'ose se montrer sans le sentiment moral : ceux qui en sont dépourvus l'affectent et le simulent. Cela tient au factice de l'imitation, que nous venons de signaler, et au christianisme, qui a mis le sentiment moral dans la société, au lieu qu'auparavant il n'était que dans les individus. Dès-lors nul n'a osé paraître en manquer; mais l'expression n'en est point naïve, et elle ne retentit point dans le cœur de l'homme. Les anciens, qui étaient plus à l'aise dans leur croyance religieuse, n'avaient point à feindre. Il est juste aussi de remarquer que la conscience sociale, qui commençait à se former avant le christianisme, mais peu avant, avait déjà établi cette dissimulation qui ne trompe personne. Appien nous a conservé la formule des préambules placés à la tête des listes de proscription à Rome. Ce qu'il y a de singulier, ce sont les tournures qui sont données pour rendre ces actes, ou quelque chose de juste en soi, ou quelque chose de nécessaire. Les progrès de la société amènent ces sortes d'hypocrisies. Quoi qu'il en soit, celle que nous venons de signaler au sujet du sentiment moral est tout-à-fait la même que celle qui nous a déjà frappés dans l'expression du sentiment religieux. Beaucoup d'hommes à présent, qui n'ont que les croyances générales de la société, croient devoir affecter les croyances spéciales des individus.

« Telles sont, noble jeune homme, les raisons qui me font croire que la société va s'ouvrir des routes nouvelles. Il faut absolument qu'elle secoue l'imitation pour les lettres et pour les arts, comme elle doit secouer le factice pour les sentiments. La société ne peut marcher que dans la vérité, et elle n'y marche plus depuis long-temps. L'homme de l'ère qui vient de finir, aussi bien que l'homme de l'ère qui va commencer, mentent également. La société est plus morale que l'individu, parceque la société est plus vraie.

« Mais, comme je vous l'ai déjà dit, noble jeune homme, je ne vous promets le bonheur ni pour la société, ni pour les individus. Au reste, et je suis ici dans vos généreux sentiments, dans vos sentiments désintéressés; au reste, mon fils, qu'importe le bonheur ou le malheur? Que l'homme collectif, l'être social, agrandisse son intelligence, améliore ses jours d'exil; mais que l'homme individuel, l'être qui a un avenir au-delà de cette vie, perfectionne ses facultés morales, le but de ce temps d'épreuve que nous passons sur la terre est rempli. La société et la religion, chacune dans un ordre de choses différent, auront également accompli leurs promesses.

Ce qui a toujours troublé la raison de tous les fabricateurs de systèmes, c'est qu'ils ont toujours voulu faire tendre l'espèce humaine au bonheur, comme si l'homme était sans avenir, comme si tout finissait avec la vie, comme si enfin on pouvait être d'accord sur les appréciations du bonheur.

FIN DU VIEILLARD ET LE JEUNE HOMME.

CAMILLE JORDAN.

L'Éloge de Camille Jordan avait déjà paru dans l'édition de ses Discours, publiée en 1826 par M. Jules Renouard.

Je pouvais donc m'abstenir de le donner ici; mais il me semble qu'alors il y eût eu lacune dans mes pensées et mes sentiments.

D'ailleurs je ne sais quel caprice réactionnaire ramène en ce moment la lutte où brillèrent les dernières lueurs de l'âme de Camille Jordan, où nous vîmes s'éteindre sa noble vie.

Plus tard je rendrai à sa mémoire un plus digne hommage.

J'ai fait dans le temps un portrait de Camille Jordan que j'ai cru devoir conserver : il précède l'Éloge.

CAMILLE JORDAN.

UN ESPRIT ÉLEVÉ,
UN CARACTÈRE FERME, AIMABLE ET INDULGENT,
LE COEUR LE PLUS GÉNÉREUX, LE PLUS DÉVOUÉ, LE PLUS VRAI,
DES MOEURS AUSTÈRES,
PLEINES DE PURETÉ ET DE CANDEUR,
UN PATRIOTISME ENTHOUSIASTE
UNI AUX VIVES SYMPATHIES DE L'HUMANITÉ,
CETTE NOBLE PROBITÉ,
QUI RÉSULTE D'UNE HAUTE MORALE,
FIRENT NAITRE TOUS LES SENTIMENTS,
GUIDÈRENT TOUTE LA CONDUITE,
INSPIRÈRENT TOUS LES DISCOURS ET TOUS LES ÉCRITS
DE
L'IRRÉPROCHABLE CAMILLE JORDAN,
NÉ A LYON LE 11 JANVIER 1771,
MORT A PARIS LE 19 MAI 1821.

SES VERTUS RELIGIEUSES,
SA RARE FIDÉLITÉ
A TOUTES LES AFFECTIONS, A TOUS LES MALHEURS,
A TOUTES LES JUSTICES, A TOUS LES DEVOIRS,

CAMILLE JORDAN
DANS LES AFFAIRES PUBLIQUES,
DANS LA RETRAITE,
DANS LA PERSÉCUTION, DANS L'EXIL,
MIRENT SON AME
AU-DESSUS DE TOUS LES GENRES DE DOULEURS,
AU NIVEAU DES CIRCONSTANCES LES PLUS DIFFICILES;
FIRENT DE SA VIE,
CONSTAMMENT HONORÉE PAR TOUTES LES OPINIONS,
UNE VIE SIMPLE, BELLE, HARMONIEUSE,
ET RENDRONT A JAMAIS SA MÉMOIRE
CHÈRE AUX SIENS, CHÈRE A TOUS.

TROIS FOIS APPELÉ
A LA REPRÉSENTATION NATIONALE,
PAR LE CHOIX LIBRE DE SES CONCITOYENS
DONT IL FUT UNE SI DOUCE GLOIRE,
SA VOIX ÉLOQUENTE
TOUJOURS Y PROCLAMA
DES VÉRITÉS RÉGÉNÉRATRICES OU CONSERVATRICES.

LE PREMIER
IL PROTESTA CONTRE LE HARDI PROJET
DU GRAND CAPITAINE,
DU PROFOND POLITIQUE,
DE L'HOMME IMMENSE
QUI SE DISPOSAIT A MONTER AU RANG DES ROIS,
DE CES ROIS NOMMÉS PAR LES SIÈCLES

CAMILLE JORDAN.
LES MAÎTRES DU MONDE.
SON SILENCE,
TOUT LE TEMPS QUE DURA L'EMPIRE,
FUT ENCORE UNE PROTESTATION,
CELLE D'UN CITOYEN RIGIDE,
D'UN FRANÇAIS
QUE LA GLOIRE LA PLUS ÉCLATANTE,
SÉPARÉE DU SENTIMENT MORAL,
NE POUVAIT ÉBLOUIR.

LE CHANTRE INSPIRÉ DU MESSIE,
L'ARDENT ET INFATIGABLE PRÉCURSEUR
D'UNE GRANDE RÉFORME
DANS LA LÉGISLATION CIVILE ET CRIMINELLE,
DEPUIS, TROP CHÈREMENT ACHETÉE,
KLOPSTOCK,
POUR QUI LE CHRISTIANISME
FUT LA POÉSIE MÊME,
SERVAN
DONT LE SAINT AMOUR DE L'HUMANITÉ
ÉTAIT LE GÉNIE VIVANT DE L'ÉLOQUENCE :
CES DEUX GLOIRES SI PURES,
ADOPTÉES PAR CAMILLE JORDAN,
DISENT SON AME ET SA VIE.

UN INSTANT
IL PARUT DANS LES CONSEILS

CAMILLE JORDAN.

DU ROI DE L'EXIL ET DE LA RESTAURATION,
DU ROI DU PASSÉ ET DE L'AVENIR,
DE L'IMMORTEL AUTEUR DE LA CHARTE.

UN PREMIER OSTRACISME
L'AVAIT EXCLUS DE LA REPRÉSENTATION NATIONALE ;
UN SECOND OSTRACISME
LE BANNIT DES CONSEILS DE LA ROYAUTÉ.

LES LONGUES SOUFFRANCES
QUI ONT ABRÉGÉ SA NOBLE VIE
N'ONT PU LE DISTRAIRE DE SES HAUTES PENSÉES.

SES AMIS DES DEUX CHAMBRES LÉGISLATIVES
ONT ÉLEVÉ UN SIMPLE MONUMENT
AU PLUS AIMABLE DES AMIS,
AU GRAND CITOYEN, A L'ORATEUR ÉMINENT.
LA DOULEUR RECUEILLIE
DE LA FOULE IMPOSANTE
QUI VOULUT HONORER LES FUNÉRAILLES
DU DÉPUTÉ TOUJOURS FIDÈLE
A LA RELIGION, AU ROI, AU PEUPLE,
TÉMOIGNA
LE DEUIL DE LA PATRIE.

ÉLOGE

DE

CAMILLE JORDAN,

Lu par M. Mottet-Degérando, dans la séance publique de l'Académie de Lyon, le 27 août 1823.

———

Messieurs, vous devez à la mémoire de Camille Jordan un hommage public, qui ne lui a point encore été rendu. Le vif sentiment d'une si grande perte ne s'est point manifesté par un éloge solennel. Si la dette douloureuse des affections de chacun de nous a été acquittée, celle de vos usages reste à accomplir. Et moi, messieurs, qui fus si long-temps son ami, moi qui fus son collègue au milieu de vous, moi qui lui ai voué un culte plein d'amertume et de tendresse, moi sur qui plusieurs d'entre vous ont jeté les yeux pour rendre ce dernier devoir à notre illustre collègue; j'ai à me reprocher de n'avoir pas jusqu'à présent répondu à votre désir. Vous êtes sans doute tout près de m'accuser; cependant je puis affirmer sur ma conscience que je n'ai point de tort réel. Oui, noble Camille, je le sens, il me sera toujours impossible de mériter avec justice l'accusation du plus léger manquement à ta mémoire. Néanmoins, messieurs, soyez-en bien prévenus, cet éloge, quoique tardif, ne sera point complet; et l'amitié, aussi bien que la religion de vos usages, seront loin d'être satisfaites. Elles le seront plus tard; c'est un engagement que j'ai pris avec moi-même, et que je ne crains point de prendre avec vous, messieurs. Quant à présent, deux raisons puissantes contribuent à contenir dans d'étroites limites l'ensemble de ce discours. La première, c'est que la vie de Camille Jordan est pleine de faits qui demandent à être traités avec de certains développements, pour caractériser l'homme excellent que nous avons perdu, et que ces développements ne peuvent entrer dans le cadre resserré d'un éloge académique; la seconde, c'est que je parle à des opinions opposées qui sont toutes vivantes au milieu de nous, et au-dessus desquelles j'aimerais à m'élever, s'il ne s'agissait pas de respecter pour vous d'autres convenances. Je ne voudrais ici ni condescendre à celles de ces opinions qui ne sont pas les miennes, ni les contrister en les attaquant face à face. Je voudrais être vrai sans faiblesse, être fidèle à l'amitié sans réveiller des haines; et sur-tout en parlant d'un généreux citoyen, de mœurs si douces, si indulgentes, qui eut tant de vertus publiques et privées, tant de nobles sentiments, tant de tolérance pour tous, n'être point une triste occasion du réveil de ces passions toujours violentes, souvent aveugles, que suscitent au fond des ames les grands changements dans les institutions humaines. Tous ces ménagements que je suis forcé d'employer, et dont on me saura sans doute quelque gré, ne seront un jour considérés que comme de vaines précautions oratoires; car, il faut le dire dès à présent, la postérité, qui met toujours à leur place les hommes et les choses, fera une part très grande à celui que nous voulons honorer aujourd'hui, et elle lui décernera le nom d'irréprochable. Quoi qu'il en soit, je commence par mettre la mémoire de notre Camille sous la protection de tous les honnêtes gens, qui jamais ne doutèrent de son cœur, qui jamais ne soupçonnèrent la sincérité de ses convictions; je la mettrai, de plus, cette mémoire qui nous est si chère, sous la protection même de notre Roi, sous celle de deux princes à qui Camille Jordan fut particulièrement et j'oserai dire intimement connu.

Camille Jordan naquit dans cette ville le 11 janvier 1771. Il appartenait à une famille honorable dans le commerce, où s'étaient perpétuées toutes les bonnes traditions de la plus sévère probité et des mœurs antiques, à une famille dont la plus grande partie existe encore, fidèle à ces mêmes traditions. En 1788, il se trouva chez son oncle, Claude Périer, à cette célèbre assemblée des états du Dauphiné, de Vizille, d'où partit le premier cri de rénovation qui devait retentir sitôt et se prolonger si long-temps dans le monde. Il était bien jeune alors, et déja son cœur battit pour une gloire inconnue, et déja sa pensée entrevit un immense avenir, et déja il put être en sympathie avec Mounier, caractère loyal et austère, citoyen courageux et sujet fidèle, qu'aucun entraînement, qu'aucun danger, ne feront sortir d'une ligne de devoirs tracée d'avance. Ces deux hommes sont destinés à être bientôt réunis par les liens d'une longue amitié que rien ne pourra briser; car, ainsi que toutes les amitiés de Camille, elle reposera sur l'accord des plus dignes sentiments, sur l'analogie des directions les plus désintéressées.

En 1790, il fit le voyage de Paris avec son excellente et vénérable mère, qui a laissé, après sa mort, de précieux souvenirs dont la trace est loin d'être perdue parmi nous. Ainsi Camille Jordan put assister à ces premières lices qui n'étaient pas de simples débats parlementaires, puisqu'il s'agissait non point d'appliquer les conséquences d'institutions faites, mais de créer des institutions, chose toute nouvelle dans l'histoire des peuples. N'attendez pas, messieurs, que je remette sous vos yeux le spectacle qui s'offrit à ceux du jeune néophyte, ardent, plein de force, d'énergie, d'espérance, plein sur-tout de cette sorte d'enthousiasme que j'oserai appeler poétique, méconnaissant les périls de routes si peu frayées, et de toutes les émotions qui agitaient les esprits n'entrant en partage que des émotions généreuses. Il venait, dans ses études, de se livrer à sa vive admiration pour les prodiges de l'éloquence antique, et voilà que l'éloquence antique renaît parmi nous. Le Forum qui, pendant plusieurs siècles, ne fut qu'une tradition classique, dont notre barreau venait toutefois de ressaisir quelques prérogatives, le Forum était devenu tout-à-coup une conquête du peuple français. Sans doute le jeune Camille sentit dès-lors qu'il était appelé à entrer un jour dans cette belle carrière.

En effet, dès qu'il fut revenu à Lyon, on le vit préluder aux combats de la tribune par des écrits qu'il jetait à la dérobée dans le public. Son instinct le porte vers les questions les plus sérieuses et les plus morales. C'est par la défense de la religion qu'il essaie ses armes novices. Il livre à l'Église constitutionnelle des assauts multipliés : ces premières manifestations de courage sont le présage de toute sa vie; vous ne le trouverez jamais dans les rangs des vainqueurs. Ces écrits où il commençait à s'élever aux principes qui fondent la liberté des cultes, et leur complète indépendance, ces écrits sont devenus très rares; et sans doute dépouillés de l'intérêt des circonstances qui les virent naître, ils n'auraient à présent d'autre importance que celle de montrer les premiers mouvements d'un esprit élevé, d'une imagination vive, d'une ame profondément religieuse.

Cependant les temps deviennent de plus en plus terribles. Les journées les plus funestes se sont succédé, le trône de nos rois s'est écroulé au sein des orages, une république, violemment improvisée, est sortie de mille débris fumants, le plus grand crime était consommé, les destinées les plus fatales s'accomplissaient: qui pourra prévoir la suite et la fin de tant de maux? Ceux qui avaient salué l'aurore de la révolution, voyant toutes leurs grandes espérances trompées, gémissaient plus que les autres au sein de tant de calamités. Ici, messieurs, j'aurais besoin de vous retracer le tableau de la France à cette époque désastreuse, pour expliquer le but et les motifs de la magnanime insurrection lyonnaise. Ce tableau, j'en suis certain, je pourrais le peindre avec l'ame même de Camille Jordan, car toutes les expériences qui m'ont éclairé depuis me font comprendre mieux que jamais ce qui se remuait au fond de tous les cœurs; mais ce tableau, tracé dans de justes proportions, m'entraînerait trop loin, et une esquisse rapide serait insuffisante : ainsi tout ce qu'il y a d'énergique et de passionné dans les opinions humaines, dans les instincts des partis, ne se ranimera pas encore à ma voix; je ne veux que reporter votre pensée vers des souvenirs honorables, sans leur rendre cette vie terrible qui se nourrissait de sang et de larmes. Qu'il me soit permis seulement de regretter que cette insurrection lyonnaise, si pure au milieu du vertige de tant de crimes, n'ait pas éclaté quelques jours plus tôt. Une grande ville au centre de la France, se soulevant spontanément pour ressaisir la liberté légale, sans rétrograder vers les vaines désuétudes du passé, aurait offert un spectacle qui eût prévenu, n'en doutons pas, la journée du 31 mai, c'est-à-dire le triomphe complet de l'anarchie à Paris. Dès-lors le torrent de la révolution aurait pu couler dans un large lit, mais puissamment contenu par de fortes digues. Noble Camille, tu te trouvas à cette journée du 29 mai, tu t'y trouvas avec les courageux citoyens qui achetèrent de leur sang le triomphe de la plus juste des causes. Après la victoire, le peuple lyonnais se constitua lui-même, et chercha dans ce qui était, dans l'assentiment de tous, les éléments de l'ordre. Les assemblées sectionnaires furent organisées, et l'on y vit le jeune garde national déposer, à la barre même du lieu des séances, le mousquet avec lequel il venait de vaincre, pour s'élancer à la tribune, et de là faire entendre de patriotiques accents.

Ce n'était pas tout d'avoir obtenu la victoire par les armes, il fallait encore l'assurer; il fallait faire entendre dans toute la France une voix de conciliation, de paix, de salut. Il fallait protester contre le 31 mai. Camille Jordan ne fit point partie de l'autorité qui gouvernait; la vivacité de son enthousiasme, la nature même de son talent, le portaient à exercer une influence plus directe et plus animée sur les esprits; il assistait aux assemblées où le peuple qui venait de s'affranchir délibérait, non point sur ses intérêts, mais sur ses dangers et sur les dangers de la patrie. Plus d'une fois, dans ces assemblées calmes et solennelles, quoique si cruellement agitées, notre Camille entraîna d'énergiques résolutions, commanda des sacrifices douloureux mais nécessaires. Il ne se bornait point à parler, il agissait; comme soldat, il parcourait le Forez, pour étendre la ligne de défense; député de la ville, il allait en mission dans le Jura pour rallier les peuples à la cause lyonnaise, qui était la cause de la France.

Cependant l'assemblée qui s'était laissé décimer, et qui, sous le nom de Convention nationale, réunissait en elle tous les pouvoirs légaux et tous les pouvoirs usurpés, disposait de plus de force, de plus de puissance qu'aucune association humaine des temps anciens et des temps modernes. Proscriptions, levées en masse, guerre civile, guerre étrangère, tout lui était bon, tout était instrument. Elle créait l'anarchie, elle organisait la terreur, elle combinait la barbarie des peuples sauvages avec la farouche énergie du moyen âge, avec les plus savantes conceptions militaires. Le siége de Lyon commence. Après des prodiges de courage, après une héroïque défense, où tous les genres d'efforts avaient été épuisés, la ville succombe. Jours de malheur, jours d'épouvante et de crime, éloignez-vous de ma pensée, et n'y laissez subsister que la gloire de ma ville natale! Un grand nombre de victimes, dévouées à une mort certaine, purent s'échapper. Camille Jordan se réfugia en Suisse, où il demeura six mois; de là il passa en Angleterre, où il lui fut donné d'étudier les ressources du gouvernement représentatif. Ce fut alors que le culte de la liberté qui, dans sa jeune imagination et dans son esprit sans expérience n'avait été qu'un culte instinctif, devint pour lui le culte de la raison, mûrie par l'expérience et la méditation.

Après le 9 thermidor, les proscrits de Lyon rentrèrent successivement dans leurs foyers.

Camille Jordan revint en France en 1796. Il assista à Grenoble aux derniers moments de sa mère, cette femme forte qui fut si bien la digne mère d'un tel fils, comme il fut le digne fils d'une telle mère.

Au commencement de 1797, à peine âgé de vingt-six ans, il fut élu à Lyon pour le renouvellement du second cinquième du Conseil des Cinq-Cents. Vous vous rappelez, messieurs, de quel éclat il brilla dans ces jours qui ressemblaient si bien à des jours de renaissance. Mais on était toujours sur le bord d'un abyme, et il fallait encore du courage pour faire cesser toutes les proscriptions, pour faire cesser la plus immorale de toutes, celle de la religion. Déja Camille Jordan avait contribué à faire révoquer la déportation et les lois pénales contre les prêtres. Le rapport que, peu de temps après, il fit sur la police de cultes lui acquit une sorte de popularité immense, qui commençait à être de la célébrité. Tous ses écrits politiques sont tellement empreints du mouvement des esprits au moment où ils ont été faits, qu'il est impossible de les en séparer. Ce sont de vives improvisations inspirées toujours par une circonstance pressante et passagère. Ses discours sont de véritables actions. On retrouve dans celui dont nous nous occupons ici toute cette jeunesse de l'ame, toute cette véhémence d'un noble cœur qui s'indigne de l'injustice. Ce qu'il réclamait pour les cultes n'était autre chose que la liberté, le droit commun, l'exercice des devoirs les plus chers à l'homme. Il voulait que nul ne fût troublé dans l'asile intime de la conscience, que tous pussent manifester leur foi par la pratique extérieure de la religion. Il ne demandait ni des privilèges ni des prérogatives pour le clergé. Ah! les temps n'eussent pas été favorables à de telles prétentions. Les habitudes de la persécution ne se perdent pas tout-à-coup, et le triomphe de la vertu n'était encore qu'une capitulation que l'on discutait article par article, que même l'on discutait en frémissant. Le sarcasme et les plaisanteries n'épargnèrent pas le député homme de bien, en attendant qu'il fût l'objet d'injustes allégations et de persécutions ouvertes, ce qui ne tardera pas d'arriver.

Peu de temps après, la ville de Lyon fut solennellement accusée au sein des Conseils, par le Directoire exécutif, qui aurait dû réprimer des désordres particuliers et empêcher des vengeances, au lieu d'appeler l'animadversion sur une cité dont les souffrances avaient été si grandes. Les réactions, il faut l'avouer, qui, dans cette ville infortunée, furent si affreuses, se prolongèrent déplorablement. Camille Jordan crut devoir réduire à sa juste valeur l'accusation du Directoire; peut-être alla-t-il trop loin dans la défense, entraîné qu'il fut par la méfiance qu'il portait avec raison à l'autorité accusatrice. Nous ne discuterons point ici de tels faits qui eussent dû être éclaircis par une enquête impartiale. Lorsque je me serai investi de la fonction d'historien, je me ferai un devoir d'apprécier les témoignages d'après les documents du temps. Quoi qu'il en soit, j'adopte d'avance les motifs élevés qui animèrent notre loyal député. J'ai une telle confiance en la hauteur de ses sentiments que je n'ai aucun doute à cet égard, et je pense, messieurs, que je n'aurai nulle peine à vous faire partager toute ma sécurité.

Les orages étaient loin d'être apaisés. Les Conseils législatifs sont menacés dans la liberté de leurs discussions. Des malintentionnés inondent Paris, une force militaire s'approche. Camille Jordan élève la voix pour signaler les symptômes sinistres qui donnent de graves alarmes. Il était temps, pour le pouvoir éphémère, à-la-fois faible et violent, du Directoire, de sortir d'une situation où l'avait placé son impéritie. Il frappe le coup d'état du 18 fructidor. Le règne des proscriptions et des mesures révolutionnaires recommence. Des Français qui étaient à peine revenus de l'exil sont obligés d'y retourner, pendant que d'autres Français dont le retour était prochain voient leur cruel bannissement indéfiniment prolongé. Des députés fidèles sont chassés comme des séditieux. Camille Jordan ne pouvait manquer d'être inscrit sur la fatale et honorable liste. Cependant il parvient à échapper à l'odieuse police du Directoire, et du moins il pourra choisir le lieu de son exil. Les dévorantes solitudes de Sinnamari ne l'engloutiront pas avec tant d'autres victimes du devoir. M. Degérando, l'ancien ami de son enfance, et M. Tabarié, parviennent à le soustraire à toutes les recherches. C'est du milieu de ces dangers, dans une retraite enveloppée de mystère, où il ne cessa de recevoir les soins de quelques amis, de mesdames de Grimaldy et de Sivry, que Camille Jordan écrit un premier avis à ses commettants. Il dévoilait tout ce que la révolution qui venait de s'opérer avait d'illégal et de menaçant pour la liberté. Toujours secondé par l'infatigable dévouement de M. Degérando, de M. Tabarié, de madame de Sivry, il parvient à sortir de France. M. Degérando ne le laissera point partir seul; cet incomparable ami veut l'accompagner dans l'exil. Ils se rendirent l'un et l'autre à Bâle, d'où Camille écrivit et publia sa protestation contre le 18 fructidor, philippique éloquente qui caractérise la calamité nouvelle dont la patrie venait d'être frappée, et dont les suites devaient être si funestes. Ils allèrent ensuite en Souabe, à Tubingen, à Weimar. C'est là qu'ils acquirent des connaissances profondes dans la littérature allemande. La philosophie et la poésie y feront de riches conquêtes qui ne seront pas perdues pour la France. C'est là, en effet, qu'en philosophie et en poésie, ils connurent les chefs des diverses écoles. Ils se trouvaient au foyer du mouvement des idées, et ce n'étaient pas de tels hommes qui devaient rester en arrière. Camille, dont l'exil dut se prolonger, cherchait ses consolations dans l'étude : par-tout il se faisait aimer, parceque par-tout il portait les charmes de sa belle imagination, le commerce profitable d'un esprit élevé, les séductions d'un bon cœur. Il retrouva Mounier ; et il resserra les liens de l'amitié qui l'unissait avec cet austère stoïcien des principes de la révolution, principes qui, pris dans leur source même, sont des principes d'amélioration et de progrès, et pour lesquels, malgré les terribles mécomptes des événements, il ne cessa jamais de professer la plus inébranlable fidélité. Les funestes erreurs où l'on avait été précipité, et les malheurs immenses qui avaient pesé sur la patrie, n'avaient atteint ni les solides pensées de l'homme d'état, ni les profondes convictions de l'homme de bien. L'orateur de la célèbre assemblée de Vizille, le modérateur des états du Dauphiné, le courageux président de l'Assemblée nationale dans les journées les plus orageuses, était resté immobile au milieu de circonstances si grandes, si diverses, si pressantes. Camille Jordan avait déja tout ce qu'il fallait pour entrer dans l'intimité d'un tel caractère; et lui-même, à son tour, se montrera également immobile, lorsque, ramené sur la scène politique, il se trouvera en présence des partis, et qu'il devra appuyer ses opinions de tout l'ascendant d'un caractère analogue à celui de Mounier.

Enfin en février 1800, les portes de la France se rouvrirent pour Camille Jordan. Il vint à Paris; il habita, avec son ami Degérando, la maison de madame de Staël, à Saint-Ouen. L'amitié qu'il avait contractée antérieurement avec cette femme vraiment extraordinaire, dont le nom est placé si haut par la renommée, et qui sut de bonne heure comprendre tout ce qu'était Camille Jordan, cette amitié ne se démentit jamais. Je dois encore vous rappeler cette autre amitié qui, fondée aussi sur les qualités les plus nobles et les plus sympathiques, était également destinée à subsister toujours malgré la dissidence des partis. M. Mathieu de Montmorency et Camille Jordan étaient faits pour s'estimer et s'aimer dès qu'ils purent se connaître. Si, plus tard, ils doivent trop rarement se rencontrer dans l'appréciation des circonstances et dans les discussions politiques, ils sont sûrs de se rencontrer toujours dans la sphère des sentiments religieux et moraux. Ils ont tous les deux un tel amour du bien, et une telle candeur dans l'ame, qu'à chaque instant ils se retrouveront comme des hommes qui appartiennent à des patries différentes, et qui sont réunis par l'ardent amour de l'humanité.

Bonaparte, premier consul, vint tenir à Lyon la consulta cisalpine. Il s'agissait d'y régler les destinées de cette belle Italie qui cherche depuis plusieurs siècles à secouer le joug de l'étranger, dont toutes les révolutions tiennent à la pensée intime et profonde d'affranchir son territoire, mais qui, impuissante pour s'affranchir elle-même, demandait alors l'appui de la France pour se soustraire à la domination de l'Autriche. Pendant son séjour à Lyon, vous le savez, messieurs, nous l'avons tous vu, le premier consul voulut attacher Camille à son nouveau gouvernement. Il ne put parvenir à vaincre les répugnances de cet homme dont toute l'habileté consistait dans une grande droiture, et que la pureté de son patriotisme rendait si méfiant. Camille Jordan ne crut pas que le moment fût venu de sacrifier son goût pour la retraite et ses habitudes d'une vie sérieusement occupée des études les plus élevées.

Jusqu'à présent il n'a été que dans une opposition d'inertie, il ne craint pas de s'élancer dans une opposition plus formelle et plus active. Il faut remarquer une telle conduite au milieu de l'approbation ou du silence qui entourait les usurpations progressives de celui qui s'était si fortement emparé des destinées nouvelles. Lorsque Bonaparte se décida à s'investir du titre de premier consul à vie, il voulut tenir, du moins en apparence, son mandat du peuple français lui-même, et consacrer ainsi un principe qu'il est inutile de discuter ici. Il suffit de remarquer que c'est le principe sur lequel reposaient toutes les constitutions qui ont été données à la France depuis 1789 jusqu'à cette époque. Camille Jordan publia une brochure courageuse où il s'expliqua comme Français. La question de l'origine du pouvoir n'y était point traitée; et il faut avouer qu'alors elle occupait fort peu les esprits. Ce qu'il y avait pour le moment de réellement important, c'était la question des garanties; et celle-là y était abordée franchement et même avec une courageuse énergie. Tout ce qu'il y a de prévision dans cette brochure confond actuellement la pensée. Rien n'est si éclairé qu'une haute conscience, et un désintéressement complet de tout intérêt personnel. Cet écrit sur le consulat à vie est nécessaire pour juger tout Camille dans ses rapports avec les circonstances qui ont précédé, et avec celles qui ont suivi. Il est toujours resté le même; c'est qu'il ne puisait ses règles de conduite que dans ses sentiments, et que ses sentiments tenaient à tout ce qu'il y a de bon, d'élevé, de religieux dans la nature humaine.

Un tel écrit devait irriter le pouvoir dont toutes les ruses étaient pressenties : il devait par conséquent annuler à jamais Camille; mais il est des hommes qui, dans de certains temps, ne peuvent faire mieux que de se tenir à l'écart. Ils ont averti, ils ont jeté le cri de l'alarme, ils ont signalé les périls, ils ont enseigné les droits et les devoirs : plus tard, rester dans l'inaction, c'est agir; garder le silence, c'est parler. Il faut quelque empire sur soi pour étouffer ainsi de nobles facultés qui pourtant paraissent être faites pour les autres.

Ainsi, messieurs, nous avons vu Camille Jordan passer au milieu de nous, dans la vie privée, toutes les années de l'empire; mais s'il était devenu étranger aux affaires publiques, il n'en vivait que plus dans le monde des intelligences. C'est dans ce temps qu'assis parmi vous, il vous ouvrit tous les trésors de la littérature allemande, en vous faisant connaître l'ame et le génie de son plus grand poëte; ce fut dans ce temps, et au milieu même de l'éclatante servitude imposée par l'homme prodigieux devenu le maître de l'Europe, que, ressaisi par les instincts du Forum, Camille vous fit la peinture de l'éloquence durant la révolution; ce fut dans ce temps encore qu'il prononça parmi vous l'éloge de cet avocat-général de Grenoble dont le nom se lie à tout le mouvement des esprits qui précéda la révolution; car on sait que Servan appela de ses vœux et de ses véhéments écrits les réformes dans la jurisprudence criminelle, dont la plupart ont depuis été consommées; et par tout ce qui excitait la juste indignation de ce grand magistrat, il fut facile de juger à quel point la rénovation de l'ordre social était devenue nécessaire. Avouez-le, messieurs, ces généreux accents de liberté avaient alors quelque chose de nouveau et de hardi, non seulement parceque nous nous accoutumions à un despotisme que nous imposions à l'Europe, mais encore parceque tous les crimes de 93 et toutes les hontes du Directoire tenaient nos imaginations épouvantées. Un jour, messieurs, je rappellerai d'une manière plus détaillée, à votre souvenir, ces diverses productions qui ne cesseront d'être remarquables, et qui montrent si bien ce que fut notre Camille, un ardent ami de l'humanité, un admirateur passionné des gloires pures, un juste appréciateur des beaux et nobles caractères. Il avait, de plus, une chaleur de patriotisme qui se mêlait à toutes ses pensées; ce sentiment patriotique brille sur-tout dans les belles pages qu'il a écrites sur Klopstock; il brille là sur-tout, parceque c'est là qu'on l'y attend le moins. Le chantre du Messie est aussi le chantre de la patrie allemande. La religion et la patrie avaient jadis un culte commun. Le caractère distinctif qui marque la naissance de la muse germanique, c'est le patriotisme; il n'en fut pas ainsi de la muse française qui, façonnée par des mœurs élégantes et fastueuses, consentit à se plier à l'imitation des littératures anciennes. Remarquons ici, en passant et à la gloire de Camille, que ses Essais sur Klopstock, qui contiennent une revue animée de toutes les belles productions de l'Allemagne, précédèrent le livre admirable de madame de Staël.

Mais, messieurs, Camille Jordan qui était si bon Français s'enorgueillit toujours d'être né citoyen de Lyon. Il ne parlait qu'avec enthousiasme de la patrie lyonnaise; il était resté jeune par son admiration pour nos beaux sites; il portait la plus tendre affection à tous ses concitoyens, et il jouissait de tous leurs succès. Ce sentiment lyonnais lui suggéra l'idée d'une Société des amis du commerce et des arts, institution qui ne tarda pas à devenir municipale, et qui, vous le savez, produisit de grands fruits d'utilité: c'est au sein de cette Société, dans une séance solennelle, qu'il prononça l'éloge funèbre de M. de Sathonnay, celui de nos maires à qui nous devons plusieurs établissements publics qui nous rendront sa mémoire chère à jamais.

Camille Jordan avait aussi employé une grande partie de ses loisirs à rassembler des matériaux sur l'histoire de la morale. Ici je ne puis que faire entendre l'expression d'un profond regret. Les méditations qui ont porté sur un objet si important ne laisseront malheureusement aucune trace; on ne trouve, dans les papiers de Camille, qu'une multitude de notes indéchiffrables, complétement illisibles. Ces notes et les souvenirs de ses amis attestent seuls que la philosophie morale fut l'objet spécial de ses plus longues, de ses plus constantes études. Il était arrivé au moment où il allait mettre en œuvre tant de richesses ignorées, et qui resteront perdues. Sa carrière publique, depuis 1814, ensuite le déplorable état de sa santé, et ses continuels déplacements, ont fait qu'il n'a pu mettre aucun ordre dans les immenses et informes matériaux qu'il avait amassés, ni tracer aucun dessin du monument qu'il se proposait d'élever. Certainement, dans le temps où nous vivons, les pensées de Camille eussent été grandement utiles; il eût été précieux de connaître la forme qu'avait prise chez lui le sentiment religieux, sentiment si intime en lui et si profond, et qui était, s'il est permis de parler ainsi, son ame même.

Mais voici le moment où il va reprendre la vie active. Les événements de 1814 le font sortir de sa retraite, ou plutôt ses concitoyens vont l'en tirer. Les armées étrangères entourent la ville de Lyon. Camille Jordan fait partie d'une députation qui est choisie pour aller à Dijon, au quartier-général de l'empereur d'Autriche, demander un allégement aux contributions et aux autres charges qu'entraîne toujours une invasion après elle. Cette mission ostensible en cachait vraisemblablement une secréte; il s'agissait sans doute aussi de pénétrer les mystères dont nous étions enveloppés, et de chercher à connaître le sort qui nous était réservé. Mais il nous est permis d'affirmer seulement quelles étaient les opinions de Camille Jordan, de dire les vœux qu'il formait. Le poids de la tyrannie impériale pesait sur toutes les ames indépendantes; et, tout en déplorant que le sol de la patrie fût envahi, nous étions tous disposés à accueillir un espoir qui commençait à naître parmi les peuples. Camille Jordan, aussi bien que mille autres, avait tourné ses regards du côté de la terre de l'exil, pour savoir s'il n'en sortirait point le père de la patrie, celui qui seul pouvait former l'alliance du passé et de l'avenir, qui seul pouvait fonder des institutions conciliatrices. Quoi qu'il en soit, la députation de la ville fut très bien reçue, et l'objet de la mission ostensible fut parfaitement atteint. A son retour, le 8 avril, le conseil municipal de Lyon s'assembla, et Camille Jordan fit partie de cette mémorable séance où Louis XVIII fut reconnu comme roi de France. Il fit également partie de la députation solennelle qui porta au pied du trône restauré les hommages de la ville de Lyon.

Ainsi donc les destinées nouvelles vont s'affermir sous les auspices de l'ancienne dynastie. Camille Jordan ne restera point étranger à un tel ordre de choses; le silence et l'inaction ne sont plus pour lui des devoirs. On le verra successivement appelé et dans les assemblées législatives, et dans les Conseils du Roi. C'est à présent, messieurs, que ma tâche deviendrait difficile, s'il entrait dans mes projets de l'accomplir tout entière, si je ne vous avais prévenus déjà que je me réservais de l'accomplir plus tard, et lorsque je ne serai contenu ni par les bornes du temps, ni par les convenances de l'assemblée. Je veux n'avoir à consulter que moi-même et la mémoire de Camille; je veux n'avoir rien à démêler avec des considérations étrangères, avec des circonstances qui passent, avec de misérables susceptibilités. Les alarmes que pourraient faire concevoir mes discours seraient mal fondées sans doute, et néanmoins je ne veux pas les susciter. Mais, messieurs, mettons-nous un instant au-dessus des opinions variables que fait naître la diversité des événements, et osons consulter un oracle qui ne change jamais, la conscience de l'homme de bien. Les uns sans doute trouveront que Camille suivait une route périlleuse; les autres approuveront tous les détails de sa conduite politique; et moi-même, je puis l'avouer, ne m'est-il pas souvent arrivé d'hésiter dans mes jugements, non sur lui, mais sur quelques unes de ses déterminations? Je le croyais entraîné, et ensuite j'ai compris qu'il n'avait été que sage. Il ne faut pas se presser de condamner un homme d'un esprit si élevé, d'un cœur si droit; car souvent notre dissentiment avec lui ne vient que de ce qu'il a su se mettre à l'abri de nos propres préoccupations: il a vu avant nous, mieux, et plus loin. Ce qui restera incontestable pour tous les partis, c'est la parfaite probité de Camille, c'est son irréprochable conscience. Il n'a jamais fléchi devant aucune considération. L'homme le plus doux fut quelquefois amer dans ses paroles publiques, dans ses écrits politiques, mais de cette amertume qui tient à une parfaite conviction, à une sincérité vive et profonde, à un sentiment absolu qui ne peut comprendre les transactions.

Au reste, Camille fut encore étranger aux affaires durant la première restauration; on le vit seulement prendre une part très active à toutes nos fêtes municipales dont elle fut l'objet: nos princes, qui honorèrent de leur présence la ville de Lyon, ne manquèrent pas de faire l'accueil le plus distingué au proscrit de fructidor.

A l'époque fatale des cent jours, le devoir de Camille Jordan était tout tracé: il y fut fidèle. Je n'ai point à vous entretenir, messieurs, de ce funeste retour de l'île d'Elbe, et de l'état d'anxiété et de confusion où notre ville fut plongée. Il me suffira de vous rappeler la conduite de Camille à cette époque désastreuse. Il fut au nombre des personnes dévouées que, soit leurs propres affections, soit la confiance du prince, appelèrent auprès de S. A. R. Monsieur, venu dans nos murs pour conjurer l'orage. Il demeura constamment avec ce prince malheureux, et il fut le dernier à se séparer de lui jusqu'à des temps meilleurs. Il fallait bien que Camille Jordan eût donné des marques plus particulières que d'autres, de son zèle et de ses sentiments, puisque la haine le distingua entre tous, et qu'un tumulte populaire le menaça jusque dans sa maison.

Enfin cet interrègne qui ramena une seconde fois l'étranger dans notre pays, qui devait ébranler toutes les croyances politiques des peuples et des rois, cet interrègne était passé. Le météore terrible avait brillé pour s'éteindre après une courte et immense calamité, dont les effets durent encore. Camille Jordan n'eut rien à expier; il n'eut pas non plus le bonheur qui suit un grand triomphe, car le triomphe de la cause qu'il aimait n'avait pu s'accomplir qu'à un prix bien douloureux.

C'est maintenant qu'il va réellement entrer dans la carrière politique; c'est maintenant que les belles facultés dont il fut éminemment doué, et qui furent si long-temps condamnées au silence, vont se déployer en liberté. Mais auparavant ses compatriotes exigent de lui un service que ses relations en Angleterre lui rendent plus facile qu'à tout autre. Il va donc à Londres, député avec M. Regny notre confrère, pour faire reconnaître et réclamer un legs considérable qu'avait fait à la ville de Lyon le major-général Martin, mort aux Indes. Les fonds provenant de ce legs avaient été séquestrés durant les longues guerres de la révolution. Par les soins de Camille et de son collègue, la dette fut reconnue, et elle ne devra plus éprouver que les inévitables lenteurs des formalités.

Je vous ai annoncé, messieurs, que je m'abstiendrais d'entrer dans le détail des différents travaux qui signalèrent la courte et honorable carrière de Camille Jordan, et qui lui assigneront un jour un rang si élevé dans nos fastes parlementaires. Ainsi je n'aurai point, pour le moment, à vous peindre Camille au sein de nos débats législatifs les plus vifs et les plus passionnés, tantôt prêtant l'appui de son noble talent au ministère, lorsqu'il le croyait à la tête des intérêts nationaux, tantôt luttant de toute l'énergie d'une grande conviction contre l'ascendant de doctrines qu'il avait de trop justes raisons de croire incompatibles avec les besoins de la société actuelle, toujours se plaçant nettement et sans hésitation dans le poste le plus menacé; imprimant à tous ses discours et à ses plus véhémentes improvisations le caractère de l'homme de bien; réunissant tous les partis, au moins dans le sentiment de sa propre sincérité. Vous comprenez, messieurs, que, pour un tel tableau, il faudrait discuter franchement le fond et l'essence de nos institutions, et ce n'est ni le moment ni le lieu. Qu'il me soit permis toutefois d'énumérer rapidement les faits principaux, pour faire apparaître à votre pensée toute la conduite de Camille.

La majorité de 1815 avait été brisée par l'ordonnance du 5 septembre: Camille était resté étranger à cette session.

Sa présence aux sessions de 1816 et 1817 fut le produit d'une première élection du département de l'Ain.

Sa présence aux sessions de 1818, 1819 et 1820 fut le résultat du concours des élections de l'Ain et du Rhône: il dut adopter la réélection du département de l'Ain.

Pour Camille Jordan, nous pouvons séparer en deux époques bien distinctes ces cinq sessions successives. Dans celles de 1816, 1817 et 1818, plein de confiance, il votait avec le ministère, et, faisant la part de la difficulté des temps, il ne craignit pas de livrer au gouvernement, même par des lois exceptionnelles, toutes les forces dont il pouvait avoir besoin pour défendre son existence. Dans les sessions de 1819 et 1820, il fut tout naturellement à la tête de l'opposition, parceque les hommes et les choses ayant changé autour de lui, il était resté immobile. La session de 1818 avait été pour lui calme et sans éclat, et cela devait être, car deux grandes calamités venaient de finir, celle de l'occupation par les étrangers, et celle des mouvements réactionnaires qui avaient affligé tous les amis de l'ordre constitutionnel, et qu'il avait vivement signalés, soit à la tribune, soit dans un écrit qui sans doute ne contribua pas peu à sa double réélection; il ne restait donc plus qu'à affermir les institutions fondées par la Charte. La session de 1819, par la raison contraire, fut pleine d'orages, et jamais le beau talent et le noble caractère de Camille ne brillèrent d'un plus grand éclat. Jamais des paroles pleines d'entrailles n'émurent plus profondément les cœurs, n'ébranlèrent plus fortement les esprits, sans toutefois obtenir aucun triomphe. L'éloquence avait atteint son but, puisque toutes les convictions avaient été soumises, mais un destin aveugle refusait de se soumettre, et il semble que lui seul eût le pouvoir de résister à un tel ascendant. Mais ce qui augmentait encore l'effet des discours de Camille, ce qui ajoutait à la gravité, et j'oserai dire à l'inspiration de ses paroles, c'était son état de souffrance habituelle. On sentait que cette noble vie touchait à sa fin, que ce qui lui en restait encore était toujours sur le point de s'exhaler au milieu de ses véhémentes improvisations. C'est ainsi qu'à la session de 1820 il ne fit qu'apparaître un jour, et ce jour on entendit réellement le chant du cygne.

Oui, messieurs, depuis plusieurs années la vie de Camille Jordan était une vie de souffrances continuelles. Il se soutenait à peine dans les derniers temps, et il se faisait toujours un devoir d'assister aux séances de la Chambre, de se traîner à la tribune, si j'ose m'exprimer ainsi, pour accomplir jusqu'à la fin cette loi rigide et impérieuse de la conscience, dont jamais nul ne fut plus l'esclave. Chez lui, au milieu de sa famille, il continuait de recevoir ses amis et ses collègues pour s'entretenir des destinées de la patrie, des destinées générales de la civilisation. Ses affections domestiques, qui tenaient tant de place dans son cœur aimant, ne suffisaient point à son ame près de s'échapper; il continuait de s'occuper des grands intérêts de la société. Il avait commencé un travail sur les établissements ecclésiastiques, et la mort l'a surpris dictant sur ce sujet élevé quelques pages éloquentes qui sans doute ne seront pas perdues pour l'avenir. L'Église de France se trouvait alors dans cette position singulière, qui ne pouvait subsister, celle d'un concordat abrogé et d'un concordat resté sans exécution. C'est par la religion qu'il était entré dans la carrière politique, c'est par la religion qu'il la termine en même temps que sa noble vie.

Il n'était pas sans inquiétude sur la patrie, dont tant de factions, au dehors et à l'intérieur, voulaient compromettre l'avenir. Toutefois il se confiait en la Providence; et son œil mourant put saluer le mouvement régénérateur de la Grèce.

Le 19 mai 1821, Camille Jordan s'est éteint au milieu de ses pensées toutes vivantes. Sa mort fut généreuse comme l'avait été sa vie tout entière. Jamais funérailles plus solennelles n'avaient attesté un deuil public. Ce fut un spectacle sublime que celui d'un cortége immense, traversant un peuple immense, au sein du silence le plus religieux, pour accomplir les derniers devoirs de l'amour et de la piété. Et, j'ose le dire, l'esprit de parti ne fut pour rien dans cette manifestation unanime des sentiments de tous, car des hommes honorables de toutes les opinions étaient réunis autour du cercueil. Les uns pleuraient un grand citoyen, les autres un ami dévoué, tous un homme sincère et loyal, tous l'homme de bien par excellence. M. de Saint-Aulaire, son collègue à la Chambre des députés, prononça un discours sur sa tombe; M. Royer-Collard, son collègue aussi, et, de plus, son ancien ami dans la carrière politique, fit entendre quelques paroles pleines d'émotion; enfin le maire de la ville de Lyon, M. Rambaud, vint à son tour exprimer les regrets de la ville qui avait vu naître Camille Jordan, car il fallait bien que sa tombe fût honorée et par la France, et par la patrie lyonnaise, et par l'amitié courageuse et fidèle.

Il a laissé une veuve dont l'affection fut toujours si douce pour lui, et qui, dans les derniers temps, n'a cessé de lui vouer tous ses soins, une fille qui est sa vive image, deux fils fort jeunes, et dont le plus précieux héritage sera toujours le beau nom de notre Camille.

Ses traits sont reproduits dans un tableau plein de vérité, exécuté par mademoiselle Godefroy, sous les yeux de M. Gérard, et ont été multipliés par une très belle gravure de M. Muller. Un monument a été élevé pour lui, au cimetière du Père Lachaise, sur les dessins de M. Mazois, et par les soins de ses collègues à la Chambre des députés.

La plupart de ses écrits existent dans divers recueils politiques, d'autres sont devenus fort rares, quelques uns sont encore inédits. Ils seront religieusement recueillis pour perpétuer celles de ses pensées qui ont pu lui survivre, et qui ne sont pas rentrées avec lui dans le silence du tombeau.

Permettez-moi, messieurs, d'ajouter quelques

mots. Vous vous êtes facilement aperçus de la contrainte qui a nui à l'expression de mes sentiments : cette contrainte pèse, pour ainsi dire, sur chaque mot. J'ai même omis des faits importants, tels que les faveurs qui sont venues chercher Camille, et les disgraces qui l'ont ensuite frappé. Je me suis abstenu de peindre les temps, de caractériser les circonstances ; je ne voulais pas renouveler, dans cette paisible assemblée, les débats passionnés de la tribune : ce n'est point ici que s'agitent les destinées des peuples.

Ainsi, noble Camille, je suis loin d'avoir acquitté l'hommage que je t'ai voué. Un jour, et ce jour n'est pas éloigné, j'accomplirai ce devoir de mon cœur, je l'accomplirai dans toute sa plénitude ; je descendrai le plus avant que je pourrai dans ton ame, j'expliquerai tes pensées généreuses. Tu seras pour moi ce que fut le vertueux Agricola pour l'historien des temps mauvais, un modèle de candeur antique, un type de vrai patriotisme. Je dirai ce que tu fus, ce que tu aurais pu être : je dirai tes vertus publiques. Oui, je l'espère, je réussirai à faire de toi un portrait dont tes contemporains sentiront la ressemblance, et que la postérité ne pourra refuser d'adopter.

FIN DE L'ÉLOGE DE CAMILLE JORDAN.

POST-SCRIPTUM.

21 mai 1830.

Neuf années pèsent aujourd'hui sur la tombe de Camille Jordan, et la voix du magnanime député vient d'acquérir une force nouvelle.

Que les électeurs de 1830 relisent les discours prononcés par cet illustre homme de bien à la tribune orageuse et prophétique de 1820.

Il faut traverser les paroles trop réservées sans doute de l'Éloge que l'on vient de lire; il faut arriver aux paroles mêmes du vertueux orateur, du grand citoyen, recueillant toute son ame, et luttant avec la mort pour livrer ses courageux et derniers combats à la réaction du passé.

Je ne veux pas m'enfoncer dans la comparaison des époques : qu'il me soit permis seulement de signaler un danger auquel on ne fait peut-être pas assez attention, c'est que la Charte française est isolée en Europe. Entourée de gouvernements stationnaires ou rétrogrades, la France constitutionnelle a, plus qu'elle ne croit, besoin de toute sa puissance morale, de tout son calme, de toute l'énergie du bon droit, pour conserver ses institutions.

FIN DU TOME DEUXIÈME.

TABLE DES MATIÈRES

CONTENUES DANS LE DEUXIÈME VOLUME.

                                                      Pages.

PRÉFACE. 5
ESSAI SUR LES INSTITUTIONS SOCIALES dans leur rapport avec les idées nouvelles. 13
AVERTISSEMENT de la première édition. 15
Chapitre Ier. — Considérations préliminaires. 17
Chapitre II. — Marche progressive de l'esprit humain 41
Chapitre III. — Besoin d'institutions nouvelles. 67
Chapitre IV. — Des changements survenus dans notre manière d'apprécier et de juger notre littérature nationale. 86
Chapitre V. Première partie. — Les idées anciennes devenues inintelligibles. 106
           Deuxième partie. — Des mœurs et des opinions. . 114
Chapitre VI. — Du trouble des esprits au sujet du sentiment religieux. 143
Chapitre VII. — Les hommes partagés en deux classes, d'après la manière dont ils conçoivent que s'opère en eux le phénomène de la pensée. 160
Chapitre VIII. — Suite du chapitre précédent. De la parole traditionnelle. De la parole écrite. De la lettre. Magistrature de la pensée dans ces trois âges de l'esprit humain. 179
Chapitre IX. Première partie. — De la parole et de la société. 194
           Deuxième partie. — Nouvelle preuve que la société a été imposée à l'homme. 243
Chapitre X. Première partie. — Théorie de la parole. 268
           Deuxième partie. — Émancipation de la pensée . . 300
Chapitre XI. Première partie. — Conséquences de l'émancipation de la pensée dans la sphère des idées religieuses. . . . 315
           Deuxième partie. — Conséquences de l'émancipa-

TABLE DES MATIÈRES.

Pages.

tion de la pensée dans la sphère de la littérature et des arts. 326
—— Troisième partie. — Conséquences de l'émancipation de la pensée dans la sphère des idées politiques. . . . 350
ADDITION AU CHAPITRE X de l'Essai sur les institutions sociales. . 363
LE VIEILLARD ET LE JEUNE HOMME. 383
    Avant-propos de la première édition. 385
    Premier entretien. 387
    Deuxième entretien. 402
    Troisième entretien. 414
    Quatrième entretien. 424
    Cinquième entretien. 437
    Sixième entretien. 453
    Septième entretien. 465
CAMILLE JORDAN. 474
POST-SCRIPTUM. 513

FIN DE LA TABLE.

Reliure serrée

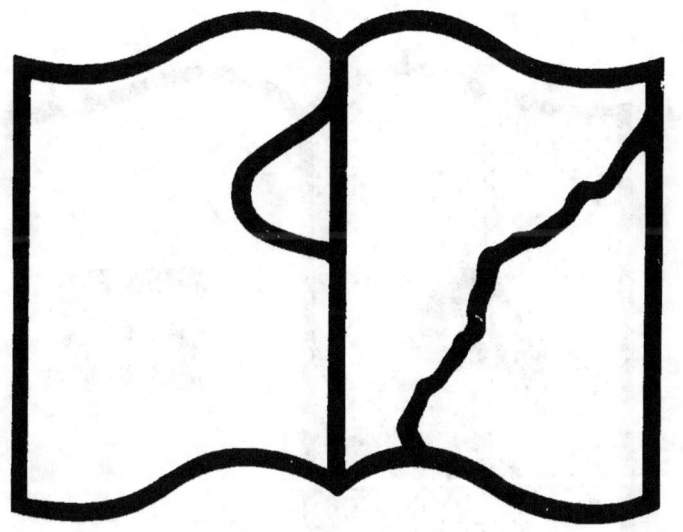

Texte détérioré — reliure défectueuse

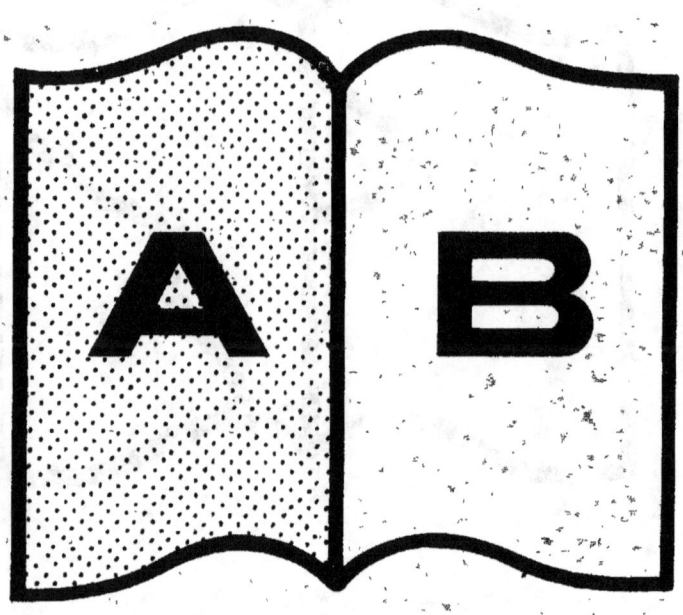

www.ingramcontent.com/pod-product-compliance
Lightning Source LLC
Chambersburg PA
CBHW051137230426
43670CB00007B/837